AF558910

JÜRGEN
GERLACH

Der Kajak

DAS LEHRBUCH FÜR DEN
KANUSPORT

DELIUS KLASING VERLAG

INHALT

INHALT

BEGRÜSSUNG

»Den, der das Kajakfahren lobt, wird man zu Recht fragen: Bist du schon anders gereist, und weißt du, wie schön es ist, auf Gletschern und Vulkanen zu klettern, in Höhlen und Katakomben hinabzusteigen, mit norwegischen Karren zu fahren, auf einem Araberpferd zu traben oder über die russische Steppe zu galoppieren? Kennst du die Reize des Nilbootes, eines Trinity-Achters, eines Dampfschiffes oder eines Seglers in der Ägäis? Hast du schon auf spanischen Maultieren oder einem Kamel gesessen, bist du Schlitten gefahren, mit einer Yacht gesegelt oder in einem Hausboot dahingebummelt?

Nun, all dieser und anderer Fortbewegungsmittel – langsamer und schneller – habe ich mich oft und gern bedient. Nachdem ich aber den Kajak benutzt habe, meine ich, dass von allen das Paddeln am meisten Freude macht.«

JOHN MACGREGOR (1865),
schottischer Reiseschriftsteller und
Pionier des Kanusports in Europa.

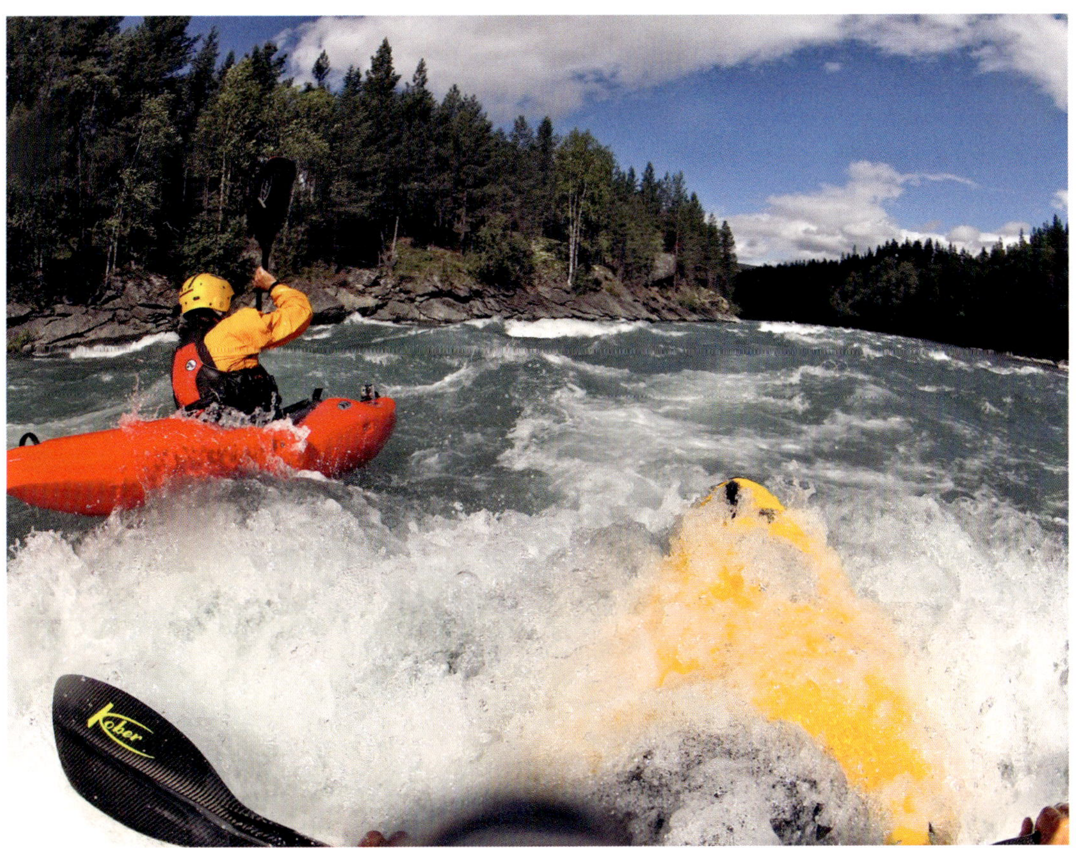

1

VOR DEM EINBOOTEN

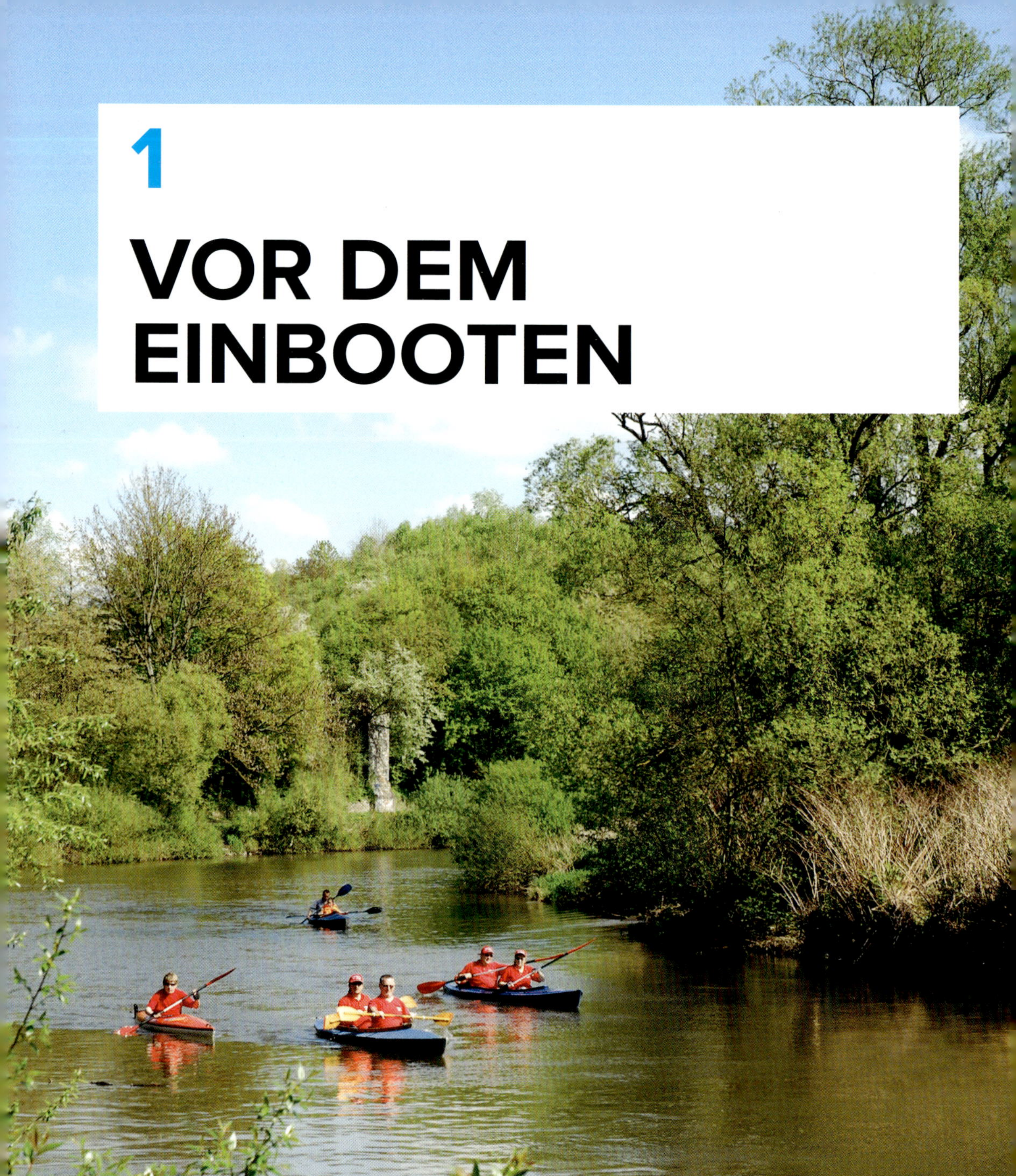

PADDELN IM KAJAK

Der Gedanke, auf schwimmenden Gegenständen Wasser zu überqueren, ist wohl so alt wie die Menschheit. Wann der erste Mensch im Einbaum ein Gewässer querte, ist ungewiss. Aber die Sumerer kannten bereits vor etwa 5000 Jahren Kanus. Englische Archäologen entdeckten ein aus Silber gefertigtes Modell als Grabbeilage eines sumerischen Königs. Auch die alten Ägypter kamen auf dem Nil und seinen Nebenflüssen meisterhaft mit ihren Kanus aus Papyros zurecht. Die Azteken wiederum befuhren Seen und Sümpfe stehend in einem Kanu aus Schilfrohr. Als Antriebsmittel benutzten sie Stangen oder Stechpaddel.

Dass Paddler heute in Kajaks sitzend mit einem Doppelpaddel die Gewässer der Welt befahren, verdanken sie den Eskimos Sibiriens, Nordamerikas und Grönlands. In Jahrtausenden entwickelten sie den Kajak immer weiter zu einem hochspezialisierten Gerät. Die Eskimos benutzten ihre Kajaks zur Jagd. Schnell und seetüchtig waren die fellbespannten Boote. Um auch nach einer Kenterung im eiskalten Wasser überleben zu können, entwickelten sie eine Technik, mit der sie ihren Kajak wieder aufrichten konnten: die Eskimorolle.

Kajakfahren ist sicher der größte Spaß, den Sie in einem kleinen Boot haben können. Binsenbummeln auf dem See oder Kanuwandern auf dem Fluss vor der Haustür, im Kajak auf Wochenendfahrt, unterwegs auf Entdeckungsreisen an exotischen Ufern oder abenteuerliches Wildwasser – der Kajak ist universelles Sportgerät und ideales Mittel zur Freizeitgestaltung. Vom Kajak aus zeigt sich Ihnen die Welt von unbekannter Seite und in völlig neuer Perspektive. Magische Momente warten auf Sie.

Entscheidungshilfe Kajak		Binnensee	Meer oder Küste	Zahmwasser	Wildwasser Bis Stufe II	Wildwasser darüber
Tourenkajak	Einer	gut	bedingt	gut	gut	bedingt
	Zweier	gut	bedingt	gut	bedingt	bedingt
Wildwasserkajak	Einer	brauchbar	bedingt	brauchbar	gut	gut
	Zweier	brauchbar	bedingt	brauchbar	gut	gut
Seekajak	Einer	gut	gut	brauchbar	bedingt	ungeeignet
	Zweier	gut	gut	brauchbar	bedingt	ungeeignet
Faltkajak	Einer	gut	gut	gut	brauchbar	bedingt
	Zweier	gut	gut	gut	brauchbar	ungeeignet
Schlauchkajak	Einer	bedingt	bedingt	brauchbar	brauchbar	bedingt
	Zweier	bedingt	bedingt	brauchbar	bedingt	bedingt

BOOTE UND AUSRÜSTUNG KAJAK-WANDERN

TOURENKAJAKS

Größe und Art der Tourenkajaks hängen vom Verwendungszweck ab. Hunderte unterschiedliche Typen werden im Handel angeboten. Entweder werden sie als handlaminierte Kajaks angeboten, dann sind sie aus Glasfaser, Diolen, Carbon oder Kevlar hergestellt. Oder sie werden als Thermoplastboote gefertigt; der Werkstoff ist dann immer Polyethylen (PE). Es gibt auch aufblasbare Kajaks, die jedoch windempfindlich sind und nur über wenig Stauraum verfügen. Schließlich sind noch die Faltboote zu nennen. Alle genannten Versionen werden als Einer- oder Zweierkajaks angeboten.

Vor dem Erwerb eines Bootes sollten Sie sich die grundsätzliche Frage stellen, welchen Zweck es zu erfüllen hat, welche Gewässer damit befahren werden sollen. Sie werden auf so unterschiedlichen »Sportplätzen« unterwegs sein wie Binnensee oder Kleinfluss. Es darf aber auch der Wildbach in den Alpen oder das Salzwasser an der Küste sein.

Nehmen Sie an unterschiedlichen Schnupperkursen teil! Je mehr Erfahrungen Sie gemacht haben, umso leichter werden Sie eine Grundsatzentscheidung treffen können!

→ EINSTEIGER-TIPP

Wer eine Grundsatzentscheidung getroffen hat, kann sich in einem Kanuverein, in einer qualifizierten Kanuschule oder bei einem Fachhändler erkundigen und beraten lassen. Der Deutsche Kanu-Verband in Duisburg nennt Ihnen übrigens gern die Adresse eines Vereins und die eines Fachhändlers in Ihrer Nähe. Eine professionelle Kanuschule vermittelt der VDKS auf seiner Homepage.

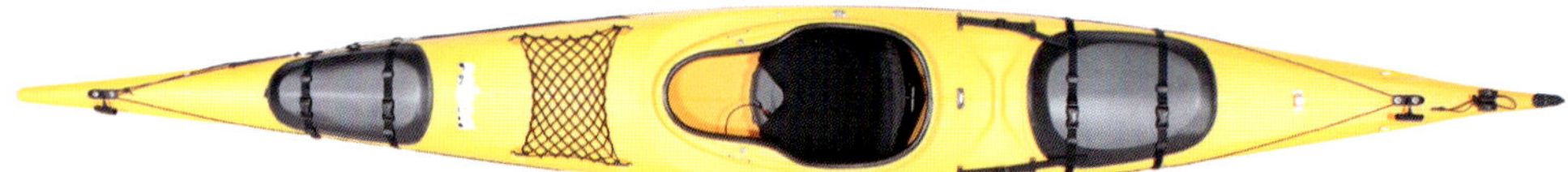

Länge und Breite eines Tourenkajaks bestimmen u. a. sein Fahrverhalten.

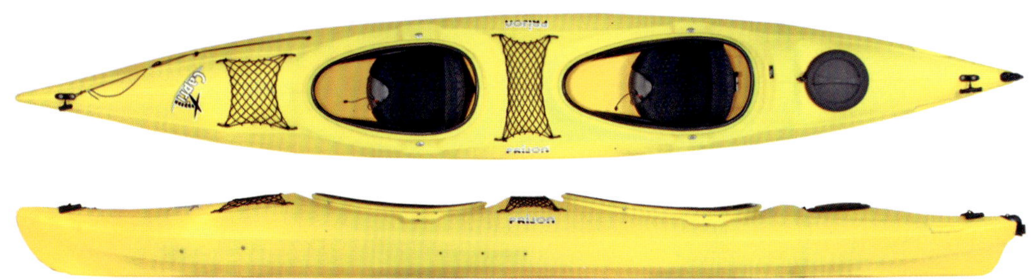

Zweierkajaks bieten meist viel Stabilität und Stauraum.

→ EINSTEIGER-TIPP
Ein Paddel erst einmal ausgiebig probieren. Der Preis sollte zunächst keine Rolle spielen.

→ EINSTEIGER-TIPP
Je länger das Paddel, umso geringer die Schränkung. Zusehends entdecken Kanuten für Paddellängen in Zweierkajaks (240–250 cm) die Vorzüge eines nicht gedrehten Paddels. Es bringt neben der totalen Entspannung auf Zahm- und Salzwasser Vorteile bei Rücken- und Seitenwind. Ferner überträgt die entspannte Nulldrehung bei Langfahrten ökonomischer die Kraft auf das Blatt. Seekajakfahrer benutzen nicht gedrehte Paddel in ganz unterschiedlichen Längen und mit schmaleren Blättern.

PADDEL

DOPPELPADDEL

Bei Doppelpaddeln wird eine kaum überschaubare Anzahl verschiedenster Ausführungen angeboten. Die Unterschiede liegen in erster Linie im verwendeten Material, in der Blattgröße und vor allen Dingen in der Länge.

Neben den gelenkschonenden, »warmen« Holzpaddeln werden die robusteren Kunststoffpaddel angeboten. Holzpaddel werden gern beim Tourenpaddeln benutzt. Sie liegen gut in der Hand, sind einfach »sympathisch«, aber auch pflegeintensiv. Manche sind handwerklich so edel gearbeitet, dass sie im Winterhalbjahr einen Ehrenplatz im Wohnzimmer bekommen. Sie sollten diese Prachtstücke einmal im Jahr an den besonders beanspruchten Stellen schleifen und lackieren.

Der Trend geht allerdings immer mehr zum Kunststoffpaddel. Es werden PVC-, PU- oder Nylonpaddel angeboten. Diese sind extrem belastbar und bieten eine enorm hohe Sicherheitsreserve gegen den Bruch des Blattes oder des Schafts. Aber es wird noch mehr geboten: Glas-, Kevlar- oder Kohlegewebe wird mit Harz getränkt und gepresst. Deutlich reduziertes Gewicht und hohe Steifigkeit sind die Folge. Für welches Material Sie sich letztlich entscheiden, ist eine Frage des individuellen Anspruchs an Gewicht, Robustheit und Steifigkeit des Doppelpaddels.

EINTEILIG ODER TEILBAR?

Eine feste Paddellänge ist die Regel. Wander- und Seekajakfahrer, die sich nicht auf eine bestimmte Länge und Drehung festlegen wollen, entscheiden sich für eine Varioteilung. Diese bietet eine stufenlose Längenverstellung bis etwa 15 cm und die freie Wahl der Drehung.

GEDREHT ODER NICHT GEDREHT?

Üblicherweise bleiben Einsteiger nach ihren ersten Schlägen mit einem rechts- oder linksgedrehten Paddel bei dieser Drehung. Bei gedrehten Paddeln ist ein Paddelblatt um x-Grad gedreht zum anderen Blatt angeordnet (= Schränkung). Dadurch ist gewährleistet, dass beim Paddeln gegen den Wind immer das durch die Luft geführte Blatt den geringsten Windwiderstand bietet – ein Relikt des Hochleistungssports, bei dem es um hundertstel Sekunden geht. Die gebräuchlichsten Schränkungen sind 30 Grad und 45 Grad.

WIE LANG, WIE BREIT?

Besonders wichtig: Stimmen Sie die Länge des Paddels auf Ihre

Blattform und Blattgröße entscheiden über das Handling.

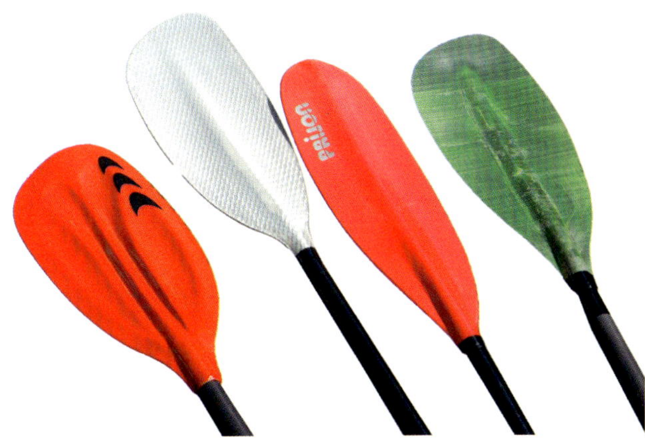

Bedürfnisse ab. In erster Linie ist die Länge des Paddels von der Körpergröße abhängig. Als Faustregel gilt: Aufrecht stehend wird ein Arm nach oben gestreckt. Berühren die Fingerspitzen die obere Kante des Paddels, hat das Paddel in etwa die richtige Länge. Weiterhin spielen sehr individuelle Faktoren wie Kraft, Paddelstil, Sitzhöhe und Bootsbreite eine entscheidende Rolle.

Oft genug werden zu lange Paddel benutzt. Denken Sie daran: Je länger ein Paddel ist, umso stärker wirkt die Hebelkraft und umso eher werden Sie ermüden. Der Druck auf dem Paddel hängt aber nicht nur von diesen Faktoren ab, sondern auch von der Blattform und Blattgröße. Der goldene Weg: Vor dem Kauf im Laden so viele Paddel wie möglich ausprobieren (z. B. bei Testivals). Achten Sie zunächst nicht auf den Preis, bevorzugen Sie keine bestimmte Marke.

SPRITZDECKE

Die Spritzdecke ist ein absolut wichtiges Zubehörteil. Die üblichen Spritzdecken bestehen aus der über den Süllrand gespannten Decke und dem am Körper anliegenden Kamin. Wichtig: Die Decke muss faltenfrei am Süllrand sitzen, um dicht zu halten. Der gute Sitz wird durch an die Decke genähte Rundgummis erreicht. Zum sicheren Öffnen ist vorn eine Schlaufe angenäht. Das Material der Decke besteht entweder aus geschmeidigem, doppelseitig beschichtetem Kunststoff oder aus Neopren. Neopren hält schön warm, benötigt aber längere Zeit zum Trocknen.

SCHWIMMHILFE

Eine Schwimmhilfe erleichtert das Schwimmen, stellt aber keinen Schutz vor Ertrinken dar. Für Anfänger im Kajak sollte sie

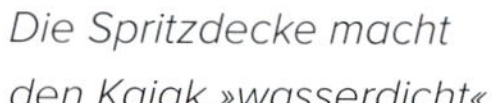

Die Spritzdecke macht den Kajak »wasserdicht«.

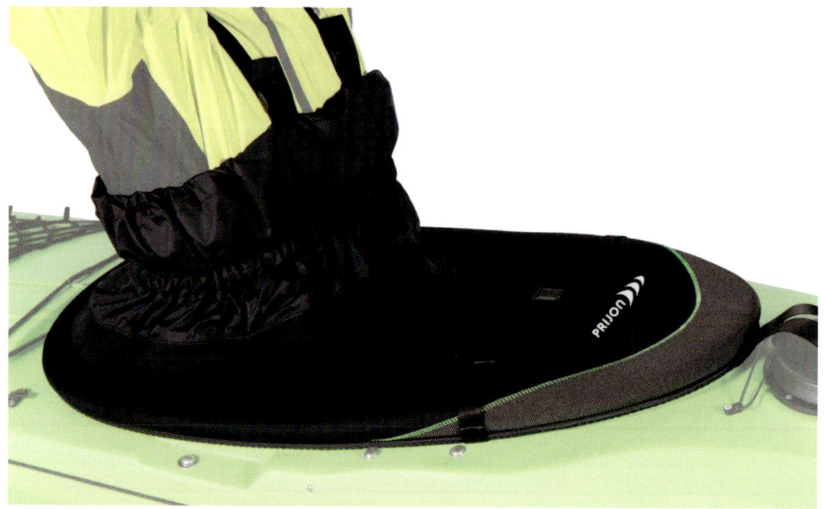

zunächst obligatorisch sein. Die Schwimmhilfe hält nicht nur über Wasser, sondern schützt auch vor harten Stößen beim Schwimmen im Wildwasser und zum Teil auch vor der oft unterschätzten Unterkühlung. Bei Bewusstlosigkeit erleichtert sie die Bergung durch Retter. Schwimmhilfen werden je nach Einsatzzweck in sehr differenzierten Ausführungen angeboten.

AUFTRIEBSKÖRPER

Ein gekenterter Kajak sinkt, wenn er nicht von Auftriebskörpern getragen wird. Im Falle einer Kenterung verhindern Auftriebskörper zudem, dass das Boot voll läuft und zu schwer wird, was höchst mühsames Bergen und Anlandbringen bedeuten würde.

Also ist es mehr als ratsam, Bug und Heck des Innenraums mit Auftriebskörpern auszustatten. So kann das Wasser nur in den Sitzbereich eindringen. Auftriebskörper unterstützen auch die Steifigkeit des Bootskörpers – ein Plus vor allem im Wildwasser. Da das Boot mit Auftriebskörpern nach einer Kenterung hoch aufschwimmt, vermindert sich die Gefahr einer Beschädigung beim Kontakt mit Hindernissen. Es ist übrigens äußerst wichtig, dass die Luftsäcke gut gesichert werden. Insbesondere der hintere Luftsack sollte durch einen breiten, straff gespannten Rückengurt gesichert werden. Luftsäcke gibt es in verschiedenen Qualitäten.

→ EINSTEIGER-TIPP

Wählen Sie auf jeden Fall das beste Material. Seegängige Kajaks weisen fast immer eingebaute Abschottungen auf, die den gleichen Zweck wie Auftriebskörper erfüllen. Manche Boote verfügen auch über dicke, fest installierte Schaumkeile. Wie auch immer: Auftrieb bedeutet Sicherheit für Sie. Ohne Auftriebskörper im Boot zu fahren, ist leichtsinnig.

BEKLEIDUNG

Solange bei einer Binnenbummelei die Sonne scheint und der Wind schläft, ist Bekleidung eigentlich kein Thema. Das ändert sich, wenn das Wetter umschlägt. Wichtigstes Bekleidungsstück und sozusagen Grundausstattung eines Kajakfahrers ist bei rauem

Schwimmhilfen erleichtern das Schwimmen.

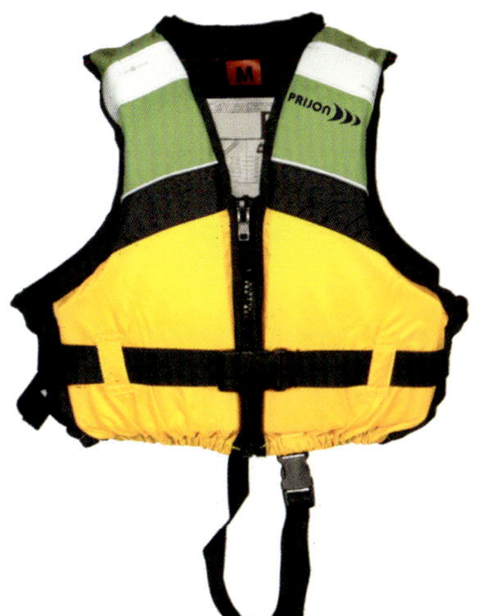

Schwimmhilfen sind für Kinder obligatorisch.

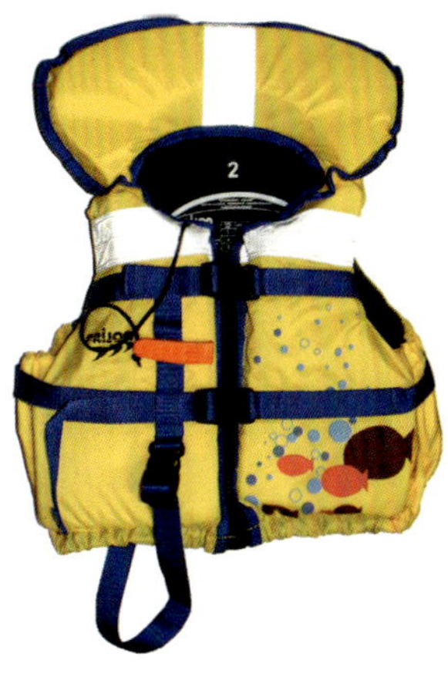

Wetter eine funktionelle Paddeljacke.

Sie sollte selbstverständlich wasserdicht, haltbar und bequem geschnitten sein. Die meisten sind an den Armen mit Neoprenbündchen versehen. Die halten das Wasser draußen. Ein Neoprenbund am Hals ist nur bei Wildwasserfahrten von Vorteil. Eine in den Kragen eingearbeitete Kapuze ist während Wanderfahrten bei Regen und Wind sehr angenehm.

Wenig überzeugt haben bisher die sogenannten atmungsaktiven Materialien. Sie sind zwar extrem teuer, verhindern das Schwitzen bei Anstrengung aber trotzdem nicht. Bei Temperaturen unter dem Gefrierpunkt stellen sie ihre Funktion fast völlig ein.

Was tragen Sie bei kühlem Wetter unter der Paddeljacke? Bewährt haben sich da fast alle Jacken, Hemden und Hosen aus entsprechend dünnem oder dickem Fleece. Dieses Material nimmt kaum Wasser auf und trocknet daher sehr schnell. Die wärmeisolierende Wirkung ist beeindruckend. Wenn Sie darunter noch Thermounterwäsche anziehen, sind Sie sicher gut bekleidet.

Sie sind bei sehr kaltem Wetter oder im Wildwasser unterwegs? Dann werden Sie an einem Neoprenanzug kaum vorbeikommen. Mit Stoff beschichtetes Material wird wegen der längeren Lebensdauer bevorzugt. Neoprenanzüge schützen zuverlässig vor Unterkühlung. Die Aufenthaltsdauer im kalten Wasser wird durch das Tragen dieses Anzugs etwa verzehnfacht. Bewährt hat sich für Kanuten die ärmellose Version, weil sie größte Bewegungsfreiheit im Schultergelenk bietet.

Trockenanzüge werden zunehmend benutzt, insbesondere bei niedrigen Lufttemperaturen. Gegenüber Neoprenanzügen bieten sie eine noch bessere Kälteisolation und etwas mehr Be-

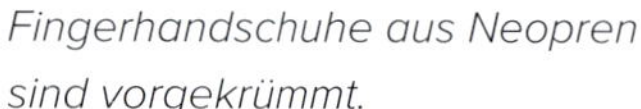

Fingerhandschuhe aus Neopren sind vorgekrümmt.

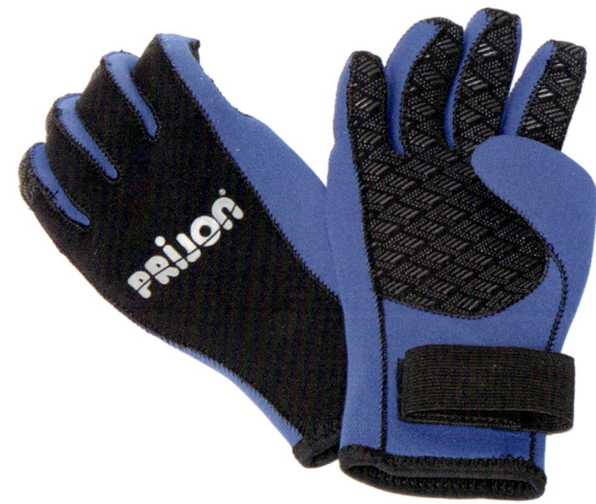

wegungsfreiheit. Die Manschetten an den Handgelenken, Fesseln und am Hals sind aber empfindlich und erfordern eine vorsichtige Handhabung, damit sie nicht einreißen.

Die Finger reagieren besonders empfindlich auf Kälte. Niedrige Temperaturen in Verbindung mit Wind und Wasser machen Ihre Hände in kürzester Zeit zu unbeweglichen, gefühllosen Krallen. Die einfachsten Handgriffe können dann nicht mehr erledigt werden. Sogenannte Paddelpfötchen bringen Hilfe. Sie werden mittels Klettband im Griffbereich des Paddels angebracht. Sodann schlüpfen Sie mit den Händen hinein. Auch bei sehr niedrigen Temperaturen erscheinen sie ausreichend, solange Sie auf Zahm- und Salzwasser unterwegs sind. Im Wildwasser empfehlenswert sind Fingerhandschuhe aus Neopren. Die Kanuversionen sind vorgekrümmt und passen sich dem Paddelschaft bequem an. Gegenüber Paddelpfötchen verfügen sie über den unschätzbaren Vorteil, dass sie auch nach einer Kenterung noch vollen Kälteschutz bieten.

Ähnlich sensibel wie die Finger reagiert der Kopf auf Kälte. Sie schützen ihn daher bei entsprechendem Wetter mit einer Mütze oder einer Sturmhaube aus Neopren oder Polarfleece. Im Fall einer Kenterung bieten allerdings Neoprenhauben mehr Kälteschutz als Fleece. Andererseits beeinträchtigen sie das Hörvermögen. Sie sollten also im Einzelfall abwägen, was sinnvoll ist.

Und die Schuhe? Auch da ist vieles vom Wetter und von der Art des Gewässers abhängig. Reichen bei sonnigem Himmel und feinsandigem Ufer noch Badesandalen, benötigen Sie beim Umtragen über felsiges Gelände einen knöchelhohen, festen Schuh. Insbesondere beim Befahren schwerer Wildwasserbäche sind spezielle Neoprenschuhe zu empfehlen.

Wasserdichte Box: ein Muss für die Kamera.

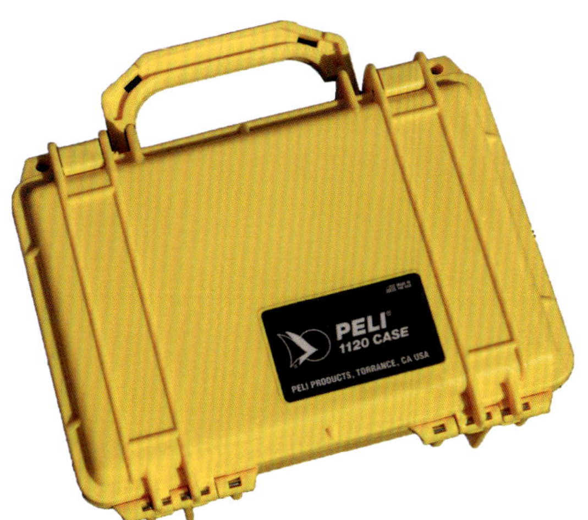

WASSERDICHT VERPACKEN

Jeder Kajakfahrer schwört auf sein Rezept, das Gepäck einer Wochenend- oder Ferienfahrt wasserdicht zu verstauen. Kleidersäcke sind Standard. Sie haben einen runden oder ovalen, verstärkten Boden und sind wasserdicht verschweißt. Die Öffnung wird mit einem Rollbügel geschlossen. Dieser Bügel ergibt nach dem Schließen einen handlichen Tragegriff. Die Säcke werden in unterschiedlichen Größen und Farben hergestellt, sodass

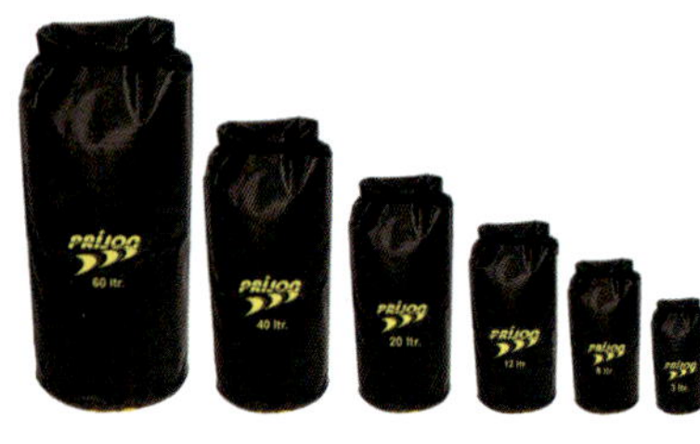

Nylonsäcke mit Rollbügel.

Kleidersäcke werden mit einem Rollbügel geschlossen.

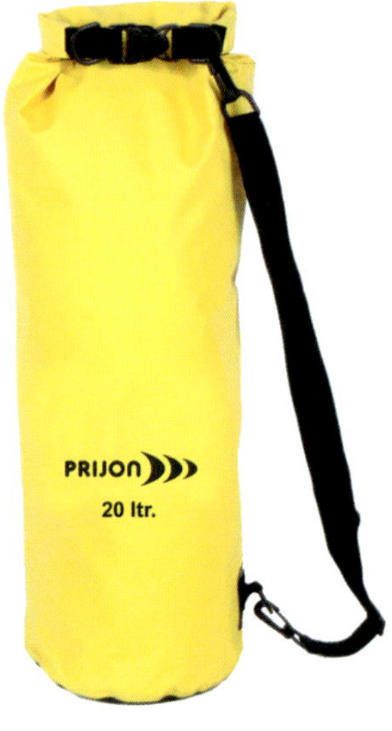

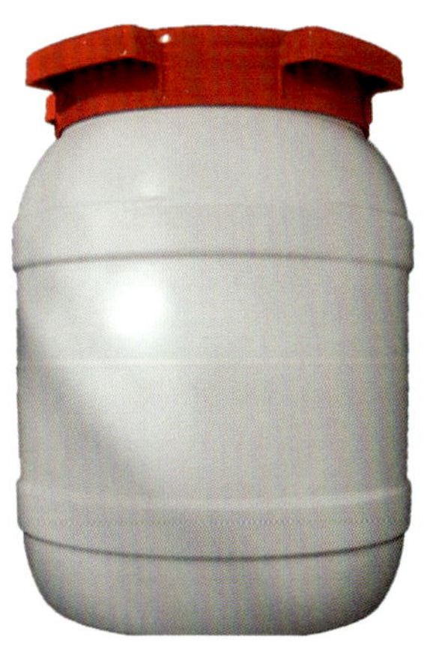

Sie in Bug und Heck kleinere Säcke verwenden können, um den Raum optimal zu nutzen.

FLICKEN UND REPARIEREN

Unbedingtes Muss für alle Kanusportler ist eine Rolle breites Textilklebeband. Damit können Sie fast jeden Defekt beheben. Sowohl am Boot als auch am Paddel oder an der Spritzdecke: Das Klebeband ist Retter in der Not. Außerdem können Sie mit diesem Universalhelfer auch Löcher im Zelt oder am Schlafsack abkleben.

BOOTSTRANSPORT

Wer seinen Kajak im Bootshaus lagert und nie auf Tour geht, wird sich über Transportprobleme keine Gedanken machen müssen. Wer hingegen seine Freizeit nutzt, um unterschiedliche Gewässer zu befahren, wird sein Kajak auf dem Autodach transportieren. Aus Gründen der Sicherheit ist in puncto Dachträger das Beste gerade gut genug.

Ein Kajak übersteht den Transport ganz gut, wenn er in Mulden oder hochkant auf der Seite liegt. Benutzen Sie spezielle Transportgurte mit Rollschnallen aus Edelstahl. Der beste Dachträger nützt nichts, wenn die Kajaks nicht einwandfrei verzurrt sind. Bug und Heck werden stets mit Seilen an den Abschleppösen gesichert.

Wasserdichte Tonnen sind gleichzeitig Sitzmöbel.

→ EINSTEIGER-TIPP

Ganz wichtig für Kajakfahrer mit Kamera sind wasserdichte Fototaschen und -boxen. Sie sind für verschiedene Kameragrößen, aber auch für andere empfindliche Geräte und Wertgegenstände gedacht. Weithalsflaschen bzw. tonnenförmige Behälter aus PVC ergänzen das Angebot.

→ EINSTEIGER-TIPP

Wie bei den PE-Booten gilt auch hier: nicht in der Sonne liegen lassen.

➔ EINSTEIGER-TIPP

Durch eine hohe Dachlast ändert sich das Fahrverhalten des Wagens beträchtlich. Ebenso verlängert sich der Bremsweg. Passen Sie die Fahrweise der entsprechenden Dachlast an, und verzurren Sie die Boote so sicher wie möglich.

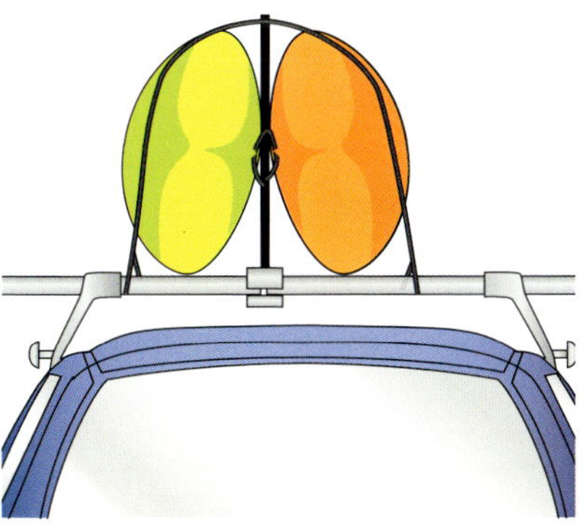

Transport von zwei Kajaks.

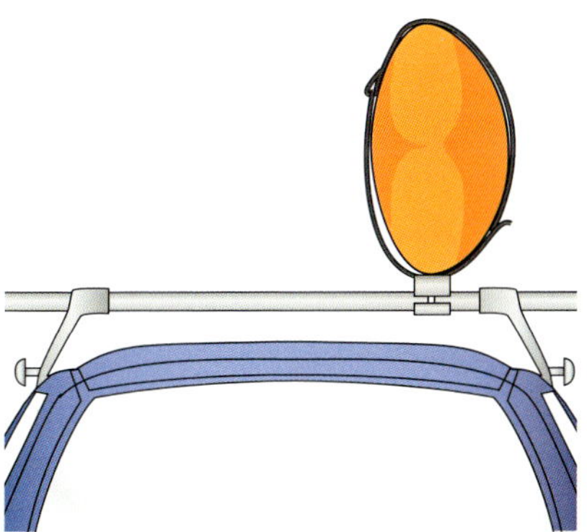

Transport hochkant mit einer Spezialhalterung.

BOOTSWAGEN

Zum Umfahren von Staustufen und für den Transport vom oder zum Bahnhof ist der Bootswagen ausgesprochen nützlich. Gut konstruierte Bootswagen sind leichtgewichtig und einfach zusammenzulegen. Die verwendeten Materialien sind korrosionsbeständig, sodass Sie sich auch nach Jahren noch nicht über Rost oder quietschende Lager ärgern müssen. Kugellager aus Kunststoff sind wenig belastbar und daher ungeeignet. Die Tragkraft eines Bootswagens reicht von 60 kg für einen Einerkajak mit Gepäck bis zu 150 kg für einen vollgepackten Zweier.

Bootswagen sind praktische Hilfen beim Umfahren.

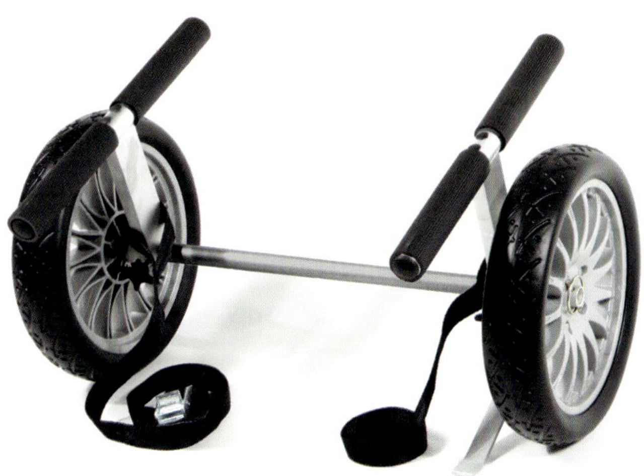

BOOTE UND AUSRÜSTUNG WILDWASSERKAJAK

WILDWASSERKAJAKS

Die Kajaks, die im Wildwasser benutzt werden, unterscheiden sich ganz erheblich voneinander, weil es so viele unterschiedliche Anforderungen beim Wildwasserfahren gibt. Viel Volumen, verteilt auf eine Länge von 2,5–3 m, verbunden mit günstigem Auftauchverhalten, ist Standard.

KURZBOOTE

Kurzboote sind Spielboote. Sie haben sich ihren festen Platz auf wuchtigen Bächen erobert. Schnell, agil und jederzeit beherrschbar, lassen sich diese Boote bei einer Länge von ca. 2,20 m und einem Volumen von ca. 220 l sicher fahren. Ein solches Boot liegt satt im Wasser, ist wenig seitenwasserempfindlich und taucht nach Walzen und Stufen leicht auf. Mit funktionellem Cockpit ist dieses Boot erste Wahl eines Wildwasserfreaks. Spaß auf der Welle und in der Walze ist garantiert.

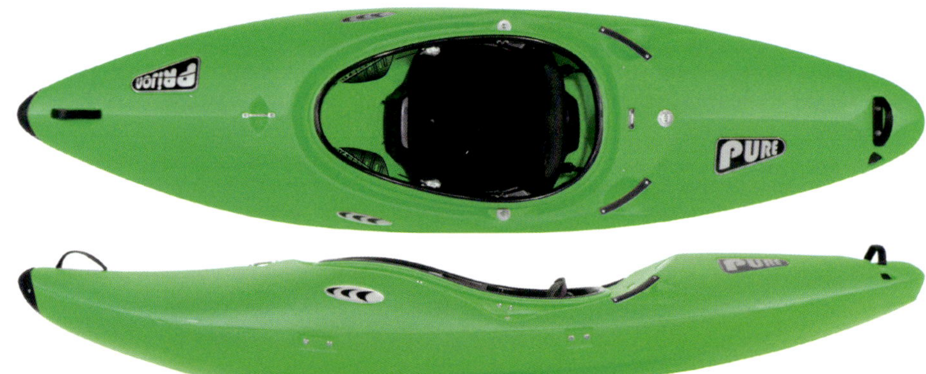

Wildwasserkurzboot.

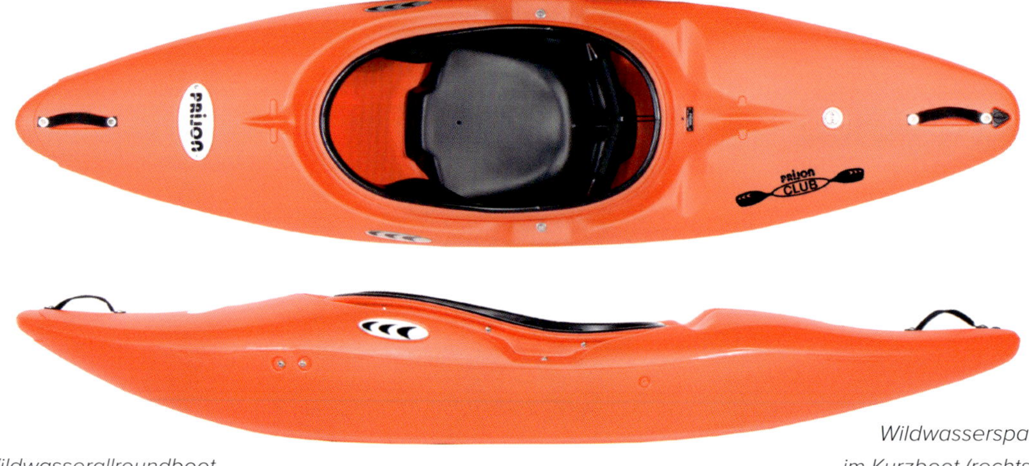

Wildwasserallroundboot.

Wildwasserspaß im Kurzboot (rechts).

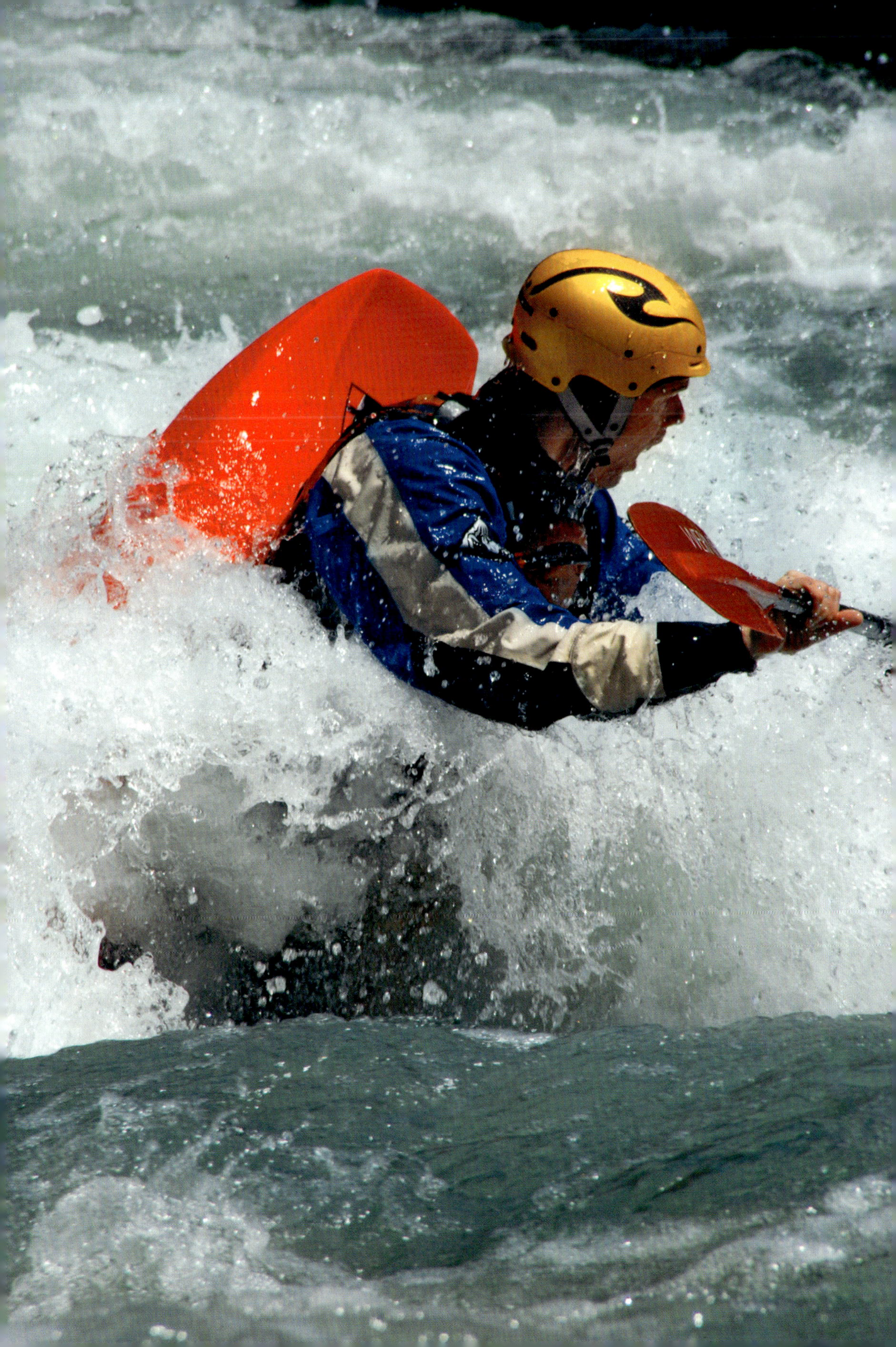

TOURENBOOTE

Das typische Anfängerboot verhält sich mit etwa 3,00 m Länge auf Wildwasser ausgesprochen gutmütig. Es schwimmt durch sein Volumen von etwa 290 l und den damit verbundenen Auftrieb immer obenauf. Wendigkeit und Speed sind gut ausbalanciert. In diesem Boot lässt sich, bedingt durch den großen Stauraum, auch einmal die Ausrüstung für eine mehrtägige Fahrt auf Wildwasser unterbringen. Es ist optimal für große und schwere Fahrer.

ALLROUNDBOOTE

Wer nach einem Boot sucht, das in sich die Vorteile eines Kurzboots mit den Stärken eines Tourenboots vereinigt, wird schnell auf ein Boot mit einer Länge von etwa 2,60 m und einem Volumen von 270 l stoßen. Natürlich ist dies ein Kompromiss. Die weitaus meisten Kajaks im Wildwasser gehören zu diesen Allroundbooten. Es lässt sich leicht rollen und ist ein prima Boot, um Gefühl für das Wildwasserfahren zu entwickeln. Mit einem Gewicht von etwa 20 kg werden längere Umtragestellen nicht unbedingt zum Problem.

WILDWASSER-ZWEIER

Der Wildwasser-Zweier: ein ideales Boot, um Anfängern den Genuss des Fahrens auf schäumendem Wasser zu vermitteln. Diese Zweier verfügen über eine sichere Wasserlage und sind erstaunlich wendig. Das Boot lässt sich durch den im hinteren Teil sitzenden erfahrenen Paddler souverän steuern. Vordermann/-frau erfreut sich eines völlig ungetrübten Fahrvergnügens. Im Ernstfall kann das Boot auch von einem Paddler allein eskimotiert werden.

BOOTSMATERIAL

Dominierendes Material beim Bau von Wildwasserbooten ist Polyethylen (PE). Zur Herstellung von PE-Booten bedient man sich des Rotationsverfahrens oder des Blasverfahrens. Beim Rotationsverfahren wird das PE als Pulver in eine Bootsform gefüllt. Diese wird erhitzt und in langsamen Rotationen um mehrere Achsen gedreht. Es kann hierbei allerdings nur PE mit relativ kurzen Molekülketten Verwendung finden. Die beim Blasformverfahren entstehenden Molekülketten sind etwa zehnmal länger als die beim Rotationsverfahren. Dadurch erklärt sich die bei Weitem höhere Steifigkeit eines Kajaks, der im Blasverfahren hergestellt wurde.

DAS »RICHTIGE« BOOT

Weiter oben wurden bereits die Allroundboote als guter Kompromiss empfohlen. Neben den genannten Kriterien bestimmt das Körpergewicht maßgeblich die Auswahl. Faustregel: je schwerer der Fahrer, desto mehr Bootsvolumen. Es ist immer besonders wichtig, im Boot eine komfortable Sitzposition einnehmen zu können. Dazu gehört genügend Platz für große Füße und lange Beine. Stundenlang in einem zu engen Boot zu sitzen ist eine absolute Spaßbremse. Wer sich darüber hinaus noch ein paar Gedanken über den vorwiegenden Einsatzbereich macht, ist schon ein paar Schritte weiter.

IM COCKPIT

Die Sitzbreite ist beim Kauf des Bootes ein wichtiges Kriterium, denn ein fester Sitz im Boot ist Voraussetzung für eine sensible Bootskontrolle. Sie müssen das Verhalten des Kajaks sofort spüren können, die Bewegungsübertragung muss auf direktem Weg erfolgen.

Die Sitzbreite kann durch seitliche Einlagen aus PE-Schaum individuell angepasst werden. Man bekommt ihn (mit geschlossenen Zellen) in Plattenform. Zur Not kann man auch Isomatten nehmen, die man aufeinanderklebt. Für die Verklebung haben sich Kontaktkleber bestens bewährt. Diese Teile können Sie anschließend mit einer feinen Raspel formen. Die Feinarbeit erledigt dann Schleifpapier. Um ein Herumrutschen auf dem Sitz zu vermeiden, kann man auch ein Stück Neopren auf die Sitzfläche aufkleben. Nebeneffekt: Es hält schön warm.

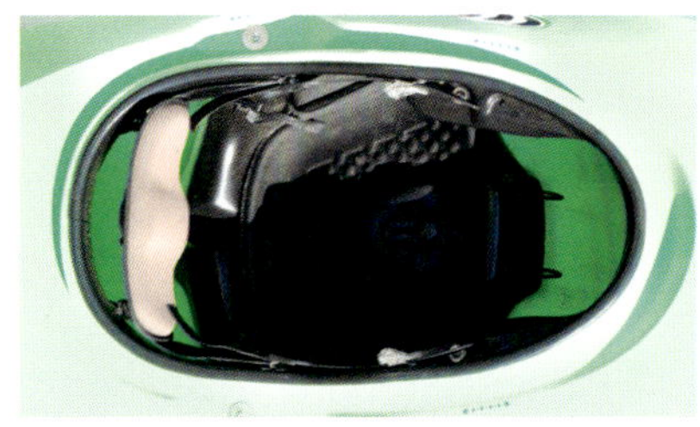

Die Sitzbreite wird individuell angepasst.

Das Boot darf den Fahrer durch seine konstruktiv bedingten Merkmale nicht in Gefahr bringen. Im Klartext: Bei Klemm- und Steckunfällen muss die Fahrgastzelle so steif sein, dass der Fahrer das Boot jederzeit verlassen kann. Dazu gehört auch eine groß dimensionierte Luke. Die Luke ist dann groß genug, wenn man im Boot sitzend beide Beine aus dem Boot herausheben kann. Auch hier spielt also die Körpergröße eine wichtige Rolle bei der Auswahl des richtigen Bootes.

Schematische Darstellung eines Wildwasserkajaks.

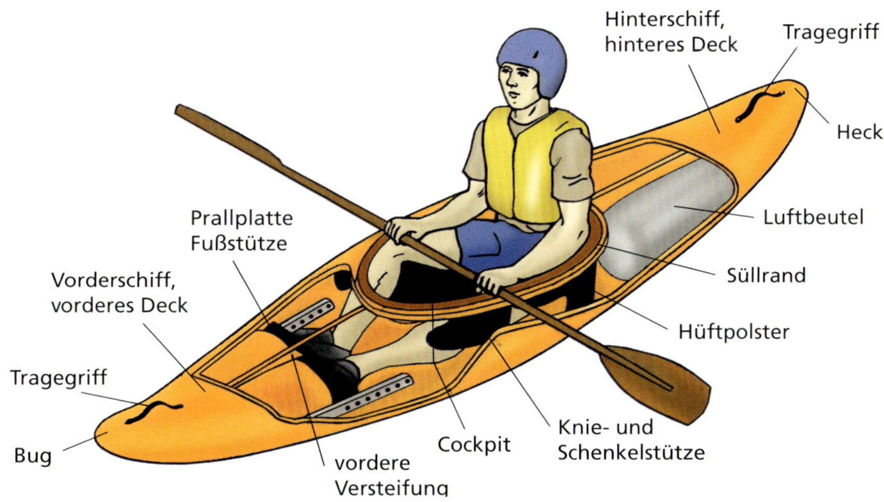

→ EINSTEIGER-TIPP

Manche Boote verfügen über die Möglichkeit, den Sitz nach vorn oder hinten zu verschieben. Das erlaubt eine individuelle Trimmung des Kajaks, ganz nach Ihren persönlichen Ansprüchen. Wird der Sitz heckwärts verschoben, steigt das Boot vorn und hüpft klatschend über die Wellen. Beim Surfen kann diese Stellung vorteilhaft sein. Schieben Sie den Sitz weiter nach vorn, entfällt die Hecklastigkeit. Beim Durchfahren von Walzen wird das Boot nicht so schnell »kerzen«.

Über die Schenkelstützen kontrollieren Sie die Balance des Kajaks im Wildwasser. Mit ihnen wird das Boot an- und weggekantet. Sie vermitteln den notwendigen Halt bei extremer Auslage und beim Eskimotieren. Die Kanten guter Schenkelstützen sind gerundet, um Verletzungen auszuschließen. Manche sind individuell einstellbar.

Der Rückengurt besteht normalerweise aus einem stark gepolsterten, komfortablen Band, das am Sitz befestigt ist. Er stützt das Becken und verhindert ein Wegrutschen heckwärts. Der Rückengurt ist individuell einstellbar. Er ist so straff gespannt, dass er engen Bootskontakt vermittelt und nicht nach oben oder unten wegrutschen kann.

FUSSSTÜTZE UND PRALLPLATTE

Funktionelle Fußstützen sind von elementarer Bedeutung für die Kontrolle des Fahrverhaltens und für die Sicherheit. Die Fußstütze ist dann optimal auf den Fahrer eingestellt, wenn die Beine gespreizt sind und die Knie bequem, aber nicht zu locker unter den Schenkelstützen anliegen.

Zusätzlich müssen Fußstützen einen Großteil der Energie bei einem Aufprall kompensieren. Ohne Fußstütze würde der Fahrer im Bug des Bootes verschwinden. Das, was der Airbag im Auto, ist deshalb die Prallplatte im Wildwasserboot. Die flächige Prallplatte verteilt die auftretenden Kräfte. Häufig ist sie elastisch aufgehängt. Meist hat sie an der dem Fahrer zugewandten Seite eine Schaumauflage, die ebenfalls stoßdämpfend wirkt.

PADDEL

Im Wildwasser (WW) werden (mehr oder weniger unabhängig von der Körpergröße) relativ kurze Paddel mit einer Länge zwischen 190 und 200 cm gefahren. Welche Paddellänge und Blattform letztlich besonders für Sie geeignet ist, probieren Sie am besten eigenhändig aus. In der Regel sind die preiswerteren Paddel auch schwerer. Je breiter und schwerer ein Blatt ist, umso mehr Kraft werden Sie beim Paddeln aufwenden müssen. Beim Wildwasserfahren hingegen sollten Sie in der Lage sein, in kurzer Zeit, manchmal mit nur einem Schlag, die ganze zur Verfügung stehende Kraft ein- und umzusetzen.

SCHWIMMWESTE

Mit dem Begriff »Schwimmweste« ist eine moderne Wildwasserweste nur unzulänglich beschrieben. Natürlich hilft sie beim Schwimmen, aber sie kann noch viel mehr: Sie schützt den Körper bei Karambolagen mit Hindernissen und ist mit ihrer hervorragenden Isolation ein willkommener Kälteschutz. Moderne WW-Schwimmwesten verfügen über einige Sicherheitsdetails, die unverzichtbar sind: Brustgurt und Bergeleine sind Standard. Hinzu kommt noch der Teleskop-Cowtail, der die Einsatzmöglichkeiten bei der Selbstrettung und auch bei der Kameradenhilfe nochmals erweitert. Der Auftrieb des verarbeiteten

→ EINSTEIGER-TIPP
Schwimmwesten mit vorn oder hinten aufgesetzten Taschen für Zubehör (Messer, Karabiner u. a.), wie sie auch angeboten werden, können in speziellen Situationen mit expeditionsartigem Charakter nützlich sein. Andererseits sind sie beim aktiven Schwimmen hinderlich. Sie weisen eine stark bremsende Wirkung auf.

Schaums beträgt etwa 59–98 N. Ein kurzer, sitzgerechter Schnitt behindert weder beim Paddeln noch beim Schwimmen.

Im Rücklauf eines Tosbeckens von künstlichen Flusseinbauten ereignen sich immer wieder schwere Unfälle. Rückläufe gibt es aber auch im natürlichen Flussbett. Wer unbeabsichtigt dorthin gerät und festgehalten wird, der braucht seine ganze Energie zum kontrollierten Auftauchen. Das Ausziehen der Weste (um besser tauchen zu können, wie früher gern empfohlen wurde) kostet unverhältnismäßig viel Kraft. Der Auftrieb im stark luftdurchsetzten Wasser ist auch mit Weste nur sehr gering. Die »Abwurftheorie« funktioniert am besten am Stammtisch. Moderne Westen sind deshalb mehr auf sicheren Sitz als auf schnelles Abwerfen konzipiert.

Übrigens: Alle synthetischen Materialien unterliegen von Anfang an einem Alterungsprozess. Der Schaum in der Schwimmweste bildet da keine Ausnahme; weder Hitze noch Druck werden vertragen. Er verliert pro Jahr einiges seiner Tragfähigkeit. Aus diesem Grund sollte die Schwimmweste alle paar Jahre überprüft und gegebenenfalls ersetzt werden. Zum Prüfen einer Schwimmweste legt man sie am besten neben eine neue und vergleicht. Wenn die Schaumteile sich in den Kammern verschieben lassen, haben sie nicht mehr genug Auftrieb. Wer es ganz genau wissen will, nimmt Metallgewichte und testet den Auftrieb der Weste in der Badewanne.

KOPFSCHUTZ

Fast immer, wenn ein WW-Paddler kentert, kommt sein Kopf dem Flussgrund gefährlich nahe. Daher ist ein guter Kopfschutz ein absolutes Muss für jeden Fahrer. Helme, die im Wettkampf gefah-

WW-Schwimmwesten verfügen über viele Sicherheitsdetails.

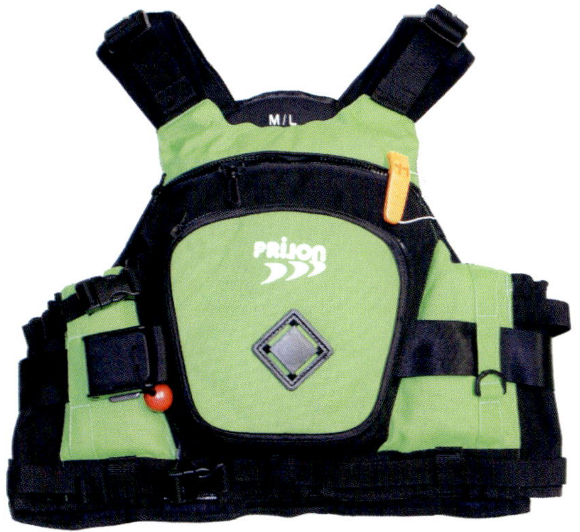

→ EINSTEIGER-TIPP
Kinnschützer sind nicht empfehlenswert. Tests haben ergeben, dass sie die Funktion des Kinnriemens negativ beeinflussen. Der Helm neigt dann eher zum Verrutschen nach hinten.

ren werden, sind keine gute Wahl. Sie sind zu leicht gebaut. Ein funktioneller WW-Helm sollte Stirn und Schläfen gut schützen. Außerdem wird er aus besonders widerstandsfähigem Material bestehen; eine Schaumeinlage schwächt zusätzlich den Aufprall ab und verhindert, dass der Helm absinkt. Ein fester Kinnriemen hält ihn sicher in der richtigen Position. Vor allem aber muss der Helm gut sitzen, darf also nicht verrutschen. Das testen Sie, indem Sie versuchen, den Helm ohne festgezogenen Kinnriemen vom Kopf zu schütteln.

→ EINSTEIGER-TIPP
Ziehen Sie die Aufreißschlaufe zuerst nach vorn und dann nach oben. So lässt sich die Decke locker lösen; außerdem schonen Sie Ihr Material.

SPRITZDECKE

WW-Spritzdecken dürfen sich einerseits unter der Kraft des Wassers nicht öffnen, andererseits müssen sie im Notfall leicht zu öffnen sein. Beide Anforderungen sind schwer unter einen Hut zu bringen.

WW-Spritzdecken werden zumeist aus Neopren gefertigt, gute aus doppelt kaschiertem Neopren. Die Nähte sind bei hochwertigen Decken wasserdicht verarbeitet.

Die großen Sicherheitsluken haben zur Folge, dass sich schlecht passende Decken unter Wasserdruck zu leicht öffnen. Mitten im Katarakt absolut unangenehm! Passende Spritzdecken sitzen so eng auf dem Süllrand, dass sie nur mit einem kräftigen Zug an der Aufreißschlaufe zu lösen sind. Besonders wichtig: Die Aufreißschlaufe darf im Ernstfall nicht abreißen! Sie sollte auf jeden Fall an der Unterseite der Decke vernäht sein, damit sich die Decke unter Zug vom Süllrand abrollt.

PADDELJACKE

Die gut sitzende Paddeljacke weist ausreichend flexibles Material auf und ist so geschnitten, dass sich der Fahrer in jeder nur

Ziehen Sie zum Öffnen der Spritzdecke die Aufreißschlaufe erst nach vorn, dann nach oben.

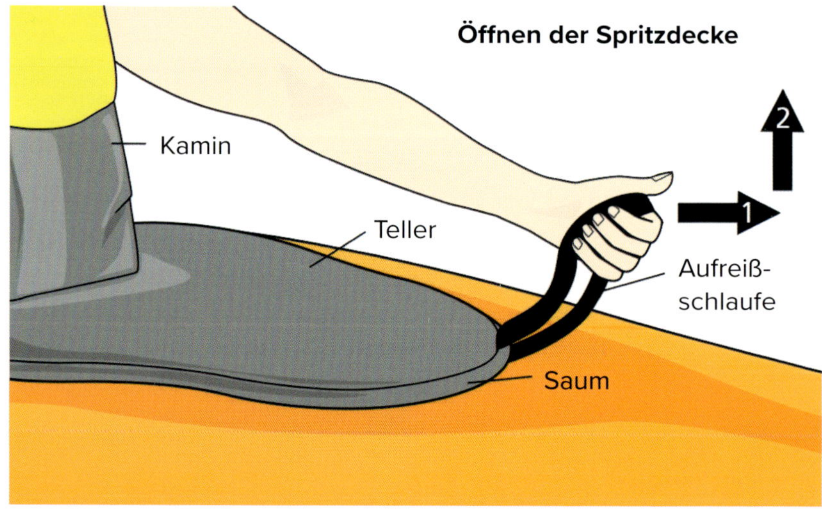

→ **EINSTEIGER-TIPP**
Bei kaltem Wetter kann ein Pullover aus Polarfleece unter der Jacke angezogen werden. Dieser nimmt kaum Wasser auf, isoliert gut und trocknet schnell. Ideal für WW-Paddler!

denkbaren Situation ungehindert bewegen kann. Wichtig: weiche Neopren-manschetten an den Armen und am Hals. Teure Modelle verfügen über Latexmanschetten. Diese schließen besonders dicht ab, sind andererseits aber empfindlich. Sie können leicht einreißen. WW-Jacken benötigen übrigens keine Kapuzen.

NEOPREN-OVERALL

Ein ärmelloser Neopren-Overall (auch »Long John« genannt) ist als Bekleidungsstück im Wildwasser eine gute Wahl. Er garantiert eine gute Wärmeisolation, bringt zusätzlichen Auftrieb und schützt vor Schürfungen oder Prellungen. Eine Materialstärke von ca. 4 mm sowie eine doppelte Stoffkaschierung, die das An- und Ausziehen erleichtert, ist Standard. Reißverschlüsse an den Unterschenkeln ergänzen dieses funktionelle Ausrüstungsstück.

TROCKENANZUG

Immer mehr auf dem Vormarsch ist der Trockenanzug. Es ist die zeitgemäße Lösung. Er ist aus absolut wasserdichtem Material und mit elastischen Abschlüssen an Hals-, Arm- und Beinöffnungen gearbeitet. Meist ist er einteilig, manchmal eine Zusammenstellung aus Jacke und Hose. Er lässt so gut wie kein Wasser ein und ist besonders warm, wenn die Unterwäsche entsprechend gewählt wird.

SCHUHE

Neoprensocken in ausgelatschten Turnschuhen: keineswegs die funktionelle Fußbekleidung für einen Wildwasserfan. Spezielle WW-Schuhe bieten einen guten Sohlengriff auf nassem, rutschigem Untergrund. Ebenso weisen sie einen Neoprenschaft auf, der den Knöchel schützt und den Fuß

Die WW-Paddeljacke schließt besonders dicht.

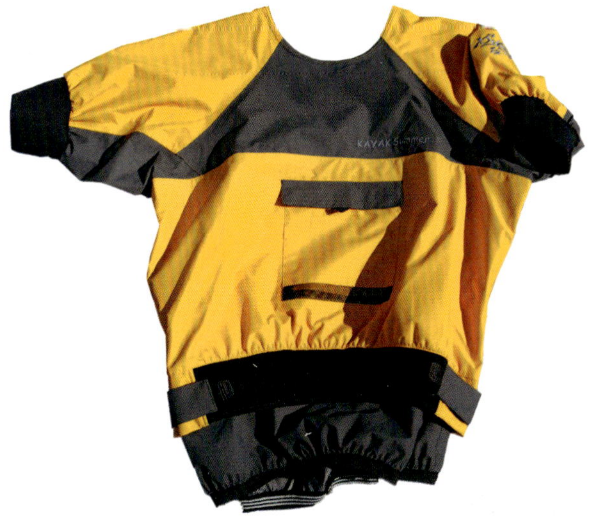

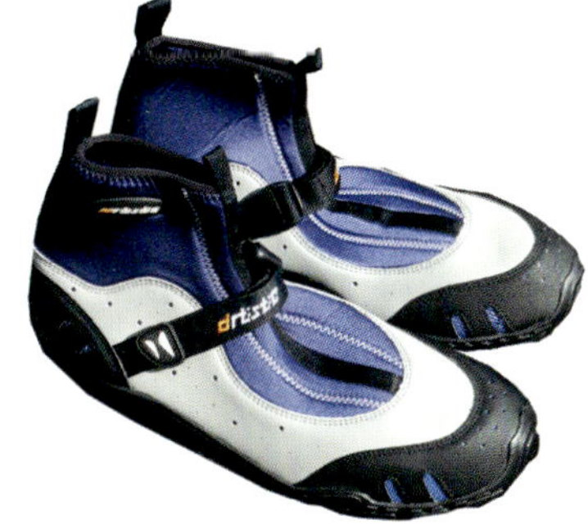

WW-Schuhe bieten Kälteschutz und griffige Sohlen.

→ **EINSTEIGER-TIPP**
Eine akzeptable Kombination bieten auch Neoprensocken in Verbindung mit festen, gut profilierten Trekkingschuhen.

→ **EINSTEIGER-TIPP**
Besonders praktisch und informativ sind Führer mit einem anschaulichen Kartenteil. Dies erleichtert die Anfahrt und Orientierung vor Ort. Gute Wildwasserführer machen sich auf jeden Fall schnell bezahlt.

gleichzeitig warm hält. Für gute, solide Neoprenschuhe sollten Sie ruhig ein paar Euro ausgeben. Diese Investition zahlt sich aus!

WILDWASSERFÜHRER

Neben den einschlägigen Internetportalen gibt es im Fachhandel eine reiche Auswahl an Literatur für den Wildwasserfan. Da Wildbäche aber einem steten Wandel unterliegen, bleiben sie nur eine geraume Zeit aktuell. Achten Sie also darauf, wann der Führer gedruckt wurde bzw. wann er zuletzt überarbeitet wurde! Im Zweifelsfall: Vertrauen Sie nie dem Wildwasserführer! Erkunden Sie die zu befahrende Stelle und tragen Sie lieber einmal zu viel als zu wenig um!

In guten Führern wird der jeweilige Flusscharakter kurz beschrieben und auf besondere Gefahrenstellen hingewiesen. Ebenso gibt der Führer Hinweise zu günstigen Ein- und Ausbootpunkten. Auf jahreszeitentypische Wasserstände wird hingewiesen. Es werden konkrete Angaben zu Pegelständen gemacht. Der Führer bewertet bei Mittelwasser und nach korrektem Maßstab (ICF-Tabelle).

Küstenfahrten im Seekajak sind eine sportliche Herausforderung.

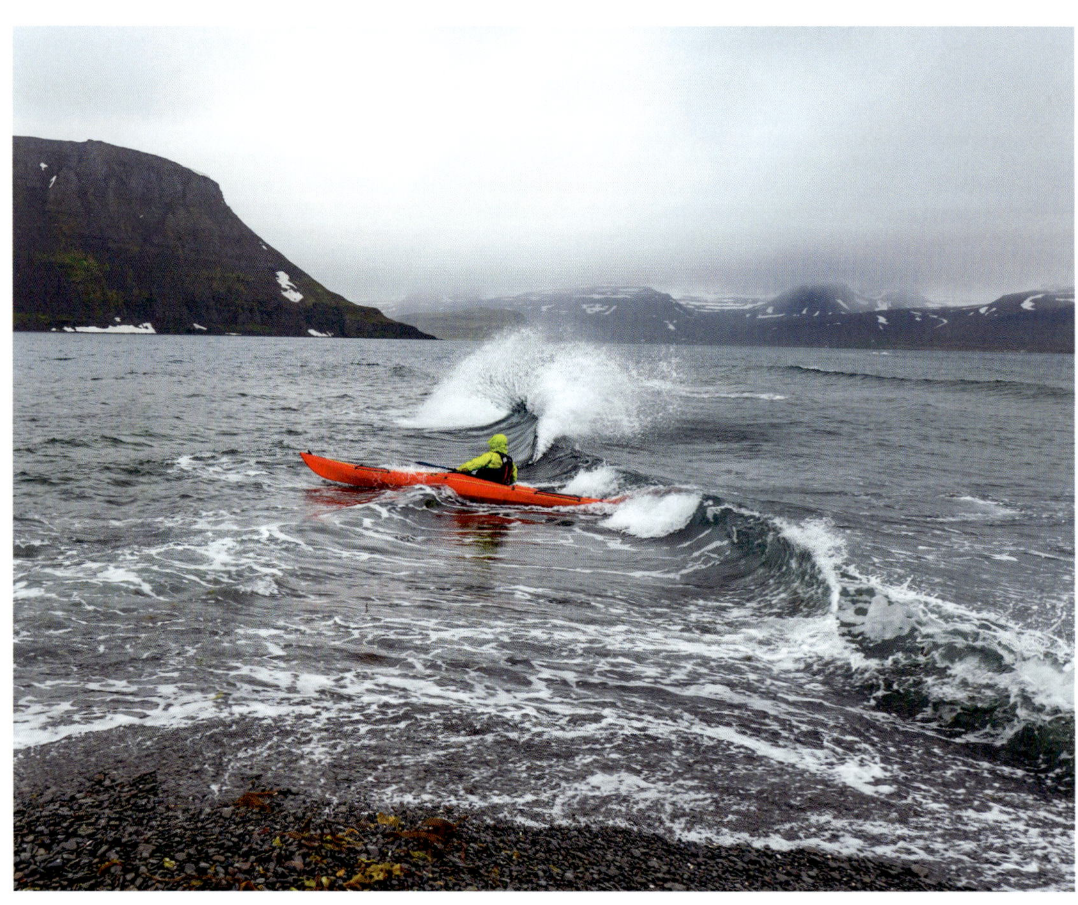

BOOTE UND AUSRÜSTUNG SEEKAJAK

Sportliches Fahren im Kajak auf Salzwasser hat sich in den letzten Jahrzehnten überall auf der Welt enorm entwickelt. Technik und Taktik wurden beim Küstenfahren konsequent vorangetrieben, Sicherheitsstandards und Rettungsmethoden verfeinert. Die grundlegenden Paddeltechniken werden auch hier angewandt. Das Beherrschen der Kenterrolle in allen Situationen gehört zum fundamentalen Repertoire. Sei es an den Uferlinien von Nord- und Ostsee, in der Eiswelt Grönlands, auf der stürmischen Beringsee zwischen Alaska und Sibirien oder an der wunderschönen Küstenlinie Neuseelands.

SEEKAJAKS

Seekajaks unterscheiden sich in vielerlei Hinsicht von Wander- oder Wildwasserbooten. Seetauglich werden sie zum einen durch die Fähigkeit, Wellen zu schneiden oder zu reiten, sich auch bei schwierigen Wind- und Strömungsverhältnissen kipp- und richtungsstabil zu verhalten. Zum anderen dadurch, dass sie nach einer Kenterung durch doppelte Abschottung und Lenzpumpe flott wieder fahrbereit gemacht werden können. Grundsätzlich können zwei Typen von Seekajaks unterschieden werden. Zunächst der schmale, schnelle Einer, gebaut für lange Strecken und wenig Gepäck. Und der etwas breitere Einer oder Zweier, mit viel Zuladung und hoher Stabilität.

Der schmale Einer ist logischerweise kippliger als der breitere.

Aufteilung eines Seekajaks.

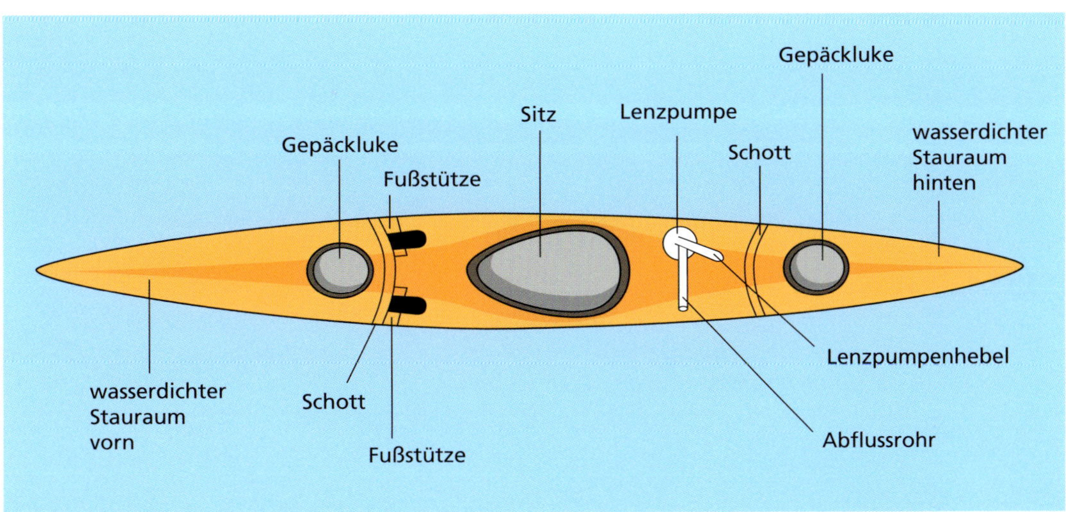

Seine Seetüchtigkeit hängt im hohen Maß von den Fähigkeiten des jeweiligen »Kapitäns« ab. Vorausgesetzt werden bei diesen Booten viel Erfahrung und das Beherrschen der Kenterrolle. Andererseits ist der Begriff »kipplig« relativ. Natürlich gewöhnen Sie sich im Laufe der Zeit an ein solches Boot, nach einer gewissen Zeit werden Sie es nicht mehr als instabil empfinden. Es lässt sich außerdem leichter rollen als ein breiteres Boot. Ein Nachteil dieser Boote: Sie sind weder geräumig, noch verfügen sie über eine stabile Wasserlage, die wirklich entspanntes Fahren erlaubt.
Die breiteren Einer und Zweier überwiegen im Angebot der Kanuhersteller. Sie sind generell ein wenig kürzer als die schmalen, schnellen Einer. Manche weisen eine derartig stabile Wasserlage auf, dass man sogar darin stehen kann (auf ruhigem Wasser, versteht sich). Diese stabile Lage macht ein entspanntes Fahren möglich. Die Boote nehmen viel Gepäck auf, sie sind allerdings im nicht beladenen Zustand recht windanfällig. Natürlich sind sie nicht so schnell wie ihre schmaleren Brüder. Die Kenterrolle ist etwas schwieriger auszuführen, dafür fällt man mit ihnen aber auch nicht so schnell ins Wasser.
Die Palette der Materialien, aus

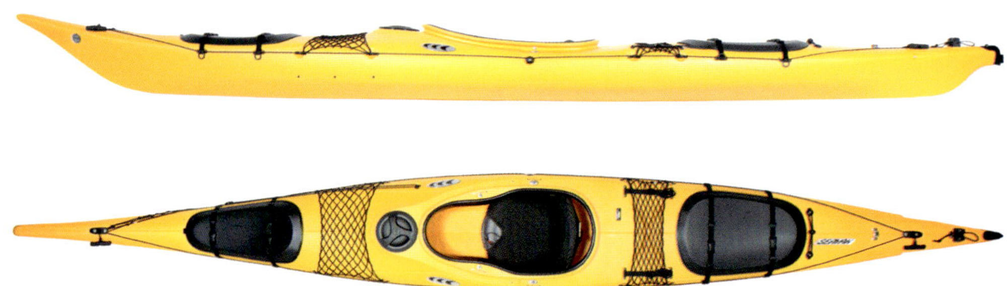

Seekajak Einer.

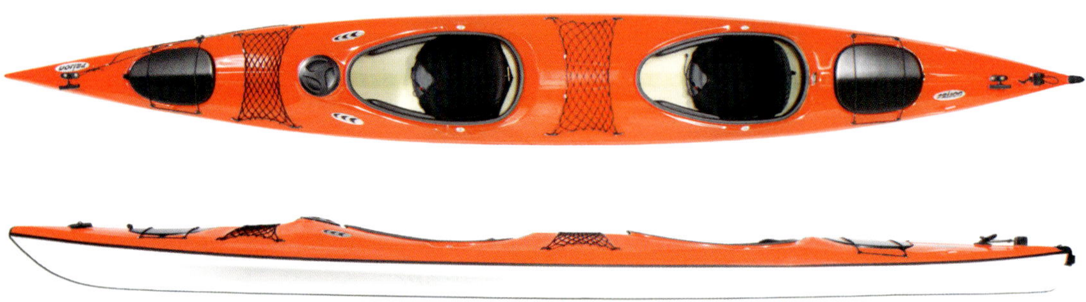

Seekajak Zweier.

➔ EINSTEIGER-TIPP
Glasfaserboote sind nicht ganz so strapazierbar wie ihre PE-Brüder, dafür sind sie in aller Regel etwas leichter. Das Angebot an unterschiedlichen Typen ist besonders umfangreich, da die Produktionskosten für eine Glasfaserform nur einen Bruchteil der einer Form für PE-Boote ausmachen. Die Farbe des Oberdecks entspricht den jeweiligen Anforderungen: Wollen Sie gesehen werden, wählen Sie eine Signalfarbe, möglichst Gelb. Wer jedoch unauffällig unterwegs sein will, wird sich eine gedeckte Farbe zulegen.

denen Seekajaks gebaut werden, reicht vom noch weit verbreiteten Glasfaserboot über Kevlar- und Carbonmodelle bis zu den immer mehr Marktanteile gewinnenden Booten aus Polyethylen. Auch die guten alten Faltboote haben ihren Platz im Reigen der Seekajaks. Beim Kauf ist es wichtig zu wissen, was man wirklich will. Wer oft mit dem Flugzeug in die Kanuferien fliegt, wird sich ein Faltboot zulegen. Es wird ihm gute Dienste leisten, wenn es seetüchtig ausgestattet ist.

Für felsige Küsten und messerscharfe Korallenriffs eignen sich die nahezu unverwüstlichen PE-Boote. Ihnen macht auch der härteste Kontakt mit den manchmal tückisch unter der Wasseroberfläche liegenden Felsen kaum etwas aus. Geblasene PE-Boote verfügen über eine deutlich höhere Steifigkeit als rotierte Boote. Die Molekülkette der geblasenen Boote ist etwa zehnmal länger; das verschafft ihnen einen entscheidenden Vorteil.

STEUERANLAGE

Die Steueranlage, mit den Füßen zu betätigen, ist bei Fahrten auf großen, offenen Gewässern in jedem Kajak ein absoluter Vorteil. Mit ihr halten Sie auch bei kräftigem Seitenwind das Boot leicht auf Kurs. Ein gutes Steuerblatt, meist aus Aluminium oder rostfreiem Stahl gefertigt, kann über eine Aufholschnur aus dem Wasser gezogen und auch wieder abgesenkt werden. Dies ist der Fall, wenn Sie anlanden oder über sehr flache Strecken fahren. Ansonsten könnte das Steuerblatt beschädigt werden. Auf jeden Fall wird das Steuerblatt aber so konstruiert sein, dass es sich bei unerwartet unter der Wasseroberfläche auftretenden Hindernissen

Halb abgesenktes Steuerblatt.

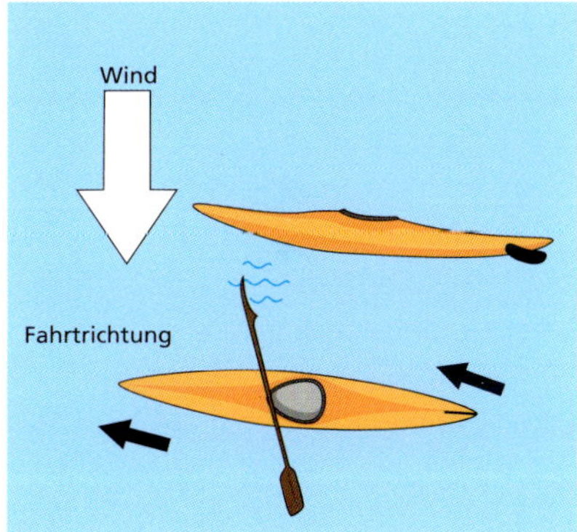

Ganz abgesenktes Steuerblatt.

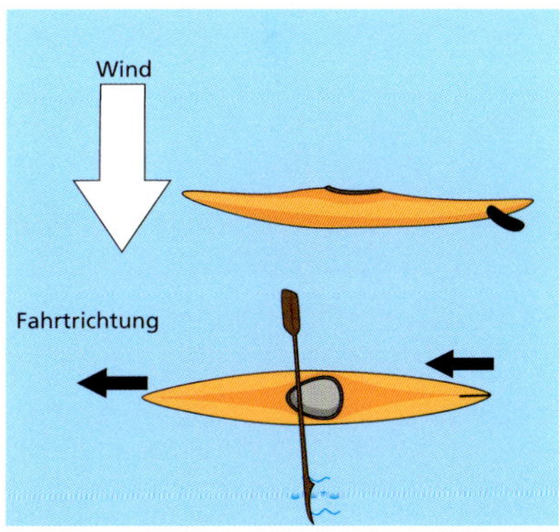

Eingeklapptes Steuerblatt.

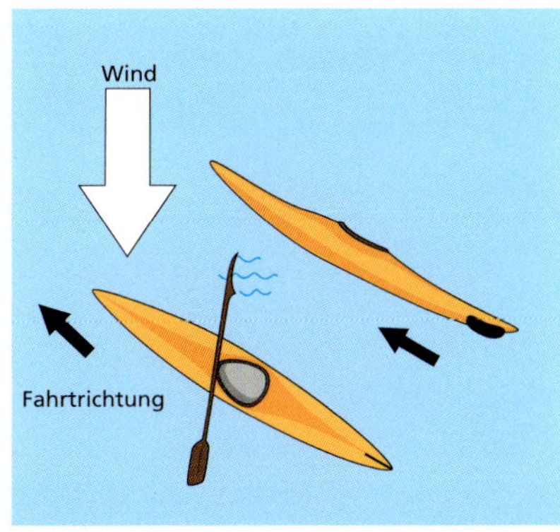

→ EINSTEIGER-TIPP
Manche Boote verfügen nur im Vorder- oder Hinterschiff über eine Abschottung. In diesem Fall verwenden Sie aufblasbare Auftriebskörper für den nicht abgeschotteten Teil des Kajaks. Es werden spezielle Ausführungen mit doppelter Verklebung und Reißverschluss angeboten. Man kann dann zunächst Gepäck laden und danach den Spitzenbeutel aufblasen.

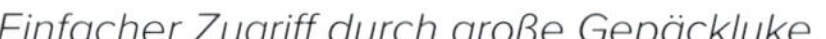

automatisch hochklappt und bei einer Kenterung in der Brandung nicht abbricht.

AUFTRIEB

Das, was dem Wander- und Wildwasserfahrer die Auftriebskörper, sind dem Salzwasserkapitän Zwischenwände aus Schaum oder Glasfaser im Vorder- und Hinterschiff: sogenannte Abschottungen. Diese Abschottungen sind obligatorisch für ein seetüchtig ausgerüstetes Boot. Viele ernsthafte Unfälle beim Salzwasserfahren resultieren aus fehlendem Auftriebsverhalten. »Der beste Auftrieb ist immer der meiste Auftrieb«, nach diesem Leitsatz verfahren Sie zweckmäßigerweise grundsätzlich beim Kanufahren. Dies kommt besonders beim Salzwasserfahren zur Geltung. Sie können eben nicht einfach an Land fahren, um schnell einmal das Boot auszuleeren.

Um das Boot be- oder entladen zu können, verfügen abgeschottete Seekajaks über Gepäckluken. Diese sind (hoffentlich) absolut wasserdicht zu verschließen. Es sind da ganz verschiedene Systeme auf dem Markt. Praktisch und zuverlässig erscheint die Kombination von Neoprendecke und Lukendeckel, gehalten von Spanngurten.

PADDEL

Im Salzwasser werden spezielle Versionen benutzt, deren Vorläufer bei den Aleuten- und Grönlandeskimos zu suchen sind. Gerade im Bereich des Seekajakfahrens setzen sich nämlich die nicht gedrehten Paddel durch, neben dem schmalen und langen Blatt ein Hauptmerkmal der Original-Eskimopaddel. Wenn Sie Einsteiger sind, ist ein nicht gedrehtes Paddel eine gute Wahl. Die Gründe dafür sind schnell

Einfacher Zugriff durch große Gepäckluke.

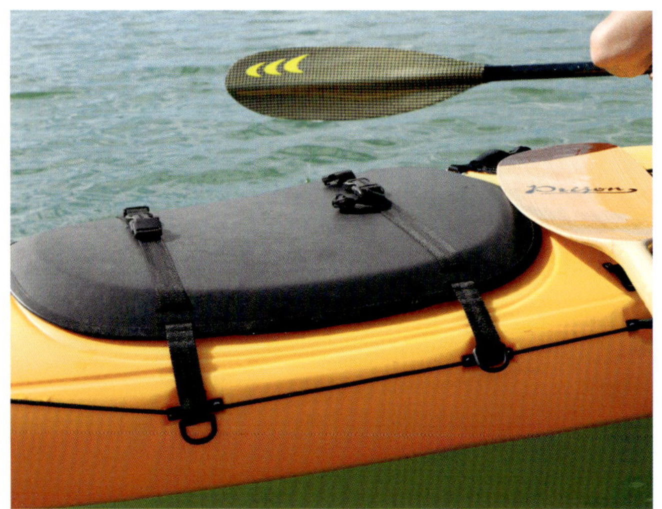

Aufdrehbare Gepäckluke.

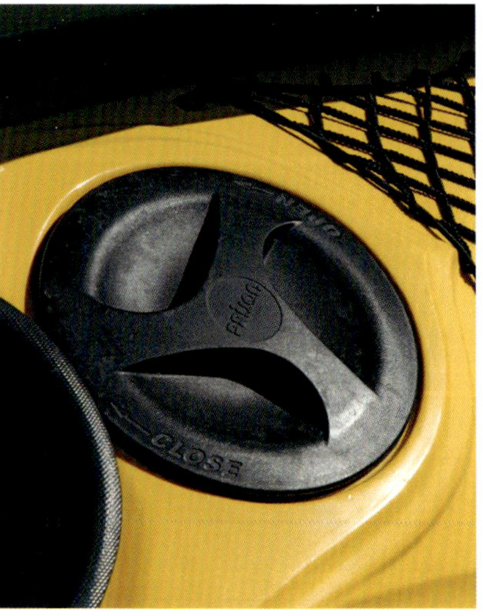

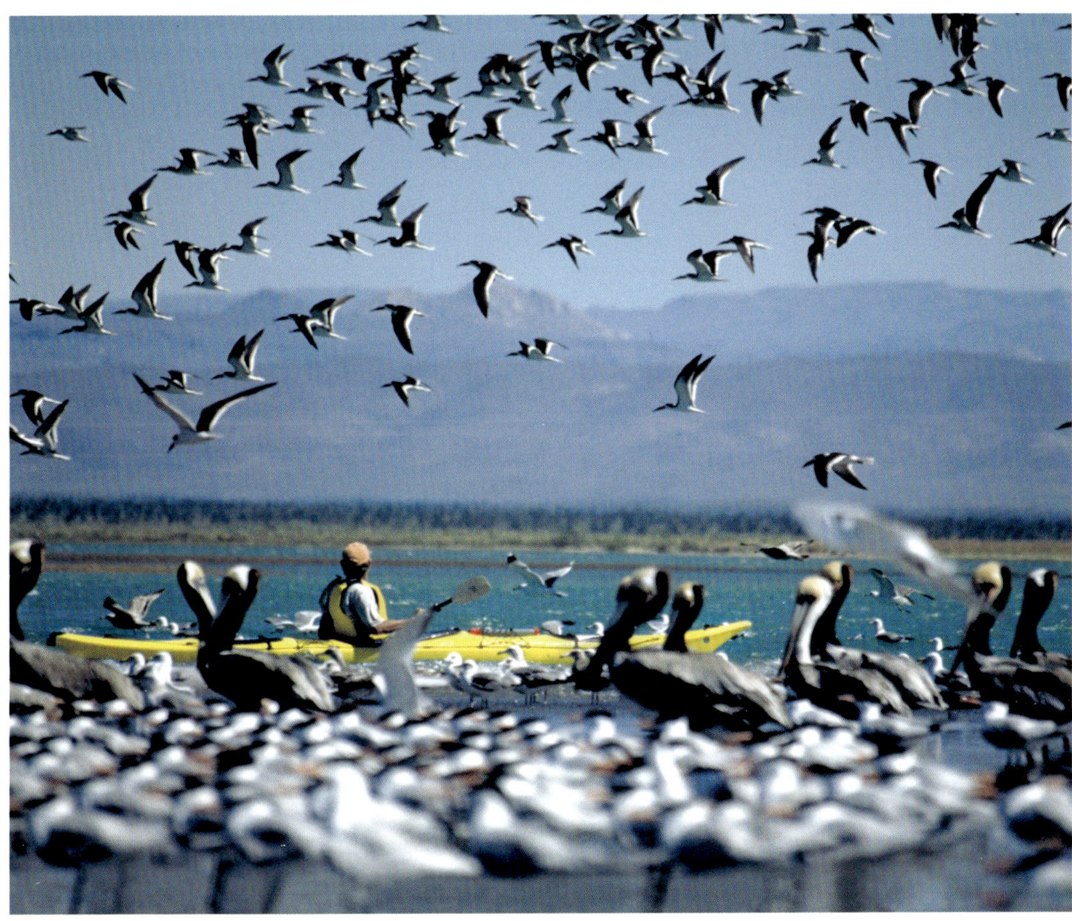

Küstenfahrten im Seekajak ermöglichen außergewöhnliche Begegnungen.

→ EINSTEIGER-TIPP
Erfahrene Kapitäne befestigen aus Sicherheitsgründen ihr Paddel mit einer kurzen Leine am Boot. So kann insbesondere bei Wind, starken Strömungen und Wellengang das Paddel nicht abschwimmen und bleibt immer in Reichweite.

genannt. Zwar bieten gedrehte Paddel bei Gegenwind weniger Windwiderstand, dafür können Sie bei Rückenwind Vorteile mit dem nicht gedrehten Blatt verbuchen: Der Wind schiebt. Bei Seitenwind sind nicht gedrehte Paddel wiederum im Vorteil, da der Wind weniger Angriffsfläche hat. Auch das Drehen im Handgelenk (bei Langfahrten führt es gelegentlich zur Sehnenscheidenentzündung) entfällt beim nicht gedrehten Paddel.

Spezialisten des Salzwassers sind durch teilbare Paddel besonders flexibel. Bei Gegenwind benutzen sie das Paddel in der gedrehten Stellung, bei Seiten- und Rückenwind in der nicht gedrehten Stellung. Außerdem bevorzugen sie andere Blattformen als Touren- und Wildwasserfahrer. Im Gegensatz zu großen, breiten Blättern fahren viele von ihnen schmale, lange Blätter.

Dies macht sie unabhängiger von Windeinflüssen. Außerdem ist es günstiger für Langfahrten, da so die Ausdauermöglichkeiten des Körpers besser genutzt werden.

➔ EINSTEIGER-TIPP

An jeder Rettungsweste sollte sich eine Signalpfeife befinden. Sie ermöglicht es dem Gekenterten, sich bemerkbar zu machen. Auch im Nebel kann eine Signalpfeife wertvolle Dienste leisten.

RETTUNGSWESTEN

Nur ein Lebensmüder wird sich ohne Rettungsweste fernab des Ufers bewegen. Sinn und Zweck einer Rettungsweste ist nicht, dem Nichtschwimmer das Kajakfahren zu ermöglichen. Sie ist vielmehr dazu ausgelegt, dem Gekenterten Schwimmbewegungen zu ersparen. Das ist überlebenswichtig im kalten Wasser.

Eine gekenterte Person, die zusammengekauert in der HELP-Position (heat escape lessening position) schwimmt, verdoppelt für sich die Überlebenszeit. Die »Embryo-Position« kann letztendlich nur mit Rettungswesten eingenommen werden, die über ausreichenden Auftrieb im Hals- und Kopfbereich verfügen. Diese Westen werden im Jargon auch als »ohnmachtssicher« bezeichnet. Gemeint ist damit die sichere Rückenlage für entkräftete Gekenterte. In der Schaumausführung sehen sie recht unförmig aus; der hochstehende Kragen kann außerdem auch die Sicht zur Seite und nach hinten einengen. Allerdings bieten die Schaumwesten einen gewissen Schutz gegen kaltes Wetter und Wasser.

Es setzen sich Rettungswesten durch, die mit Pressluftpatronen aktiviert werden. Diese sind zwar teurer als Schaumstoffwesten, bieten aber besonderen Tragekomfort und behindern kaum beim Paddeln. Der Auftriebskörper besteht aus langlebigem, robustem Nylongewebe in Signalfarbe. Für Kanuten empfehlen sich diese Rettungswesten in halb automatischer Ausführung: Nach der Kenterung wird ein Verschluss manuell ausgelöst, der die Pressluft aktiviert. Der Druck kann an einem Mundventil reguliert und bei Druckabfall erneuert werden. Von Zeit zu Zeit (etwa alle 2–3 Jahre) werden diese Westen durch autorisierte Händler einem Funktionstest unterzogen, der auf der Serviceplakette vermerkt wird.

LENZPUMPE

Jeder gut ausgerüstete Seekajak wird über eine Lenzpumpe verfügen. Dabei ist es zunächst völlig unerheblich, ob es sich um eine Hand- oder Fußpumpe oder sogar um eine elektrische Pumpe handelt. Mit diesen Pumpen wird das im Kajak befindliche Wasser nach einer Kenterung außenbords befördert. Aber auch Spritzwasser kann mit der Pumpe zuverlässig gelenzt werden.

Alle Methoden, mit denen ohne eine Pumpe Wasser aus dem Boot befördert werden soll, sind ungeeignet. Das Wasser, das mühsam mit dem Kochtopf oder dem Trinkbecher aus dem Kajak hinausbefördert wurde, schwappt auf offener See mit der nächsten Welle wieder hinein. Ein Schwamm zum Lenzen des Kajaks ist ebenfalls ziemlich lächerlich. Nur an Land wird er dazu benutzt, den letzten Tropfen Wasser oder störenden Sand aus dem Boot zu entfernen ...

Besonders effektiv arbeiten die elektrischen Pumpen. In aller Regel wird ein Akku im abgeschotteten Teil des Kajaks montiert. Er ist ohne Wiederaufladen etwa ein Jahr betriebsbereit und garantiert ca. 20 Lenzvorgänge. Innerhalb

→ EINSTEIGER-TIPP
Die Fußpumpe befördert größere Wassermengen nur langsam außenbords. Diese Pumpe ist also nicht unbedingt etwas für den Notfall nach einer Kenterung. In Verbindung mit einer Handpumpe leistet sie allerdings gute Dienste. Man kann dann wechselweise vorgehen, je nachdem wie viel Wasser sich gerade im Boot befindet.

weniger Minuten ist das Boot komplett gelenzt. Großer Vorteil: Der Paddler hat beide Hände frei, um mit dem Paddel den Kajak zu stabilisieren. Kleiner Nachteil dieser Pumpe: Das Gewicht der Pumpe ist deutlich höher als das Gewicht für Hand- oder Fußpumpen.

Handpumpen arbeiten nicht ganz so schnell wie Elektropumpen, sind aber immerhin in der Lage, ein vollgeschlagenes Boot zügig zu lenzen. Sie bieten sich insbesondere für den Zweier an: Während ein Paddler stützt, kann der andere die Handpumpe betätigen.

RUNDUMLEINE UND SPANNGUMMIS

Die Rundumleine (»Lifeline«) hilft, den Kajak auf Wasser und am Land »im Griff« zu behalten. Insbesondere an schwierigen Ein- und Ausbootstellen sowie bei Rettungsaktionen ist sie sinnvoll. Die Leine ist so stramm gespannt, dass Sie gerade noch mit der Hand darunter fassen können. Sie führt über mehrere Befestigungspunkte vom Bug zum Heck und wieder zurück. Eine zusätzliche Leine dient zum Abschleppen anderer Kajaks.

Die auf dem Deck angebrachten Spanngummis und Netze sind praktische Vorrichtungen, um wichtige Dinge schnell zur Hand zu haben, ohne gleich die Spritzdecke öffnen zu müssen. Dazu gehören Reservepaddel, Karte und Kompass, Leuchtraketen und Ähnliches. Aber denken

Im Seekajak unterwegs.

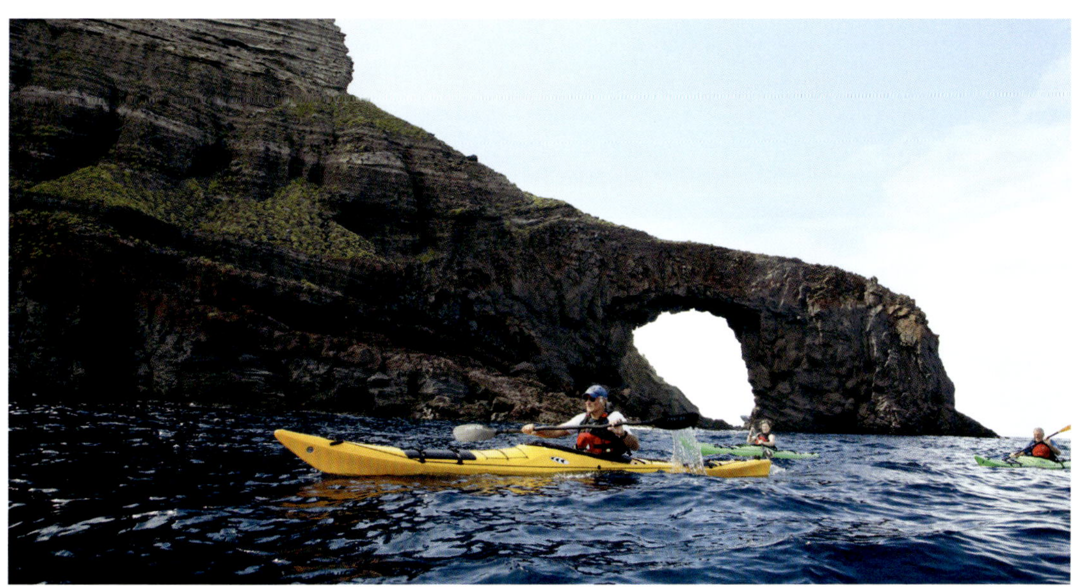

Sie daran: Die Spanngummis bieten keine letzte Sicherheit. So mancher Brecher hat schon teure Teile über Bord gespült und ins nasse Grab geschickt.

→ **EINSTEIGER-TIPP**
Spanngummis und Netze werden von Zeit zu Zeit auf Elastizität und Beschädigungen geprüft. Auch die Rundumleine hält nicht ewig. Tauschen Sie daher die alte Leine gelegentlich aus.

→ **PROFI-TIPP**
Wenn Sie im Notfall nachts unterwegs sind, sollten Sie eine wasserdichte Taschenlampe dabei haben. Auf Schifffahrtsstraßen ist ein weißes Rundum-Licht vorgeschrieben. Um im Nebel oder nachts von Booten mit Radar geortet werden zu können, eignet sich eine Angel, die aufgestellt und mit einem Reflektor aus Metall versehen wurde.

SIGNALMITTEL

In jeden Seekajak gehören Signalmittel für den Notfall. Um auf sich aufmerksam zu machen, sind sie unabdingbar. Im Handel werden Signalraketen und Signalstifte, Fallschirmraketen und Leuchtfackeln, Rauchfackeln und Spiegel als Signalmittel angeboten. Besonders wirkungsvoll sind Fallschirmraketen, die hoch steigen und lange leuchten. Rote Signale werden nur im Notfall eingesetzt.

Zunächst setzen Sie nur ein Signal ein, um auf sich aufmerksam zu machen, nach einer Minute dann ein zweites zur Bestätigung. Ein weiteres Signal wird schließlich eingesetzt, wenn sich Hilfe nähert. Damit wird die genaue Position lokalisiert. Grüne Signale zeigen Entwarnung an. Mit weißen Signalen will man auf sich aufmerksam machen, z. B. bei drohender Kollision mit Schiffen.

→ **EINSTEIGER-TIPP**
Je mehr Signalmittel Sie dabei haben, umso besser. Das Minimum auf einem Trip, der expeditionsmäßig abläuft, sind zwei Fallschirmraketen im Boot. Plus drei Signalraketen in der Paddeljacke oder in einer wasserfesten Tasche auf dem Boot. Eine Leucht- und eine Rauchfackel pro Boot sind ebenfalls sehr zu empfehlen. Im Notfall sollte das auffälligste Signalmittel gleich zu Beginn eingesetzt werden. Eine Fallschirmrakete kann auf eine Entfernung von etwa 20 Kilometern (abhängig von den Sichtverhältnissen) gesehen werden. Es kann also eine Stunde dauern, bis Rettung eintrifft. Die weniger auffälligen Signalmittel werden eingesetzt, wenn die Helfer nahe genug herangekommen sind.

TREIBANKER

Beim Salzwasserfahren sind eine Reihe von Situationen denkbar, in denen ein Treibanker komfortabel eingesetzt werden kann. Während Sie bei ungünstigen Windverhältnissen im Kajak essen oder einfach nur ausruhen, stabilisiert der Schleppanker und verhindert unnötiges Abdriften. Im Starkwind ist es mit dem am Bug oder Heck eingesetzten Treibanker möglich,

➔ EINSTEIGER-TIPP
Das beste Material für einen Treibanker stellt Ripstop-Nylon dar. Es ist leicht und verrottet im Salzwasser nicht so schnell. Bei guten Treibankern ist ein Auftriebskörper eingearbeitet, der ihn an der Wasseroberfläche hält.

den Kajak in den Wind zu halten und den Sturm abzuwarten, ohne allzu sehr abzudriften. Auch das Anlanden bei starker Brandung kann durch die bremsende Wirkung des Treibankers erleichtert werden.

Ein Treibanker kann in seiner Funktion vielleicht am besten mit einem Bremsschirm verglichen werden. Nicht zuletzt deshalb sieht er auch so ähnlich aus: Er ist an beiden Seiten offen und wird an einer etwa zehn Meter langen, dehnfähigen Leine geführt. Diese Leine wird an der Rundumleine des Kajaks befestigt und durch die Trageschlaufen geführt. Zusätzlich kann an der kleineren Öffnung des Treibankers noch eine Rückholleine befestigt werden, die ein müheloses Einholen ermöglicht. Diese Leine sollte schwimmfähig sein und ebenfalls an der Rundumleine befestigt werden.

DECKSDESIGN

Jeder, der mit einem Seekajak unterwegs ist, verfügt über ein höchst individuelles Rezept, notwendige Ausrüstungsteile auf Deck anzubringen. Grundsatz: Die wirklich wichtigen Dinge sind in Reichweite des Fahrers. Was wichtig werden könnte, hängt selbstverständlich von den Besonderheiten einer Tour ab. Wenn Sie immer und zu jeder Zeit alle nur denkbaren Zubehörteile mitschleppen wollten, hätten Sie kaum noch Platz an Deck.

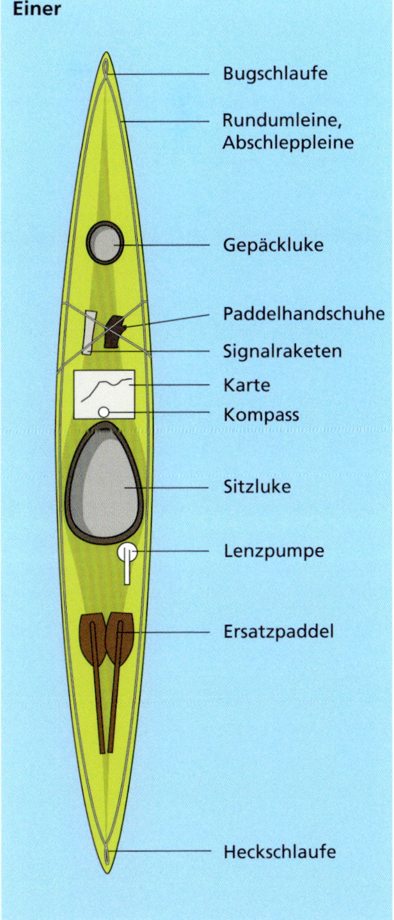

Erprobtes Decksdesign eines Seekajaks.

2

EINBOOTEN UND PADDELSCHLÄGE

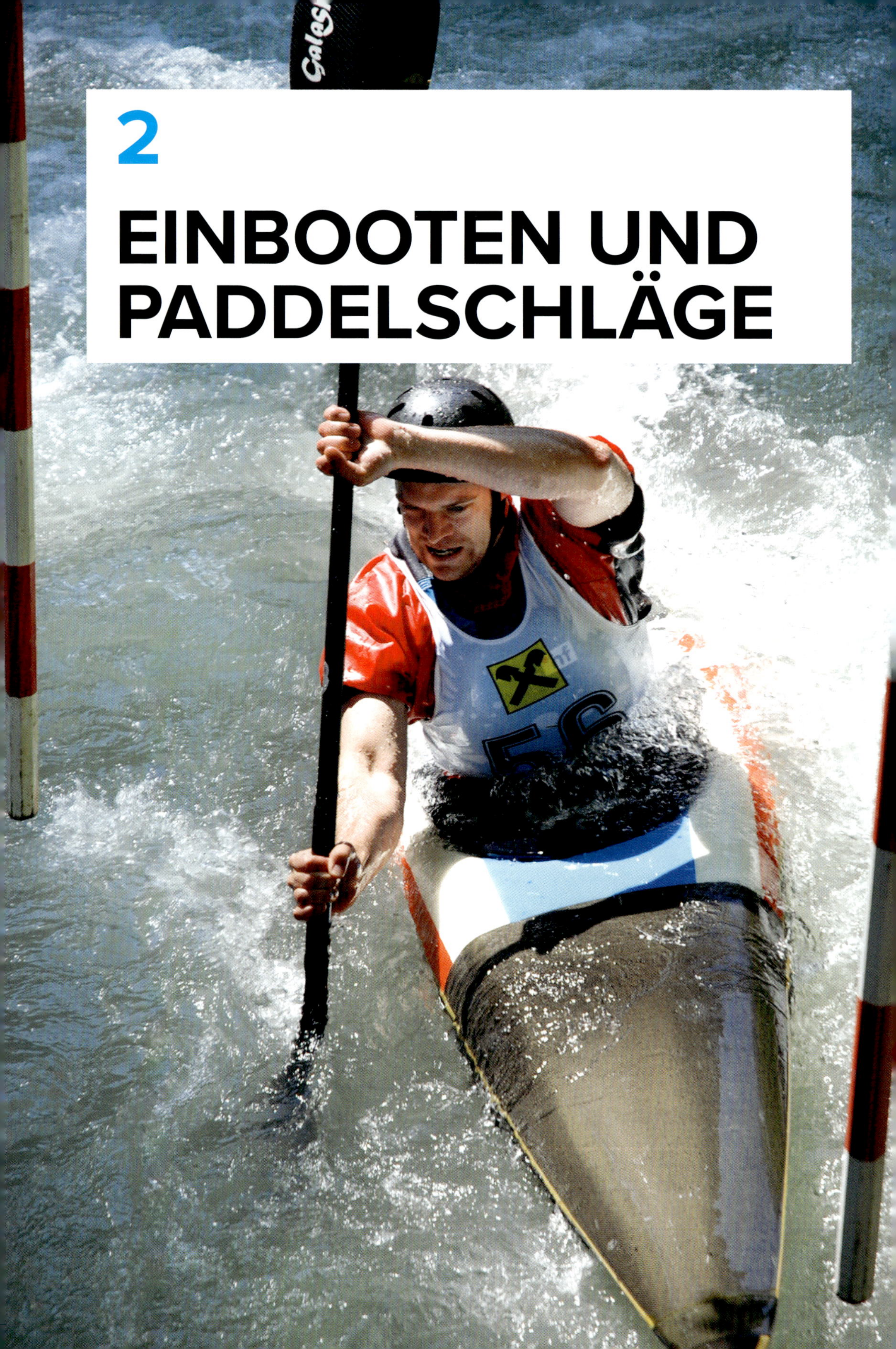

EINBOOTEN

TRAGEN DES KAJAKS

Auf dem kurzen Weg vom Bootshaus zum Steg oder vom Auto zum Flussufer werden Sie den Kajak üblicherweise wie einen Koffer tragen. Sie packen das Boot am Süllrand; irgendwo dort liegt der Schwerpunkt. Ein schneller Griff nach vorn oder hinten – schon ist das Boot ausbalanciert.

Auf längeren Strecken, mit schweren Booten oder im unwegsamen Gelände ist der Koffergriff allerdings nicht zu empfehlen. Hier ist es besser, das Boot zu schultern. Selbstverständlich wird auch diesmal der Schwerpunkt auf der Schulter ausbalanciert. Die freie Hand greift das Paddel.

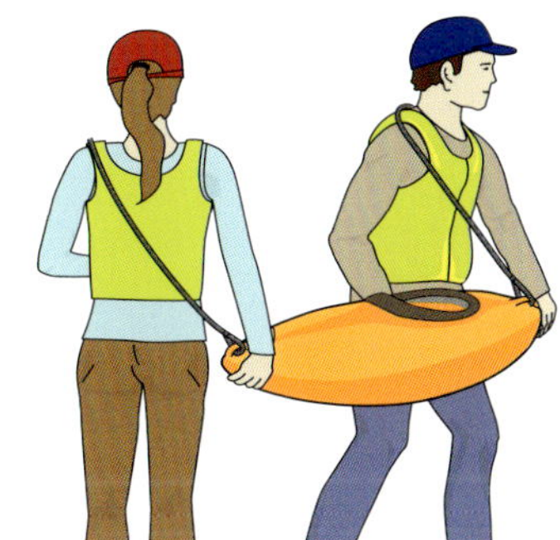

Tragen mit einer Bandschlinge.

Im schwierigen Gelände dient das Paddel als nützliche Gehhilfe.

Ist die Strecke sehr lang oder das Boot mit Gepäck beladen, werden Sie das Boot mit einem Partner tragen. Jeder nimmt sich eine Tragschlaufe – und schon geht's los. Bei schwer beladenen

Üblicherweise wird das Boot wie ein Koffer getragen.

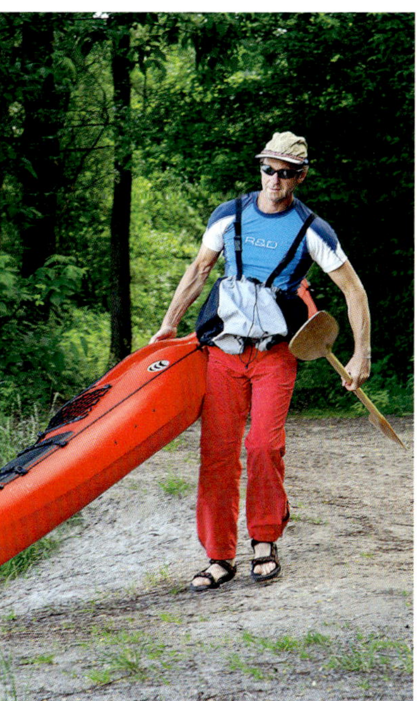

Das Boot kann auch geschultert werden.

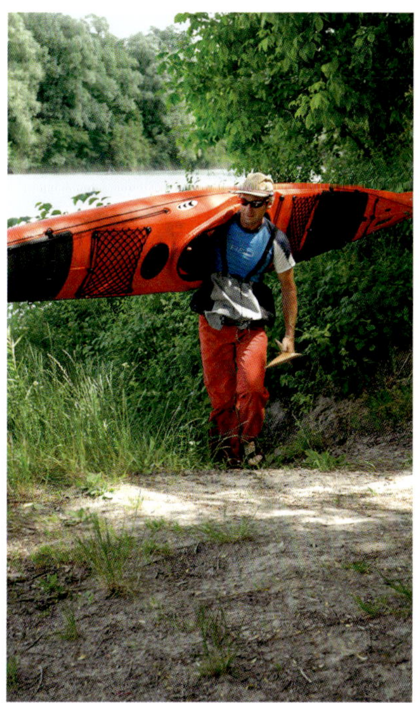

Volle Konzentration und richtige Technik beim Slalom (links).

➔ EINSTEIGER-TIPP
Das Aussteigen erfolgt in allen Fällen in umgekehrter Richtung. Wie die anderen Techniken des Kanusports sollten Sie das Ein- und Aussteigen einige Zeit üben, bis es auch unter erschwerten Bedingungen sicher beherrscht wird.

Booten und auf besonders langen Strecken leistet eine Bandschlinge gute Dienste. Sie wird um die Schulter gelegt und an der Tragschlaufe befestigt.

EIN- UND AUSSTEIGEN MIT PADDELBRÜCKE

Auf Fließgewässern wird das Boot grundsätzlich mit dem Bug gegen die Strömung eingesetzt. Für den Einsteiger empfiehlt es sich, eine Stelle mit einem flachen Uferverlauf aufzusuchen. Sicheres und wackelfreies Einsteigen gewährt die Paddelbrücke:

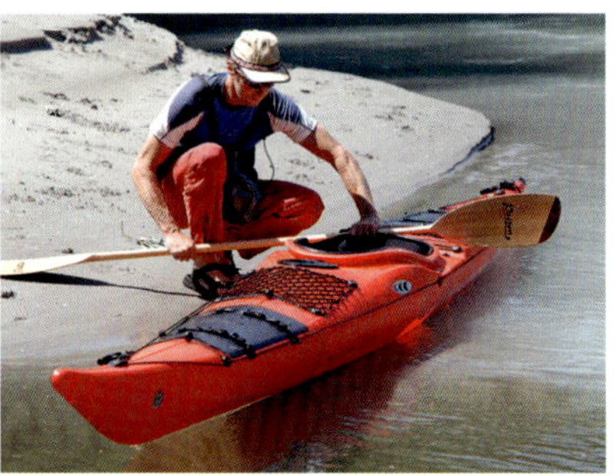

1. Das Paddel flach aufs Ufer und quer hinter den Süllrand legen (Paddelbrücke).

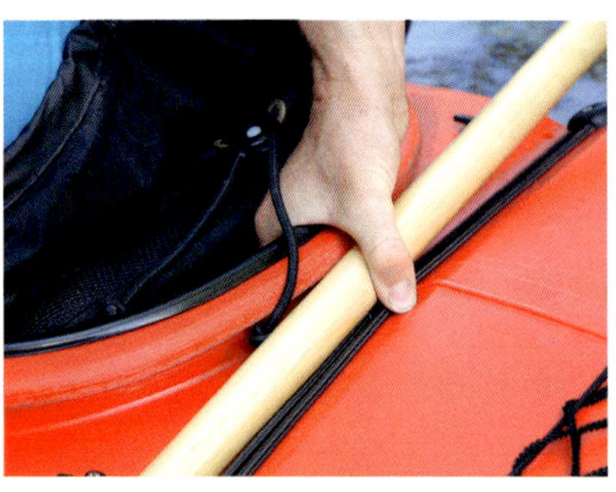

2. Mit einer Hand Süllrand und Paddel fassen, mit der anderen Hand am landseitigen Schaft abstützen.

3. Den bootsseitigen Fuß in die Bootsmitte setzen, Körper zum Ufer neigen und ...

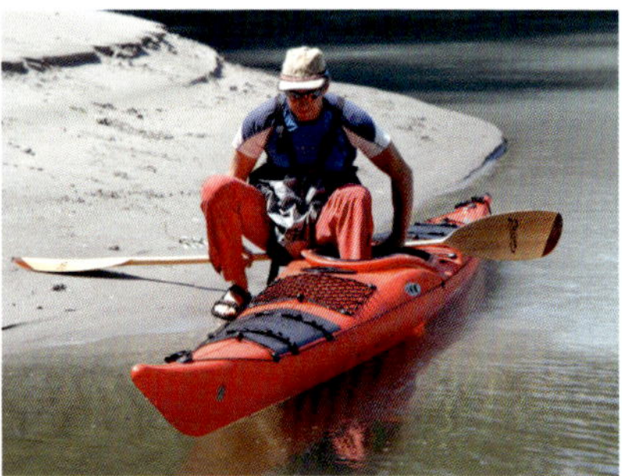

4. ... zur Luke rutschen.

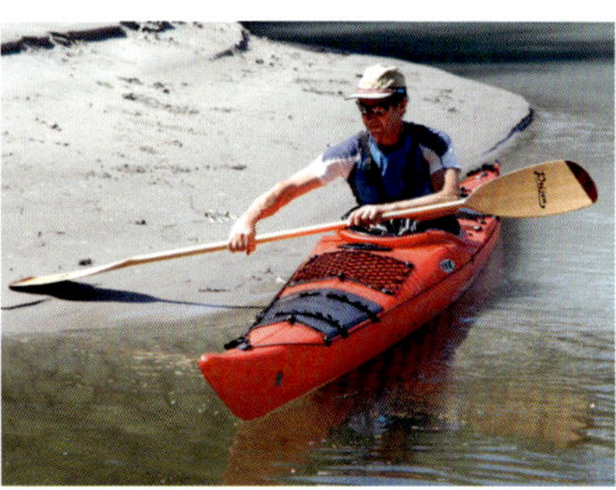

5. Den anderen Fuß nachholen und mittig hineinsetzen.

6. Das Paddel vor den Süllrand legen und die Spritzdecke schließen.

Das Schließen der Spritzdecke beginnt hinter dem Rücken. Dann hakt man sie an der Spitze des Süllrands ein und schließt danach die Seiten. Die Aufreißschlaufen müssen außen bleiben.

Ohne Paddelbrücke klappt das Einsteigen auch; nur wird die ganze Angelegenheit etwas kippliger. Vom hohen Steg oder vom steilen Ufer aus einsteigen: Beide Füße werden zunächst mittig in das Boot gesetzt, dann schnell hinsetzen und gleichzeitig die Hände mit dem Paddel nach vorn zum Süllrand führen.

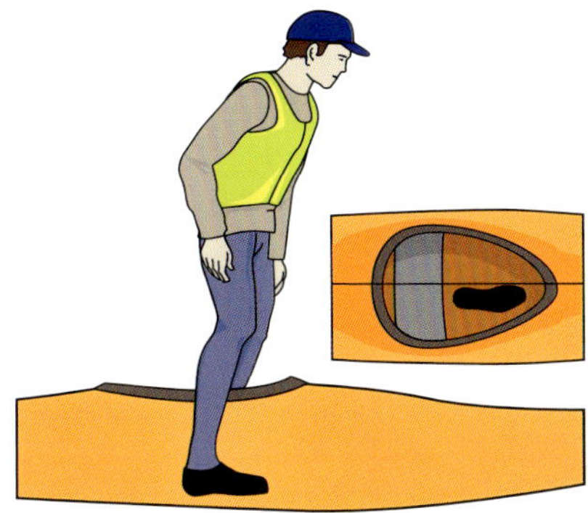

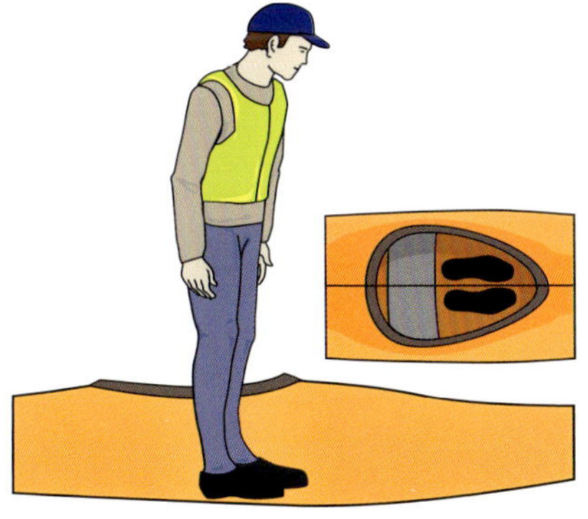

Setzen Sie die Füße beim Einsteigen in die Bootsmitte.

PADDELSCHLÄGE

EFFEKTIVE PADDELTECHNIK

Voraussetzung für entspanntes Fahren und effektives Umsetzen der Schläge ist die ergonomisch richtige Sitzposition im Kajak. Wer gut paddeln will, muss nicht nur über das richtige Boot und Paddel verfügen – er sollte auch gut sitzen! Während einer Kajaktour wechselt müheloses Dahingleiten mit dynamischen Schlagmanövern. Vergewissern Sie sich deshalb anhand folgender Checkliste,

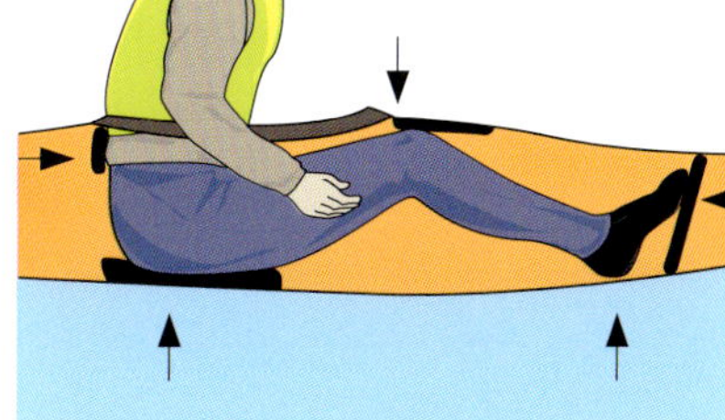

Entspanntes Fahren durch richtiges Sitzen.

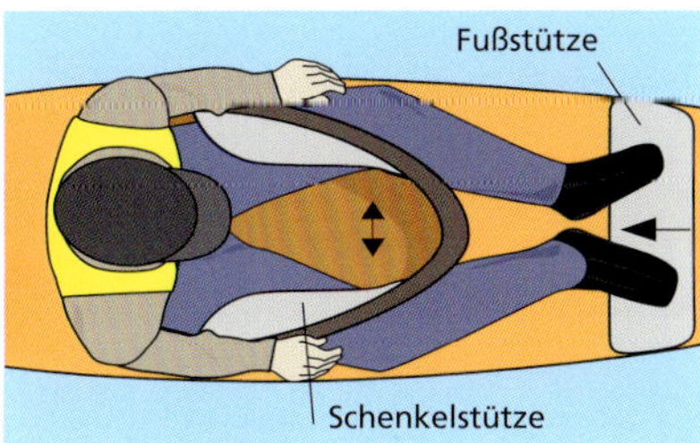

Knie auseinander, Fersen zueinander.

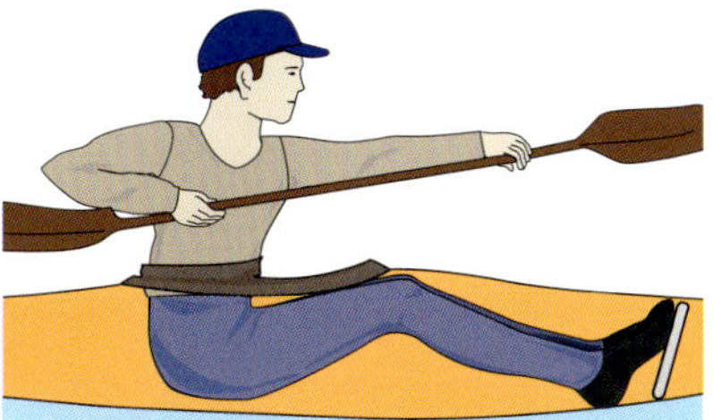

Richtige Sitzposition im Kajak.

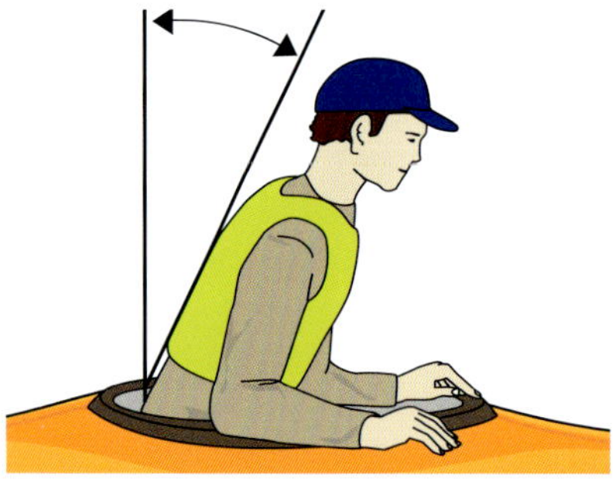
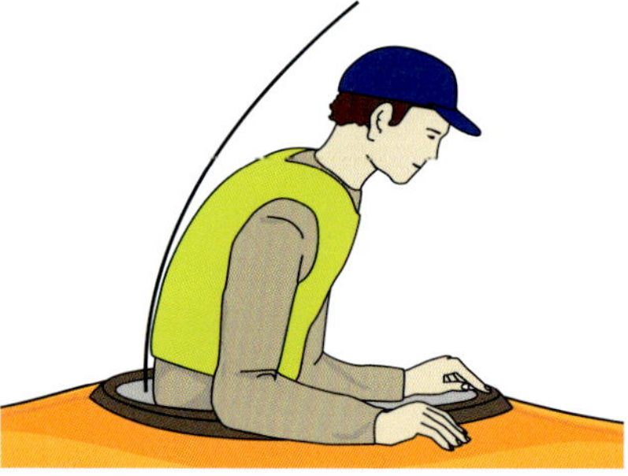

Sitzen Sie mit geradem Rücken im Boot – nie mit Rundrücken.

dass

- *der Sitz nicht zu eng oder zu weit ist*
- *der Rückengurt ausreichende Unterstützung im Bereich der Lendenwirbel bietet*
- *die Kniegelenke gebeugt sind und nach außen/oben anliegen*
- *die Fersen zueinander stehen*
- *die Fußstütze die Füße ausreichend unterstützt*
- *Knie und Oberschenkel in Kontakt mit den Schenkelstützen bleiben*
- *Sie aufrecht oder leicht nach vorn geneigt im Kajak sitzen, das Becken aktiv aufgerichtet*
- *Schwimmweste, Spritzdecke und Paddeljacke Ihre Bewegungen nicht behindern*

Gleich ob auf der Kanutour, im Wildwasser oder auf Salzwasser: Bei einer effektiven Paddeltechnik ist der ganze Körper gefordert. Die Wirbelsäule ist aufgerichtet (strengt anfangs ungemein an, weil ungewohnt), das Becken vorgekippt. Die Rücken- und Bauchmuskulatur ist stärker als die der Arme. Also setzen Sie diese auch ein, um ökonomisch und beschwerdefrei zu fahren.

Die Kraftquelle eines Schlages ist der Rumpf. Durch eine effiziente Rumpfrotation übertragen Sie die Kraft aus der Mitte des Körpers auf die Arme. Der gute Kajakfahrer paddelt kraftvoll da, wo es sein muss. Kräftesparend fährt er da, wo es geht. Bei optimaler Paddelhaltung befinden sich Schulter-, Ellenbogen- und Handgelenk in einer mittleren Position. Aus dieser Stellung heraus sind wir sozusagen immer im »Stand-by-Modus« und können gleichermaßen agieren und reagieren.

HOHE UND FLACHE PADDELFÜHRUNG

Versierten Tourenfahrern sieht man schon von Weitem ihre entspannte, kraftsparend flache Paddelführung an. Das Paddelblatt wird nach dem Vorwärtsschlag nur so weit wie nötig aus dem Wasser gehoben und dann »flach« nach vorn zum Einsetzpunkt gebracht. Der Vortrieb ist nicht das allein entscheidende Kriterium. Im Kontrast dazu bevorzugen Wildwasserfahrer und Kilometersammler die »hohe«, steilere Paddelführung. Das Paddel wird nah an der Bordwand vorbeigezogen, um optimalen Vortrieb zu erreichen.

→ EINSTEIGER-TIPP

Wer dauernd angespannt fährt, ist nach kurzer Zeit auch verspannt. Wer aber in der Lage ist, sich während der kurzen Zeit, nach der das Blatt aus dem Wasser gehoben wurde, zu entspannen, wird auch über längere Zeit locker fahren.

Ein versierter Tourenfahrer mit Ziehschlag unterwegs.

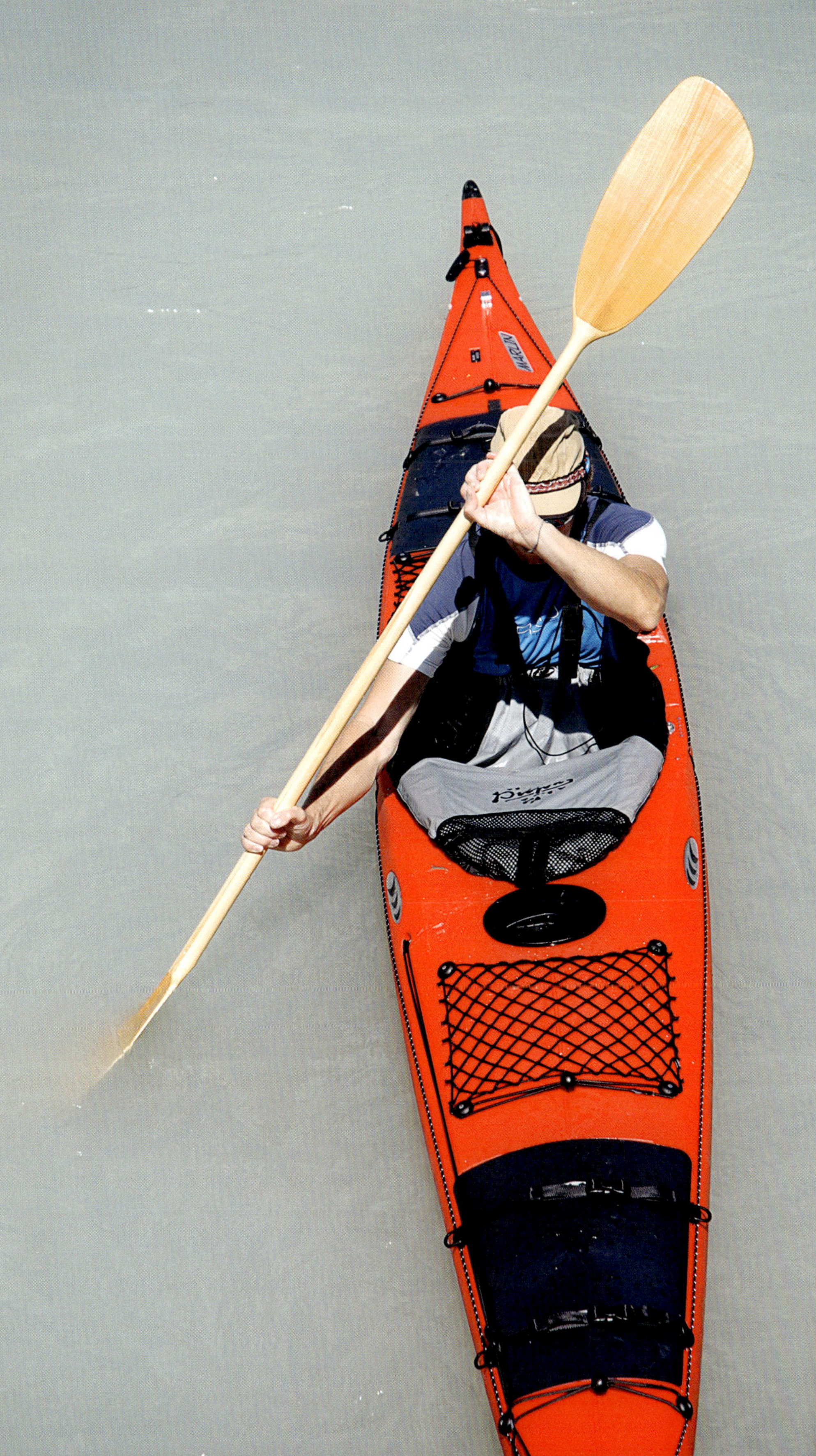

Auf einem langen Tagestrip setzen Sie mehr als 10 000 Schläge. Da liegt es auf der Hand, dass Sie die verfügbare Energie möglichst effizient nutzen wollen. Was ist besser: hohe oder flache Paddelführung? Das sollte jeder für sich entscheiden. Und: Das Geheimnis eines kraftsparenden, rhythmischen und effektiven Paddelns liegt in der Phase der Entspannung, also in der kurzen Zeit »zwischen« den Schlägen.

BESCHREIBUNG DER PADDELTECHNIK

Die präzise Beschreibung der einzelnen Paddelschläge kann nur dann erfolgen, wenn alle Beteiligten das gleiche Vokabular für unterschiedliche Sachverhalte verwenden. Der Vollständigkeit halber und zum besseren Verständnis werden an dieser Stelle einige Begriffe, die Boot und Paddel betreffen, kurz angesprochen.

Stellen Sie sich die Ausgangsposition beim Vorwärtsschlag vor: Als Vorderseite wird die Seite des Blattes bezeichnet, die zum Bug gerichtet ist. Die andere Seite des Blattes wird Ziehseite genannt. Die Blätter sind durch den Schaft miteinander verbunden. Die Verbindungslinie von Blatt zu Blatt bezeichnen wir als Schaftachse.

Die übliche Bezeichnung links und rechts kann bei der Beschreibung der Schläge nicht übernommen werden, da die Beschreibung für beide Seiten zutreffen muss. Um die Beschreibungen zu präzisieren, werden die Begriffe Aktionsseite (-ellbogen, -arm) und Gegenseite (-ellbogen, -arm) benutzt. Der Begriff Aktionsseite

Einige Vokabeln zum Verständnis der Paddeltechnik.

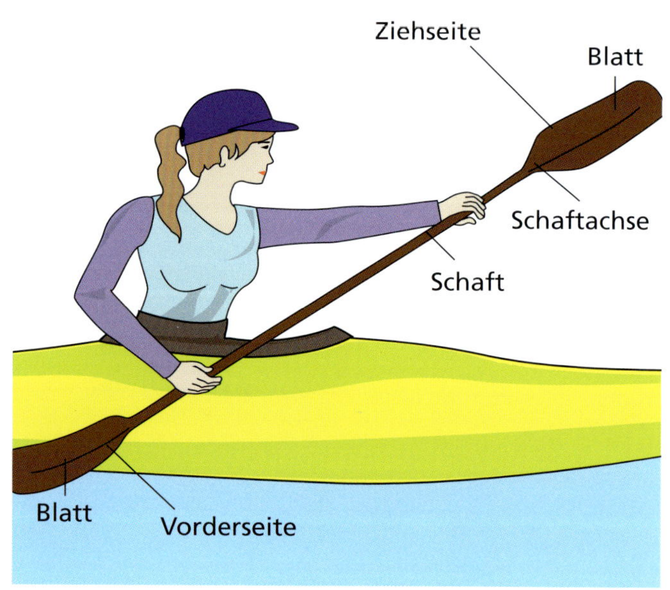

Auf der Aktionsseite ist Betrieb – die Gegenseite ruht.

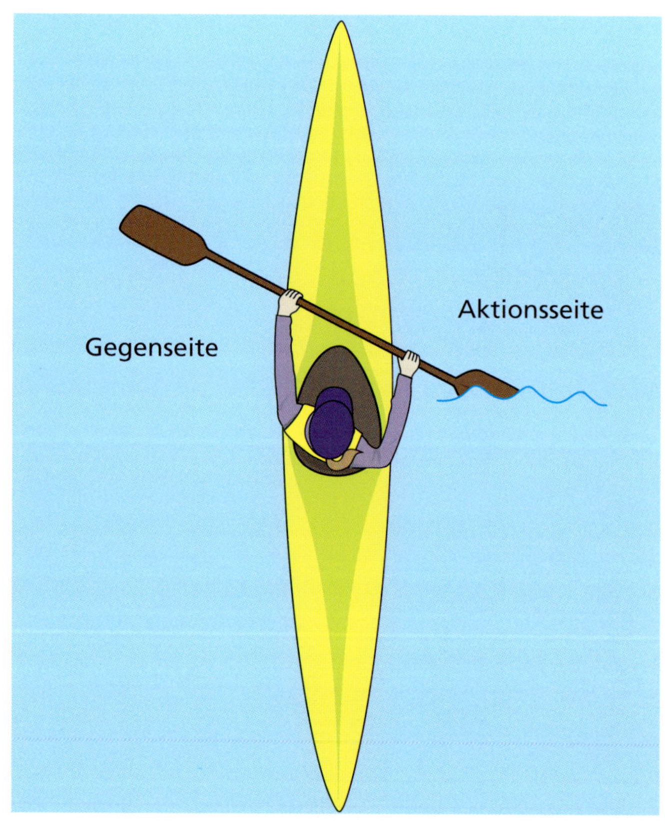

→ EINSTEIGER-TIPP
Sie haben als Kajakeinsteiger anfangs möglicherweise Schwierigkeiten, das Boot einigermaßen geradeaus zu steuern? Macht nichts, es geht allen Novizen so! Verzichten Sie auf das Paddel! Die Hände oder kleine Schwimmbrettchen dienen Ihnen als Antrieb. Der damit verbundene niedrige Schwerpunkt ermöglicht eine sichere Wasserlage. Außerdem werden Sie sensibilisiert für die Bewegungen, die das Boot vorwärts oder rückwärts antreiben, drehen oder steuern.

wird für die Seite verwendet, auf der mit dem Blatt aktiv im Wasser gepaddelt wird.

DIE GRUNDFORM DER SCHLÄGE

Auf den folgenden Seiten sind alle wichtigen Schläge in ihrer Grundform dargestellt. Die Praxis beweist natürlich, dass es »den« idealen Schlag nicht gibt. Abweichungen von der Grundform ergeben sich durch unterschiedliche Bootslagen, Körperhaltungen und Bewegungsaufgaben. Die einzelnen Paddelschläge werden selten isoliert ausgeführt. Besonders auf fließendem Wasser und erst recht auf Wildwasser werden Sie stets Varianten dieser Grundschläge und Schlagkombinationen anwenden.

GRIFFWEITE UND HANDGELENK

Wenn Sie das Paddel in die Hand nehmen, achten Sie zunächst auf die richtige Griffweite. Zweckmäßigerweise überprüfen Sie das schon einmal an Land vor dem Einsteigen. Die individuelle Griffweite finden Sie, indem Sie das Paddel auf Ihren Kopf legen und mit beiden Händen den Paddelschaft halten. Bei korrekter Haltung ist der Abstand der Hände zu den Paddelblättern gleich. Ober- und Unterarm bilden einen rechten Winkel zueinander. Diese Haltung gewährleistet die optimale Griffweite und damit ein günstiges Hebelverhältnis. Die Position kann anfangs zur visuellen Unterstützung mit Klebeband am Schaft markiert werden.

So finden Sie Ihre individuelle Griffweite am Paddel.

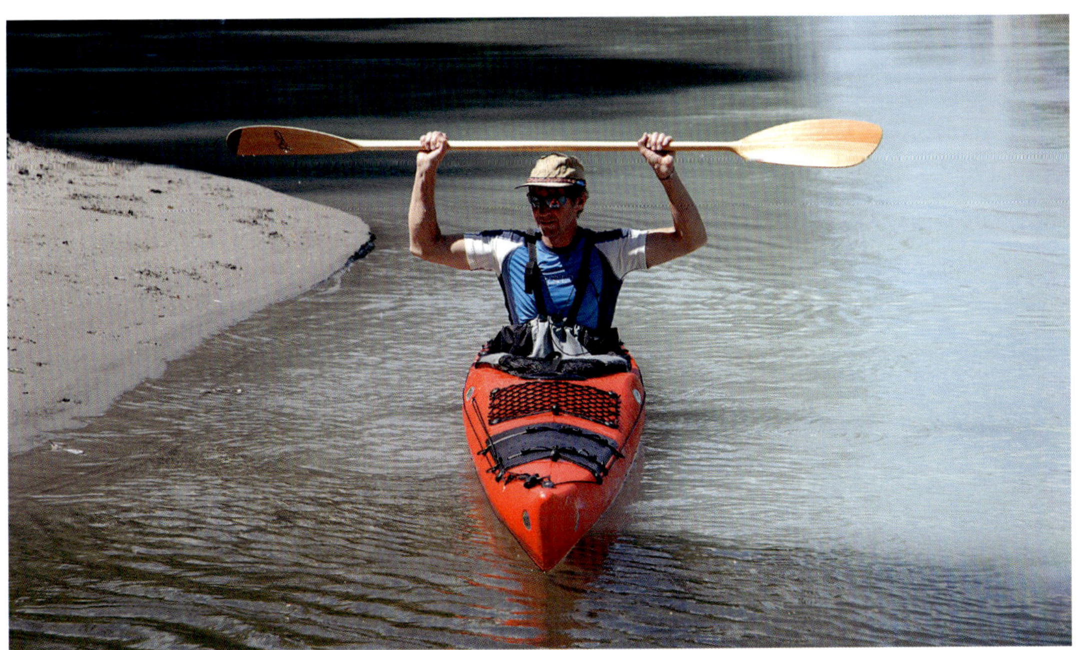

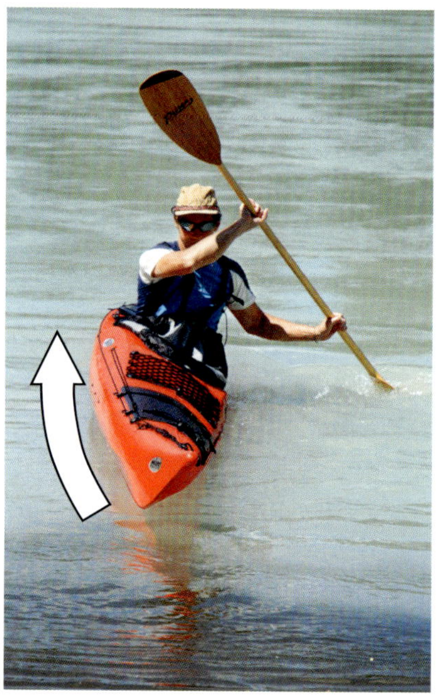

Ankanten des Bootes zur Aktionsseite.

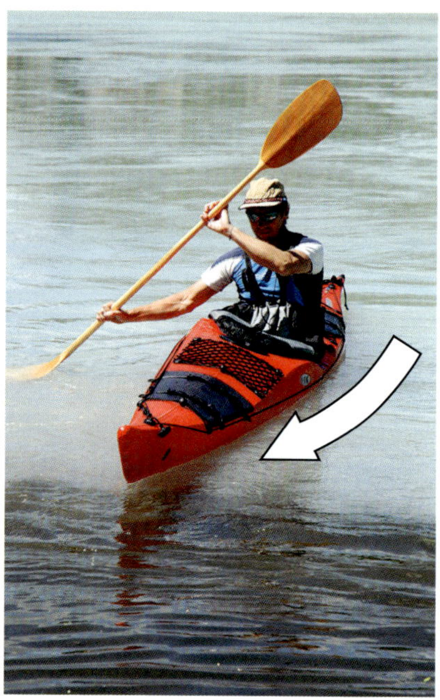

Wegkanten des Bootes von der Aktionsseite.

→ EINSTEIGER-TIPP

Um eine ungefähre Bewegungsvorstellung von der optimalen Griffweite, den Handgelenkstellungen und den Paddelschlägen zu bekommen, können Sie vor dem Einsteigen die einzelnen Schläge üben. Dieses »Trockentraining« macht noch mehr Spaß, wenn Sie damit eine Aufwärmgymnastik verbinden. Spielerisch wird so ein Gefühl für das Drehen des Paddels und die Schläge vermittelt.

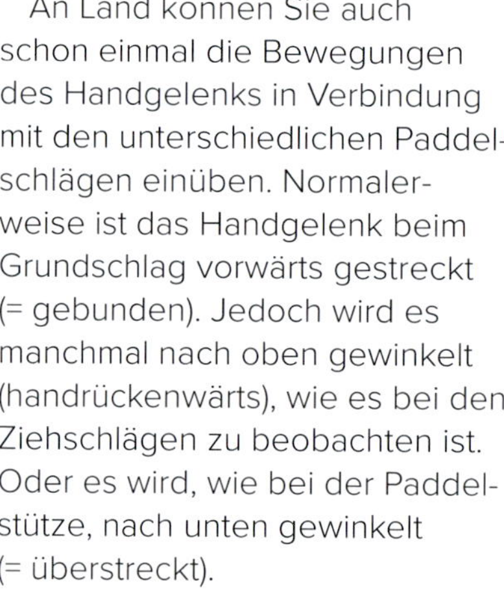

An Land können Sie auch schon einmal die Bewegungen des Handgelenks in Verbindung mit den unterschiedlichen Paddelschlägen einüben. Normalerweise ist das Handgelenk beim Grundschlag vorwärts gestreckt (= gebunden). Jedoch wird es manchmal nach oben gewinkelt (handrückenwärts), wie es bei den Ziehschlägen zu beobachten ist. Oder es wird, wie bei der Paddelstütze, nach unten gewinkelt (= überstreckt).

ANKANTEN, WEGKANTEN, AUSLAGE

Durch aktiven Hüft- und Oberschenkeleinsatz können Sie den Kajak in eine jeweils neue Lage bringen. Diese Veränderungen der Bootslage werden als Kanten oder Auslage bezeichnet. Der jeweilige Grad des Kantens hängt vom beabsichtigten Paddelschlag, aber auch von der Kippstabilität des Kajaks ab. Beim Ankanten erfolgt die Drehung des Bootes zur Aktionsseite hin. Das ist bei den Ziehschlägen der Fall (z. B. bei der Einfahrt in ein Kehrwasser).

Beim Wegkanten erfolgt die Drehung des Bootes zur Gegenseite. Das Wegkanten wird ebenfalls angewendet, um Richtungsänderungen zu bewirken. Auch bei der Eskimorolle wird es verlangt.

Bei der Auslage wird der Körper des Fahrers seitwärts über die Bootskante verlagert. Das ist zum Beispiel der Fall bei der Paddelstütze oder beim Paddelhang. Die Auslage kann nur so lange erhalten werden, wie auf der Aktionsseite ein dynamischer Auftrieb durch das Paddelblatt erfolgt.

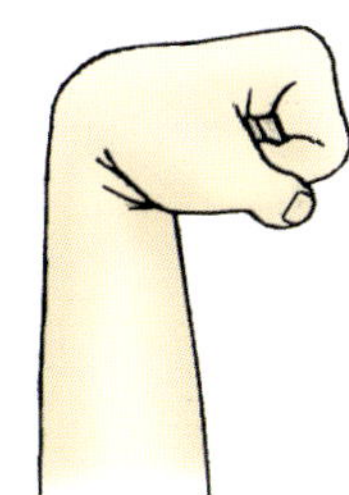

Handgelenk nach oben gewinkelt und überstreckt.

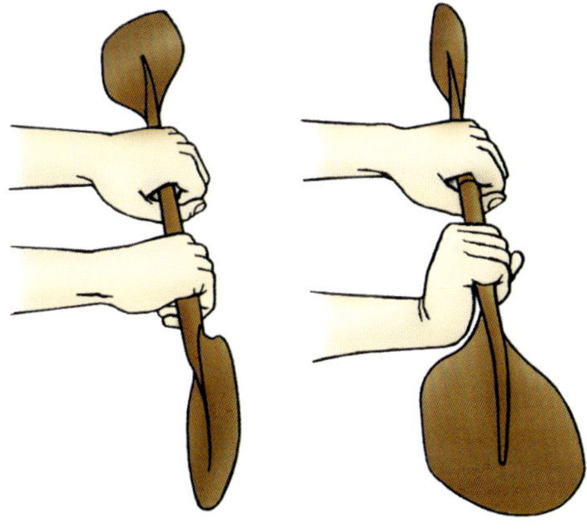

Doppelpaddel sind mal mehr, mal weniger verschränkt.

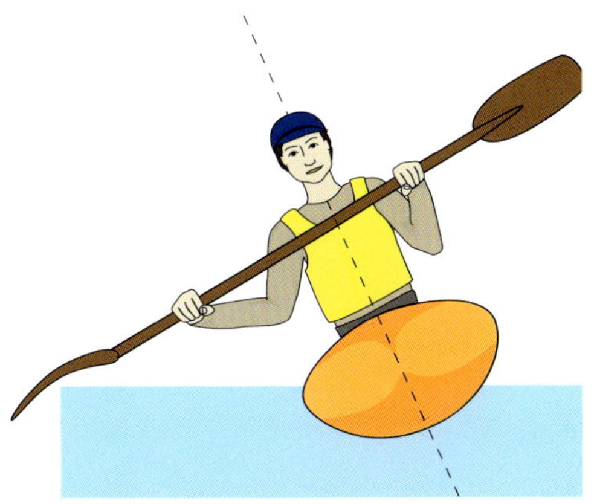

Bei der Auslage wird der Schwerpunkt über die Bootskante verlagert.

BOGENSCHLAG VORWÄRTS

Sie werden als Einsteiger zunächst die Bogenschläge erlernen. Beherrschen Sie erst einmal die Grobform der Bogenschläge, können Sie jederzeit das Boot drehen und somit die Richtung korrigieren.

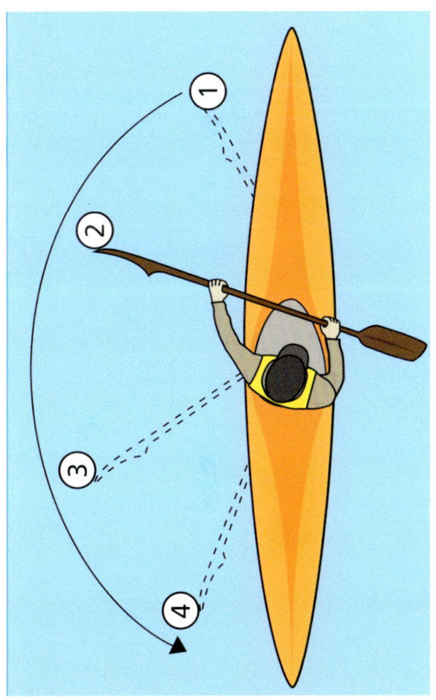

Verlauf des Bogenschlags vorwärts.

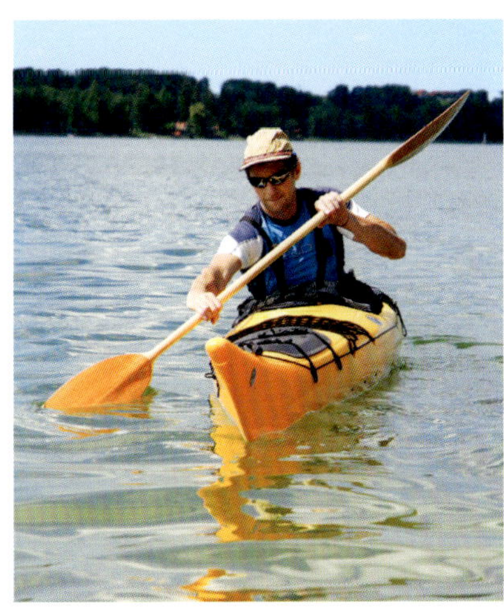

Ausgangsposition beim Bogenschlag vorwärts.

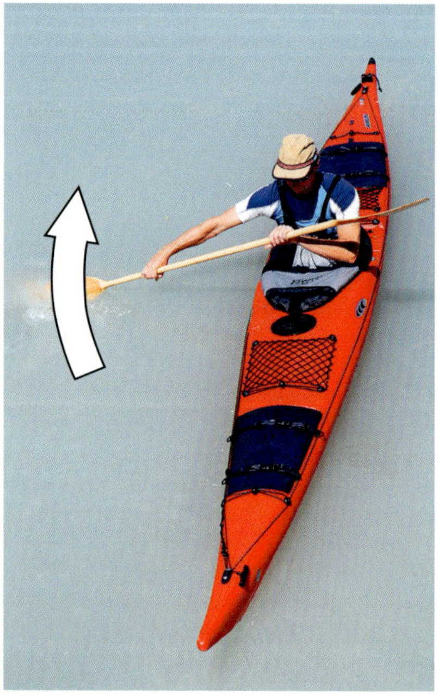

Aktionsphase beim Bogenschlag vorwärts.

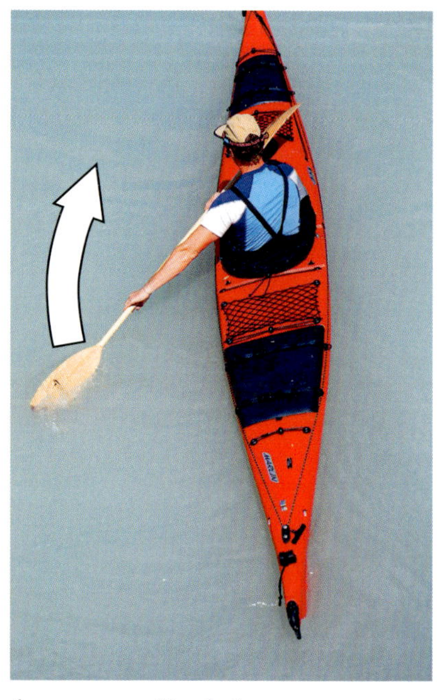

Ausgangsposition beim Bogenschlag rückwärts.

→ EINSTEIGER-TIPP

Um eine ungefähre Bewegungsvorstellung von der optimalen Griffweite, den Handgelenkstellungen und den Paddelschlägen zu bekommen, können Sie vor dem Einsteigen die einzelnen Schläge üben. Dieses »Trockentraining« macht noch mehr Spaß, wenn Sie damit eine Aufwärmgymnastik verbinden. Spielerisch wird so ein Gefühl für das Drehen des Paddels und die Schläge vermittelt.

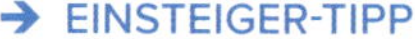

Ausgangsposition

Paddelblatt
am Bug, annähernd senkrecht zur Wasseroberfläche

Paddelschaft
möglichst parallel zur Wasseroberfläche

Aktionsarm
leicht gebeugt

Aktionshandgelenk
gestreckt

Gegenarm
stark gebeugt

Gegenhandgelenk
gestreckt

Körper
leicht nach vorn gebeugt, Hüfte gedreht, Schulterachse parallel zum Schaft

Boot
leicht zur Aktionsseite angekantet

Aktionsphase

Paddelblatt
beschreibt einen großen Bogen um die Längsachse des Oberkörpers

Aktionsarm
bleibt leicht gebeugt

Gegenarm
bleibt stark gebeugt

Handgelenke:
bleiben gestreckt

Körper:
Schulterachse/Hüfte drehen in Aktionsrichtung

Paddelschaft
bleibt annähernd parallel zur Schulterachse

Ausheben
bootsnah

Wirkung

Der Bogenschlag vorwärts dreht das Boot zur Gegenseite.

BOGENSCHLAG RÜCKWÄRTS

Beim Bogenschlag rückwärts beschreiben Sie mit dem Paddel einen großen Bogen. Mehr noch als der Bogenschlag vorwärts dient dieser Schlag der Kurskorrektur und der Stabilisierung des Kajaks. Sie achten besonders darauf, mit größtmöglicher Hüftdrehung zu beginnen.

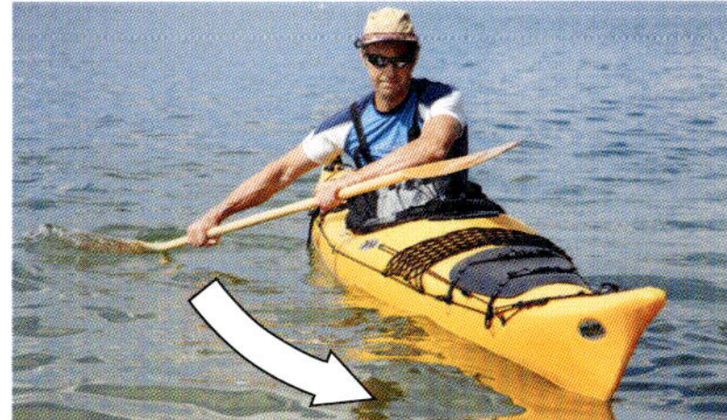

Ausgangsposition von vorn gesehen.

Ausgangsposition

Paddelschaft
möglichst parallel zur Wasseroberfläche

Paddelblatt
am Heck, im spitzen Winkel zur Wasseroberfläche

Aktionsarm
stark gebeugt

Aktionshandgelenk
leicht angewinkelt

Gegenarm
leicht gebeugt

Gegenhandgelenk
leicht angewinkelt

Körper
leicht nach hinten gebeugt, Hüfte gedreht, Schulterachse parallel zum Schaft

Boot
leicht zur Aktionsseite angekantet

Aktionsphase

Paddelblatt
beschreibt einen großen Bogen um die Längsachse des Oberkörpers

Aktionsarm
bleibt gebeugt

Gegenarm
bleibt gebeugt

Handgelenke
bleiben leicht angewinkelt

Körper
Schulterachse/Hüfte drehen in Aktionsrichtung

Paddelschaft
bleibt annähernd parallel zur Schulterachse
Ausheben: bootsnah

Wirkung
Der Bogenschlag rückwärts dreht das Boot zur Aktionsseite.

PADDELSTÜTZE

Die Paddelstütze ist eine nahe Verwandte des Bogenschlags rückwärts. In kippligen Situationen bewahrt sie uns aufgrund ihrer stützenden Wirkung vor einer Kenterung. Die Fähigkeit, mitten in einer verzwickten Situation eine passable Paddelstütze anwenden zu können, ist für Kajakfahrer äußerst nützlich.

→ **EINSTEIGER-TIPP**

Setzen Sie sich einmal auf den Fußboden, Arme in die Luft. Wenn Sie jetzt jemand anstößt, werden Sie sich instinktiv mit der flachen Hand auf dem Boden abstützen wollen. Die Paddelstütze zeigt auf dem Wasser eine ähnliche Wirkung. Kurzzeitig können Sie das ganze Körpergewicht auf das Blatt verlagern, ohne zu kentern. Nach dem Auslegerprinzip ist die stützende Wirkung umso größer, je weiter das Blatt vom Boot entfernt eingesetzt wird. Im Wesentlichen lassen sich zwei Varianten unterscheiden.

Die Paddelstütze stabilisiert Boot und Fahrer.

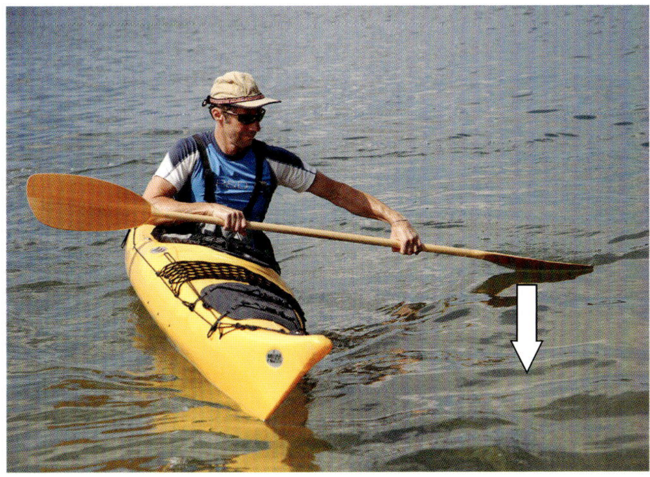

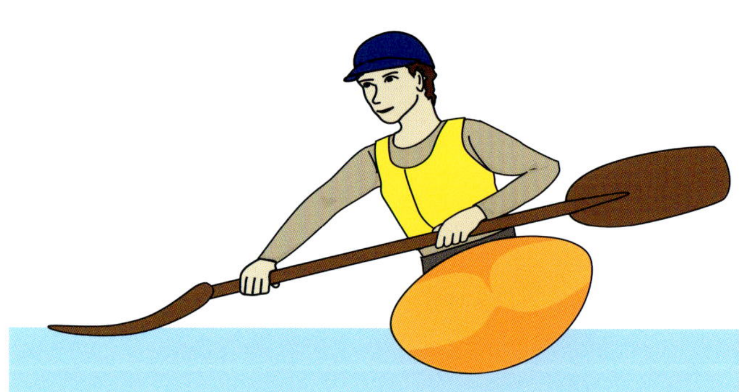

Ausgangsposition für die Paddelstütze.

VARIANTE 1

Die Ausgangsposition entspricht in etwa der Position beim Bogenschlag rückwärts. Das Blatt befindet sich allerdings nicht so weit in Richtung Heck, es ist auch weiter von der Bootskante entfernt. Diese Variante ist mit einer aktiven Bewegung nach vorn verbunden.

Ausgangsposition

Paddelblatt
zwischen Heck und Körper, Vorderseite im spitzen Winkel zur Wasseroberfläche

Paddelschaft
möglichst parallel zur Wasseroberfläche

Aktionsarm
leicht gebeugt

Gegenarm
stark gebeugt

Handgelenke
gestreckt

Körper
aufrecht, Schulterachse parallel zum Schaft

Boot
leicht zur Aktionsseite angekantet

Aktionsphase:

Paddelblatt
wird nach vorn geführt

Aktionsarm
bleibt gebeugt

Gegenarm
bleibt gebeugt

Handgelenke
bleiben gestreckt

Körper
Schulterachse dreht in Aktionsrichtung

Paddelschaft
bleibt annähernd parallel zur Schulterachse

Ausheben
bootsfern

Wirkung

Diese Variante der Paddelstütze gewährleistet die stabile Lage des Bootes. Da sie aktiv eingesetzt wird, dreht sie das Boot zur Aktionsseite. Sie wird oft beim Ein- und Ausschwingen im Kehrwasserbereich angewendet.

VARIANTE 2

Die Endphase des Bewegungsablaufs in der Variante 1 entspricht der Ausgangsposition dieser Variante. Die Druckseite des Aktionsblattes liegt flach auf dem Wasser. Sie üben den Druck auf das Blatt kurz und intensiv aus.

Ausgangsposition

Paddelschaft
möglichst parallel zur Wasseroberfläche

Paddelblatt
auf Höhe des Körpers, flach auf der Wasseroberfläche

Aktionsarm
leicht gebeugt

Gegenarm
stark gebeugt

→ **EINSTEIGER-TIPP**
Sie dürfen nur ganz kurz drücken, weil Sie sonst kentern werden. Wenn Sie den Körper wieder in die Normallage gebracht haben, drehen Sie die Kante des Blattes nach oben und heben das Blatt wieder über die Wasseroberfläche.

Körper
aufrecht, Schulterachse parallel zum Schaft
Boot
leicht zur Aktionsseite angekantet

Aktionsphase
Paddelblatt
wird auf das Wasser gedrückt
Aktionsarm
bleibt gebeugt
Gegenarm
bleibt gebeugt
Körper
bleibt aufrecht
Paddelschaft
bleibt parallel zur Schulterachse
Ausheben
bootsfern

Wirkung:
Diese Variante der Paddelstütze stellt die Normallage von Boot und Fahrer wieder her und gewährleistet eine stabile Lage. In Wellen und Walzen, beim Ein- und Ausschwingen im Kehrwasser ist diese Art der Paddelstütze unerlässlich. Sie wird oft zum reflexhaften Stützen eingesetzt.

GRUNDSCHLAG VORWÄRTS

Mit dem Grundschlag vorwärts machen Sie »Strecke«. Zwar sieht es auf den ersten Blick so aus, als ob das Blatt durch das Wasser gezogen wird. Beim genauen Hinschauen wird allerdings klar: Vorwärtspaddeln bedeutet, das Blatt im Wasser zu »verankern« und sich daran nach vorn zu ziehen.

Auch das Vorwärtspaddeln setzt ein kompliziertes Kräftespiel in Gang: Über Paddel und Körper übertragen Sie den Widerstand des Wassers auf das Boot. Die Hüftarbeit ermöglicht die Drehbewegung des Oberkörpers und kontrolliert das Auf- und Wegkanten. Sie ist ganz wesentlich für eine gute Bootsbeherrschung. Knie, Oberschenkel und Füße halten durch den ausgeübten Druck den Fahrer fest in seiner Position.

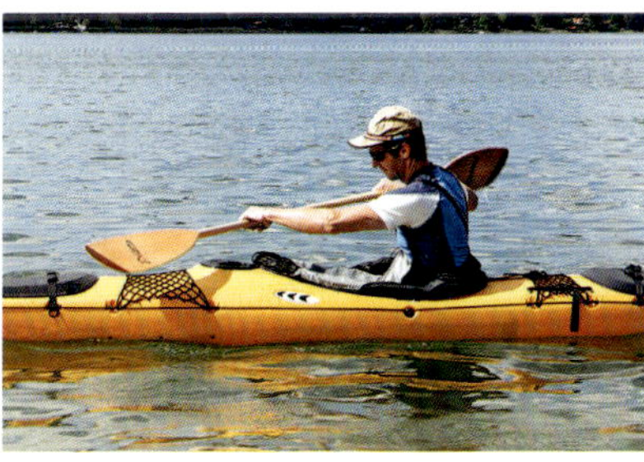

Ausgangsposition beim Grundschlag vorwärts.

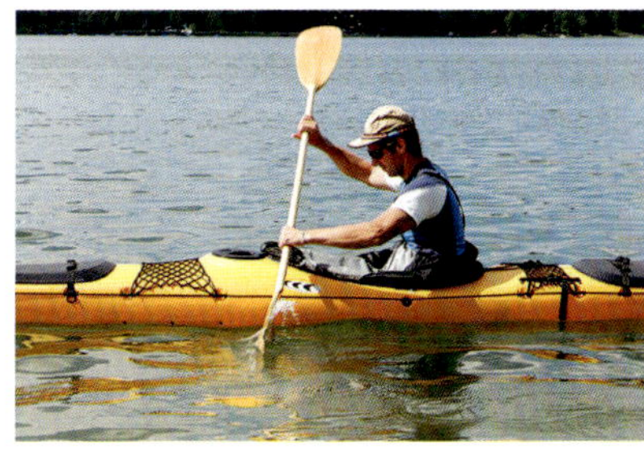

Aktionsphase beim Grundschlag vorwärts.

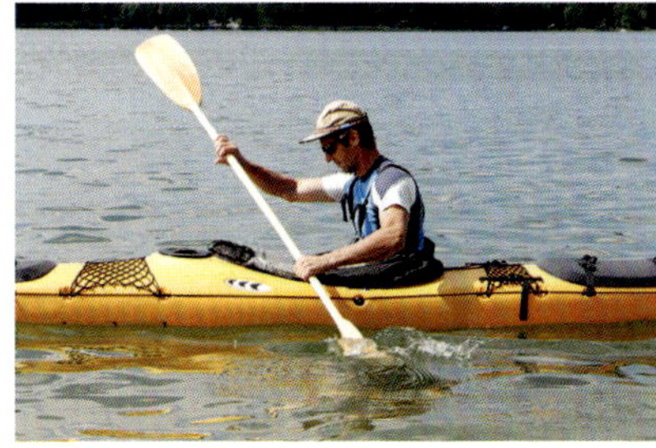

Ausheben des Paddels auf Körperhöhe.

→ **EINSTEIGER-TIPP**

Es ist völlig absurd anzunehmen, dass Sie nur mit den Armen paddeln. Es sind vielmehr die kräftigen Rücken- und die Bauchmuskeln, die den Hauptteil der Kraft für den Vortrieb liefern. Daher ist die Drehung aus der Hüfte heraus so wesentlich. Selbst wenn Sie keine leistungssportlichen Ambitionen haben: Die rationelle Anwendung des Grundschlags vorwärts schützt vor schneller Ermüdung.

→ **EINSTEIGER-TIPP**

Der Grundschlag vorwärts wird durch den kraftvollen Einsatz des Oberkörpers eingeleitet. Profis sprechen dann von einem »Anriss«. In dieser Phase wird ein Großteil der Kraft übertragen. Nach dem Abschluss dieser Phase wird schon mit dem Ausheben begonnen. Die Gegenhand übernimmt die Funktion der Aktionshand und umgekehrt. Dieser Wechsel erfolgt schnell, im Zusammenspiel mit der in diesem Moment eintretenden Entspannungsphase. Gleichzeitig erfolgt die Drehung des Schafts aus dem Handgelenk.

Ausgangsposition

Paddelblatt
bootsnah

Aktionsarm
fast gestreckt

Aktionshandgelenk
gestreckt

Gegenarm
gebeugt

Gegenhandgelenk
gestreckt

Gegenhand
in Augenhöhe

Körper
aufrecht, Schulterachse annähernd parallel zum Schaft

Aktionsphase

Paddelblatt
wird parallel zur Bootslängsachse geführt

Aktionsarm
zieht und wird gebeugt

Gegenarm
drückt bis in eine gestreckte Stellung

Gegenhandgelenk
gestreckt

Körper
aufrecht, Schulterachse bewegt sich parallel zum Paddelschaft

Ausheben
wenn sich die Aktionshand auf Körperhöhe befindet

Wirkung

Der Grundschlag vorwärts treibt das Boot annähernd geradlinig nach vorn.

GRUNDSCHLAG RÜCKWÄRTS

Es wird immer wieder Situationen geben, in denen Sie rückwärts paddeln wollen oder sogar müssen. Ist der Rückwärtsschlag auf Zahmwasser noch leicht zu erlernen und anzuwenden, so ist die Anwendung auf schnell fließenden Gewässern und erst recht im Wildwasser auf jeden Fall übungsintensiv. Rückwärtspaddeln ist eine ausgezeichnete Übung für die Beweglichkeit der Hüfte und für das Balancegefühl.

Ausgangsposition

Aktionsarm
gebeugt

Aktionshandgelenk
gestreckt

Paddelblatt
bootsnah

Gegenarm
leicht gebeugt

Gegenhandgelenk
gestreckt

Gegenhand
in Augenhöhe

Körper
aufrecht, Schulterachse annähernd parallel zum Schaft

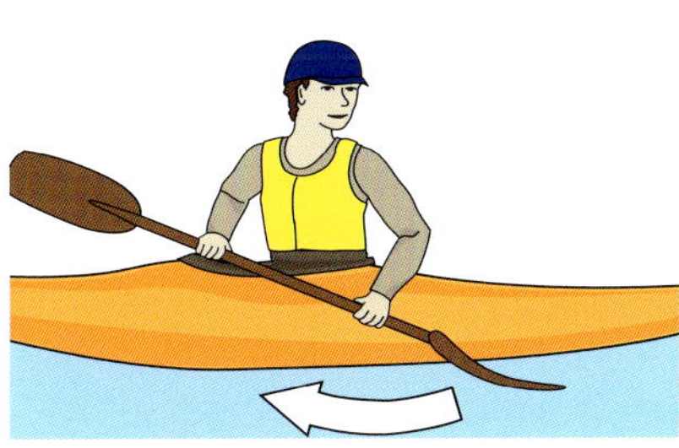

Grundschlag rückwärts: Ausgangsposition.

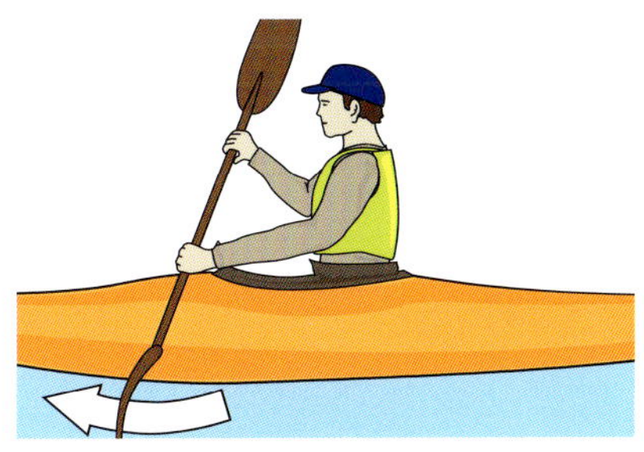

Grundschlag rückwärts Aktionsphase.

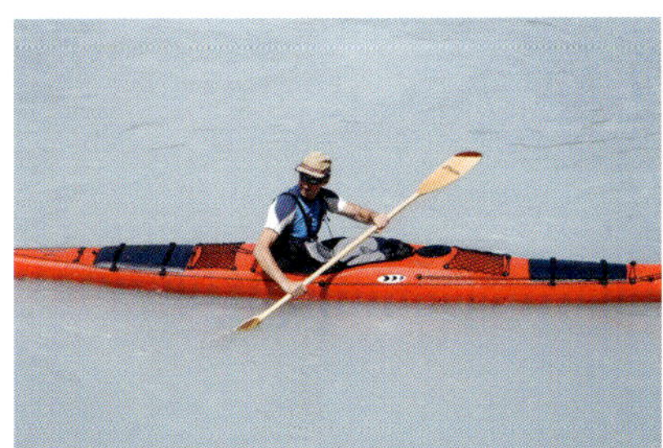

Ausgangsposition für den Grundschlag rückwärts.

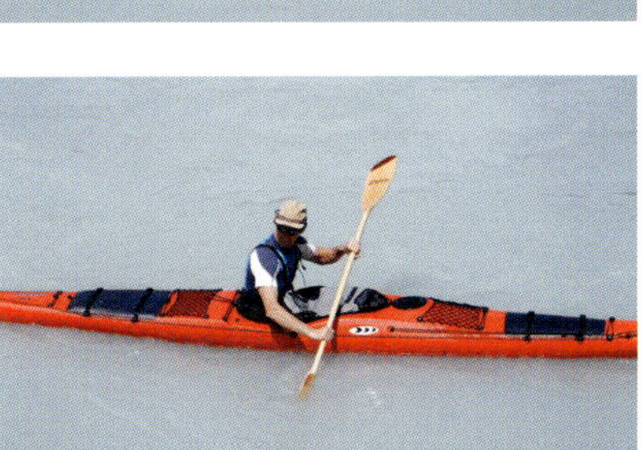

Aktionsphase beim Grundschlag rückwärts.

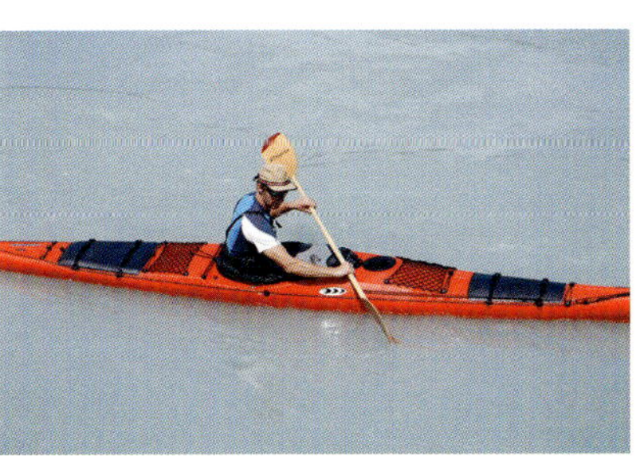

Ausheben des Paddels weit vor dem Körper.

Aktionsphase

Paddelblatt
wird parallel zur Bootslängsachse geführt

Aktionsarm
drückt und wird gestreckt

Aktionshandgelenk
gestreckt

Gegenarm
zieht bis in eine gebeugte Stellung

Gegenhandgelenk
gestreckt

Körper
aufrecht, Schulterachse bewegt sich parallel zum Paddelschaft

Ausheben
wenn sich die Aktionshand vor dem Körper befindet

Wirkung

Der Grundschlag rückwärts treibt das Boot geradlinig rückwärts.

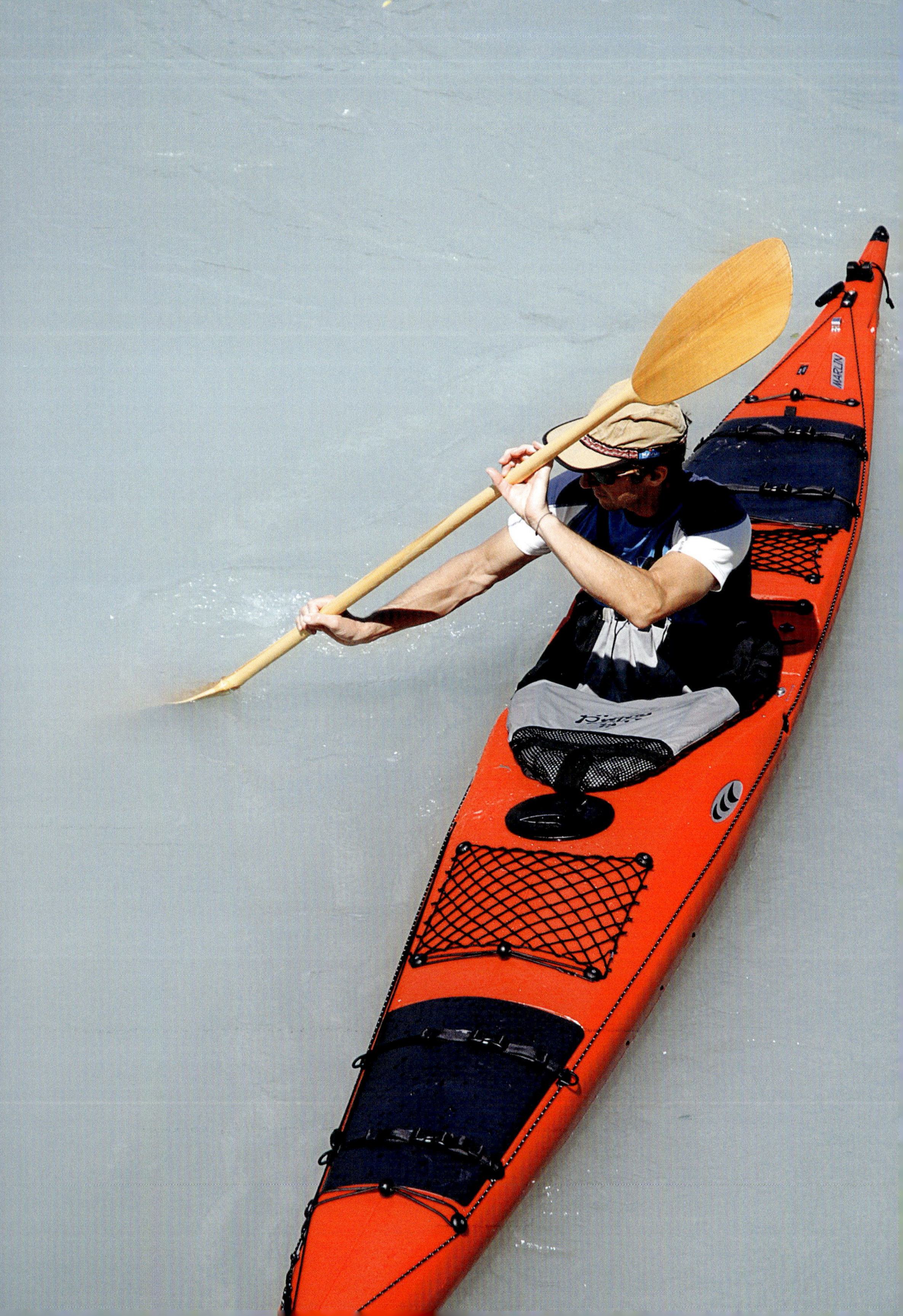
MARLIN

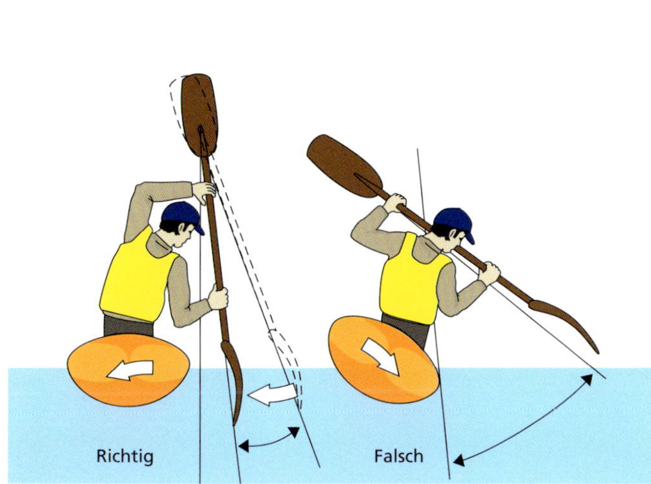

Beim Ziehschlag Mitte nie das Paddel bis zum Boot ziehen, nie das Boot ankanten.

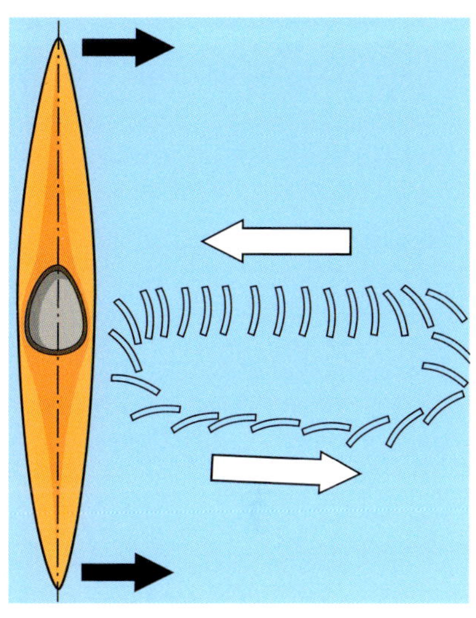

Phasenhafter Verlauf des Ziehschlags Mitte.

ZIEHSCHLAG MITTE

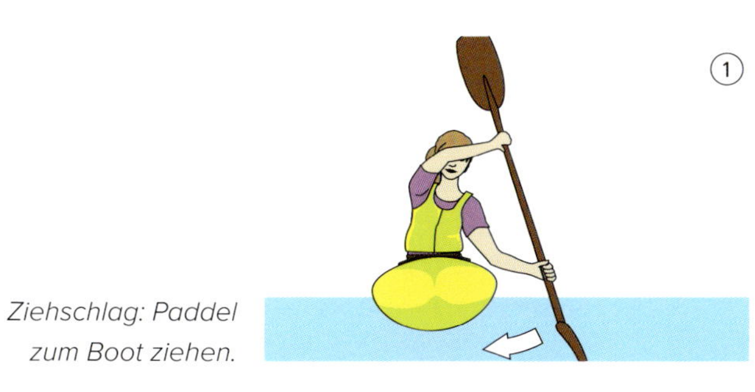

Ziehschlag: Paddel zum Boot ziehen.

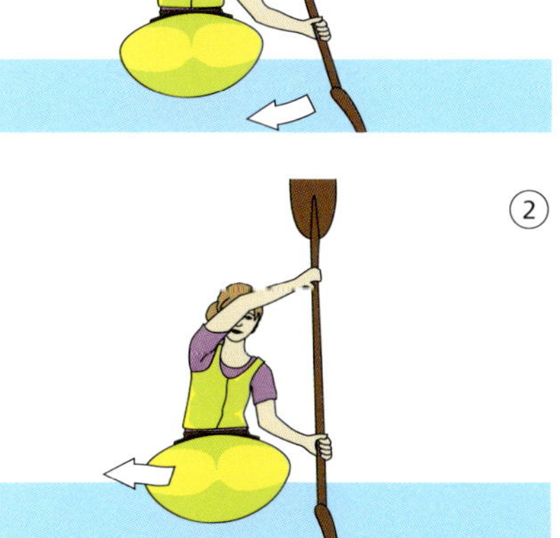

Boot leicht wegkanten.

Paddel vor dem Herausnehmen drehen.

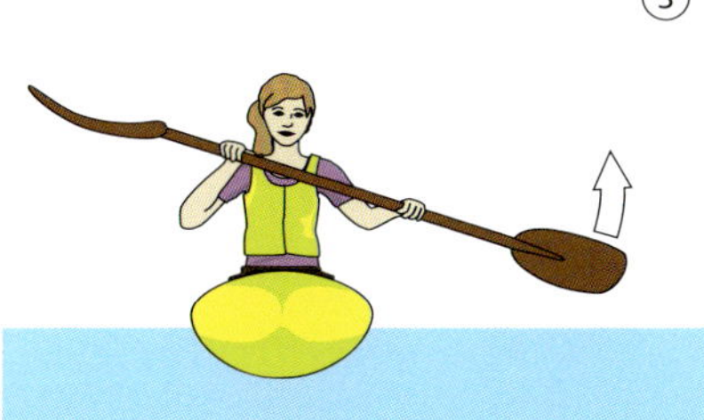

Ausgangsposition beim Ziehschlag Mitte (links).

① Kräftige Bewegungen seitwärts werden für Sie ein wichtiges Manövrierelement darstellen. Der Schlag, der ein seitliches Versetzen des Kajaks bewirkt, wird als Ziehschlag Mitte bezeichnet. Aus diesem Schlag hat sich – durch seine Varianten – eine ganze Familie von Schlägen entwickelt,
② die sozusagen die »Hohe Schule« des Kajakfahrens darstellen.

Ausgangsposition

Paddelblatt:
parallel zur Bootslängsachse, bootsfern auf Körperhöhe

Aktionsarm
gebeugt, Unterarm in Stirnhöhe

③ **Aktionshandgelenk**
angewinkelt

Gegenarm
leicht gebeugt

Gegenhandgelenk
angewinkelt

Körper
leicht zur Aktionsseite gebeugt

→ **EINSTEIGER-TIPP**
Das Aktionsblatt darf nicht zu dicht an das Boot herangeführt werden; dies führt zu instabilem Verhalten. Bei der Anwendung des Schlages achten Sie auch darauf, dass das Boot leicht weggekantet wird. Dadurch kann das Wasser während der Anwendung des Schlages unter dem Boot hinweg – es drückt nicht auf die Kante.

Aktionsphase

Paddelblatt
wird parallel zur Ausgangsstellung des Paddelblattes geradlinig in Richtung Körper geführt

Aktionsarm
zieht und wird gebeugt

Aktionshandgelenk
bleibt gebeugt

Gegenarm
drückt bis in eine fast gestreckte Stellung

Gegenhandgelenk
bleibt gebeugt

Körper
wird aufgerichtet

Ausheben
kurz vor dem Boot nach hinten

Wirkung
Der Ziehschlag Mitte versetzt den Kajak zur Seite.

Ausgangsposition beim Wriggen.

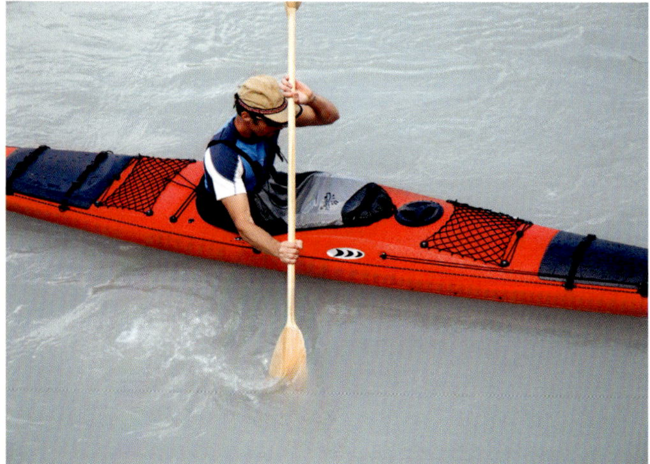

WRIGGEN

Das Wriggen kann als ein Aneinanderreihen von Ziehschlägen Mitte bezeichnet werden. Richtig angewendet, hat es ein stetes seitliches Versetzen des Bootes zur Folge. Wriggen wird vorwiegend im Stand oder bei niedrigen Geschwindigkeiten angewendet. Der Aktionsarm beschreibt mit dem Blatt fortwährend liegende Achten. Die Zugwirkung ist umso besser, je steiler das Blatt geführt wird. Umgekehrt wird die stützende Wirkung ausgeprägter, je flacher das Blatt eingesetzt wird.

VARIANTE 1

Ausgangsposition
Die Ausgangsposition entspricht in etwa der Position beim Ziehschlag seitwärts. Der Schaft steht allerdings steiler. Wesentlicher Unterschied: Die Innenkante des Blattes ist leicht nach vorn geöffnet.

Aktionsphase
Das Blatt wird zunächst nach vorn bewegt. Am Endpunkt dieser Bewegung wird das Paddel aus dem Handgelenk so gedreht, dass jetzt die Innenkante zum Boot zeigt. In dieser Stellung wird das Blatt nach hinten gezogen.

Wirkung
Der Kajak wird stetig seitlich versetzt.

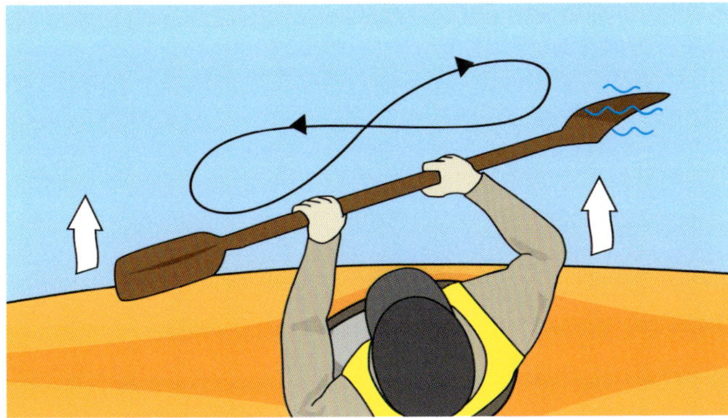

Beim Wriggen beschreiben Sie mit dem Paddel eine liegende Acht.

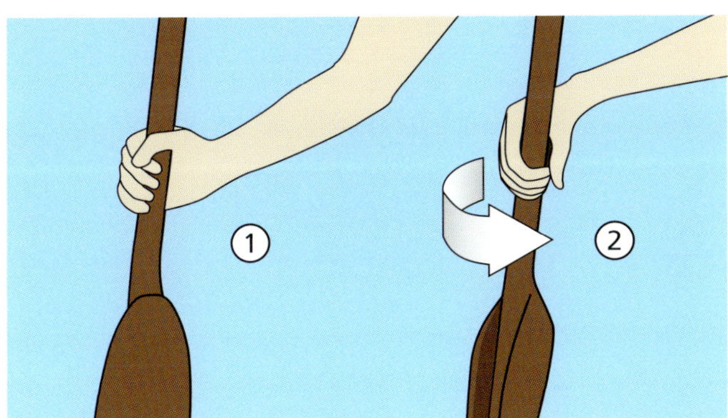

Drehung des Paddels aus dem Handgelenk.

VARIANTE 2

Ausgangsposition

Die Ausgangsposition entspricht der Variante 1, der Winkel Schaftachse/Wasseroberfläche ist allerdings wesentlich flacher.

Aktionsphase

Der Bewegungsablauf entspricht dem der Variante 1.

Wirkung

Der Kajak wird seitlich versetzt; die stützende Wirkung ist ausgeprägt.

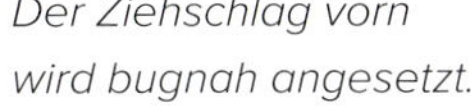

Der Ziehschlag vorn wird bugnah angesetzt.

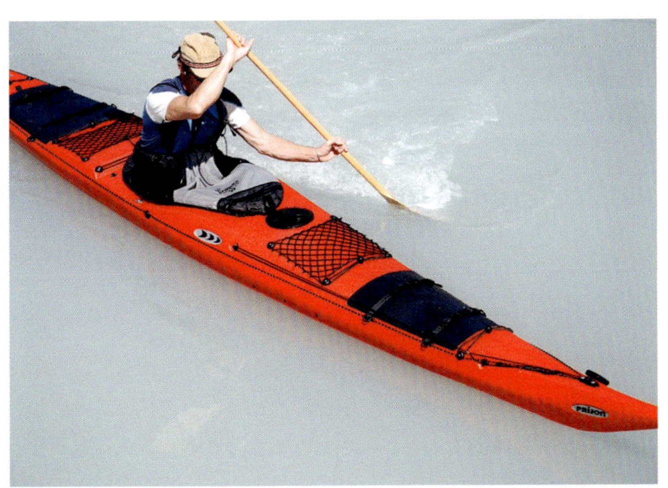

ZIEHSCHLAG VORN

Der soeben beschriebene Ziehschlag seitwärts wird je nach Situation variiert. Er kann auch weiter vorn eingesetzt werden. Wird er bugnah eingesetzt, bewirkt er zusätzlich einen drehenden Effekt.

→ EINSTEIGER-TIPP
Das Geheimnis eines gut ausgeführten Paddelhangs ist die Koordination zwischen aktiver Hüftarbeit, Paddelschlag und sensiblem Gleichgewichtsgefühl.

→ EINSTEIGER-TIPP
Der Paddelhang hat leider seine Tücken. Hängen Sie quer in einer hohen Walze, oder wollen Sie überschlagende, große Wellen quer abreiten, droht Verletzungsgefahr. Bei keiner anderen Schlagtechnik ist das Risiko einer Schulterluxation so ausgeprägt wie beim Paddelhang. Daher: Den Paddelhang nur dann anwenden, wenn mit der Paddelstütze nichts mehr geht.

PADDELHANG

Der Paddelhang gehört zur großen Familie der Ziehschläge, weist aber überwiegend stützende Elemente auf. Ebenso wie die Paddelstütze ist er in turbulenten und kippligen Situationen hilfreich. Da, wo die Paddelstütze Sie nicht mehr vor einer Kenterung rettet, wird uns der Paddelhang vielleicht noch vor diesem Dilemma bewahren können. Aus dem Paddelhang heraus wechseln Sie leicht und flüssig wieder in einen Vorwärts- oder Rückwärtsschlag.

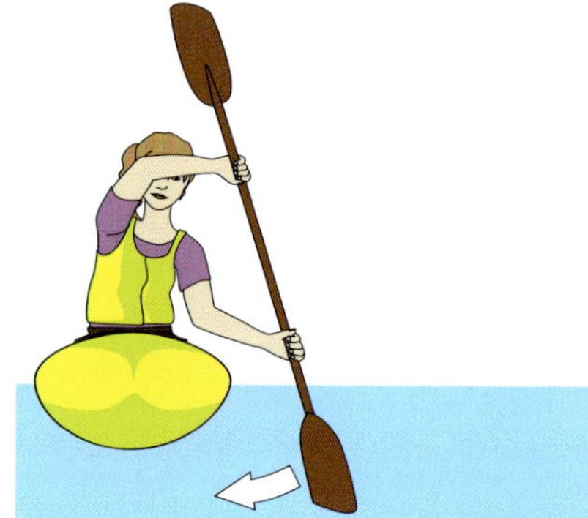

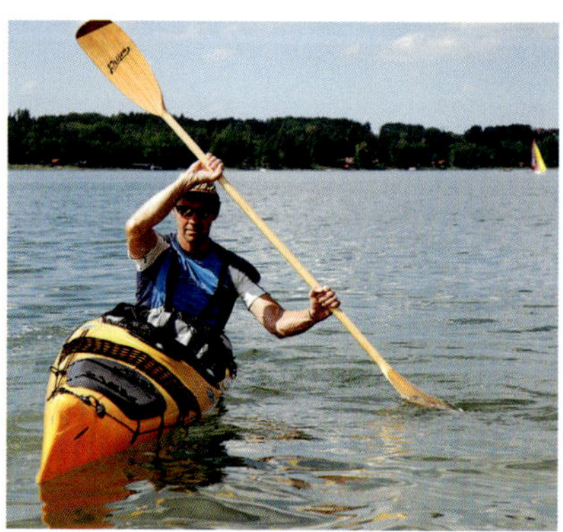

Paddelhang: Ausgangsposition.

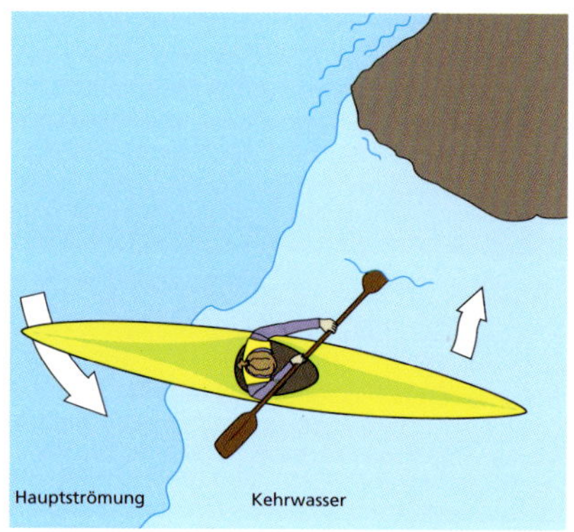

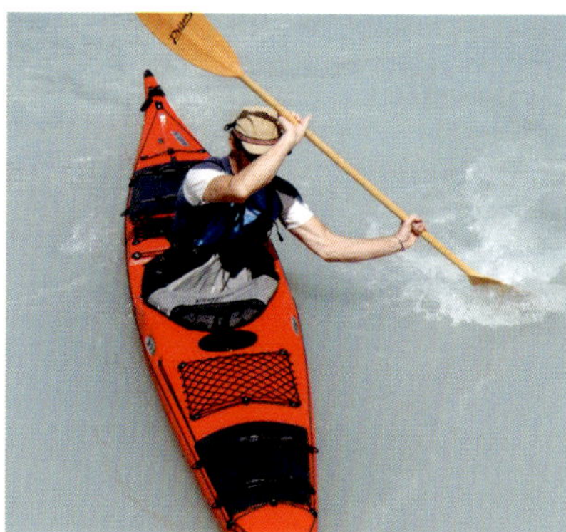

Einfahrt in ein Kehrwasser mittels Paddelhang.

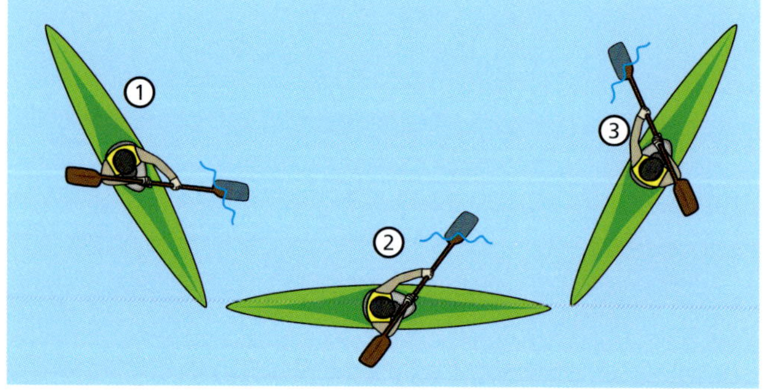

Mit dem Paddelhang fahren Sie elegante Kurven.

Ausgangsposition

Paddelblatt
parallel zur Bootslängsachse, bootsfern auf Körperhöhe

Aktionsarm
fast gestreckt,
Unterarm in Stirnhöhe

Aktionshandgelenk
angewinkelt

Gegenarm
leicht gebeugt

Gegenhandgelenk
angewinkelt

Körper
leicht zur Aktionsseite gebeugt

Aktionsphase

Paddelblatt
wird parallel zur Ausgangsposition auf Körperhöhe geführt

Aktionsarm
bleibt fast gestreckt

Aktionshandgelenk
bleibt gebeugt

Gegenarm
bleibt gebeugt

Gegenhandgelenk
bleibt gebeugt

Körper
wird aufgerichtet

Wirkung

Mit dem Paddelhang stabilisieren Sie Kajak und Körper in Walzen und überschlagenden Wellen.

DUFFEKSCHLAG

Die Kajaktechnik ist ohne den Duffekschlag unvollständig. Gelegentlich wird der Duffekschlag auch als Kanadierschlag oder Hangtechnik bezeichnet. Der »Duffek« ist als ein Komplex von Bewegungselementen zu verstehen, die sich aus den Ziehschlägen und dem Paddelhang entwickeln; die Verwandtschaft ist so offensichtlich, dass in manchen Publikationen Hangtechnik, Paddelhang und Ziehschlag als ein und dasselbe angesehen werden. Sie werden aber sehen, dass sich einige Merkmale dieser Schlagtechniken ganz klar voneinander unterscheiden.

Die unterschiedlichsten Situationen auf dem Wasser können mit dem Duffekschlag variantenreich gemeistert werden. Mit dieser Technik sind Drehbewegungen präzise und schnell auszuführen. Durch den Duffekschlag ist es einerseits möglich, das Boot ohne größeren Geschwindigkeitsverlust auf einer Kurve zu fahren. Andererseits ist es nach Bedarf auch machbar, den Kajak sozusagen auf der Stelle zu drehen – dies allerdings nur unter fast völligem Verlust des Vortriebs.

Beobachtungen von Weltklassefahrern lassen grundsätzlich drei Varianten erkennen. Bei deren Anwendung ist eine Vielzahl weiterer situationsbedingter Abwandlungen möglich. Die isolierte Anwendung dieser Varianten kommt nur beim Üben vor. In der Praxis geht die Anwendung immer einher in Kombination mit anderen Schlagtechniken.

→ EINSTEIGER-TIPP

Beim Einüben dieser Varianten wird die Ausgangsposition zunächst im ruhenden Boot eingenommen. Wenn sich diese Position eingeprägt hat, wird die Hangtechnik aus der Vorwärtsfahrt heraus eingeübt. Die Drehung wird jeweils mit einem Vorwärtsschlag auf der Gegenseite eingeleitet.

VARIANTE 1
WIRD IN AUSREICHEND TIEFEM WASSER ANGEWENDET

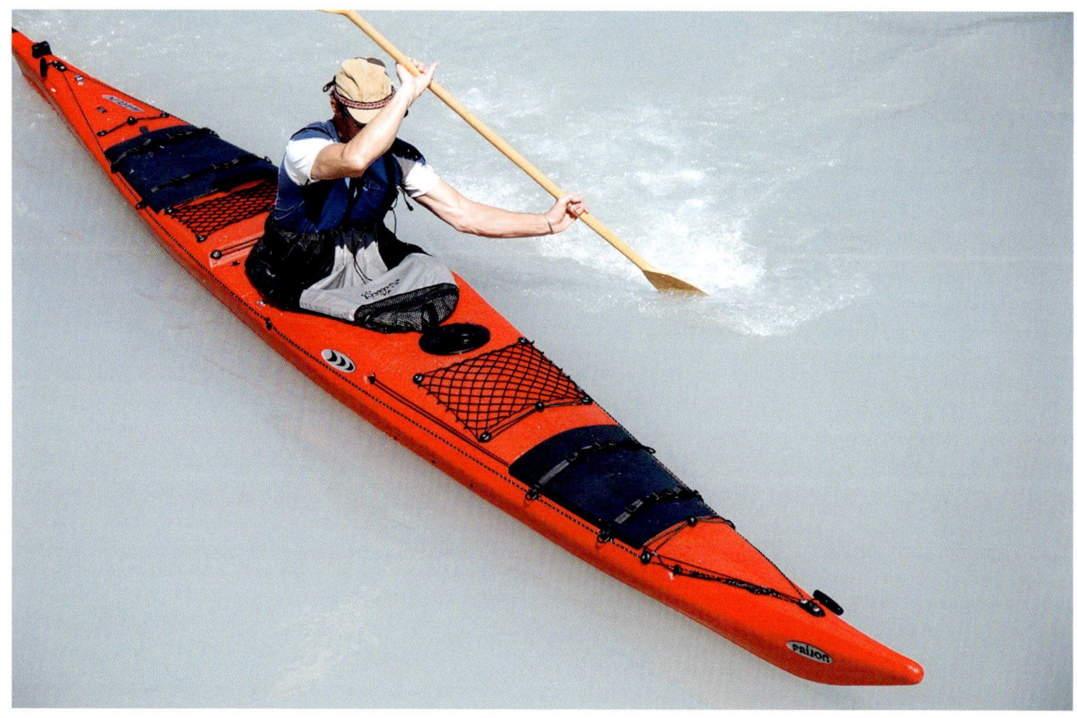

Ausgangsposition für den Duffekschlag – Variante 1.

Ausgangsposition für den Duffekschlag – Variante 2 (rechts oben) und Variante 3 (rechts unten).

Ausgangsposition
Paddelblatt
die Innenkante des Paddelblattes zeigt nach vorn
Aktionsarm
fast gestreckt
Aktionshandgelenk
gebeugt
Gegenarm
gebeugt
Gegenhandgelenk
gebeugt über dem Kopf
Körper
leicht nach vorn gebeugt

Aktionsphase:
Im Gegensatz zu den Vorwärtsschlägen und den Bogenschlägen, bei denen das Paddel erkennbar bewegt wird, verbleiben Sie nunmehr in dieser Stellung am Paddel. Und zwar so lange, wie der Vortrieb des Bootes ausreicht, um am Paddelblatt genügend Auftrieb zu erzeugen. Lässt der Druck am Paddel nach, wird der nächste Schlag eingeleitet.

Wirkung
Der Kajak dreht sich ohne erkennbaren Geschwindigkeitsverlust.

VARIANTE 2

WIRD IM FLACHEN ODER VERBLOCKTEN WASSER ANGEWENDET

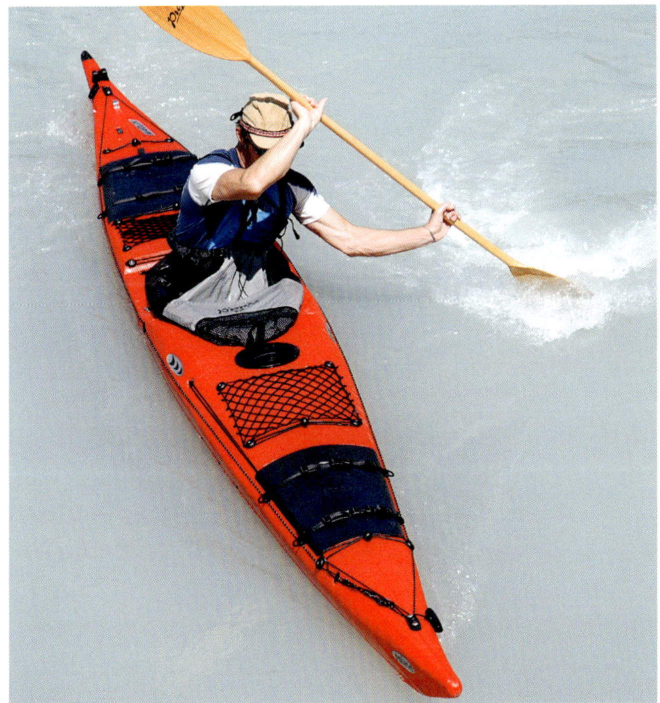

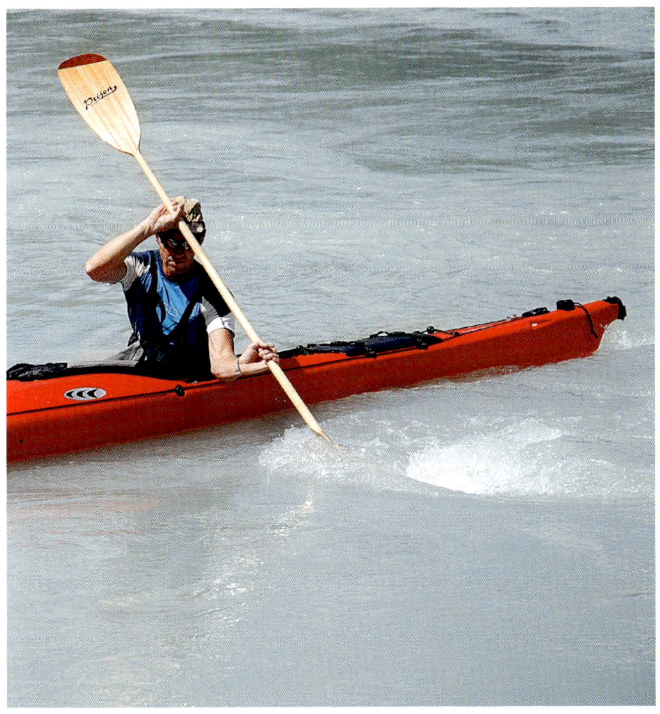

Ausgangsposition

Der Aktionsellbogen ist nicht so nah am Körper wie bei der Variante 1. Der Arm auf der Aktionsseite zielt fast gestreckt schräg nach vorn. Die Gegenhand befindet sich vor der Gegenschulter. Der stark angewinkelte Gegenellbogen zeigt nach unten. Der Kajak ist zur Arbeitsseite angekantet.

Aktionsphase:

Im Gegensatz zur Variante 1, bei der Sie mit der Innenkante des Paddels durch das Wasser schneiden wie mit dem Messer durch die Butter, hat dieser Schlag zusätzlich eine stützende Wirkung. Und zwar so lange, wie der Vortrieb des Bootes ausreicht, um am Paddelblatt genügend Auftrieb zu erzeugen. Lässt der Druck am Paddel nach, wird der nächste Schlag eingeleitet.

Wirkung

Der Kajak dreht sich mit geringem Geschwindigkeitsverlust zur Aktionsseite.

VARIANTE 3

WIRD ANGEWENDET, UM ENGE DREHUNGEN AUSZUFÜHREN

Ausgangsposition

Ihr Oberkörper ist leicht nach hinten geneigt. Der Aktionsellbogen ist nah am Körper. Der Unterarm auf der Aktionsseite zielt schräg nach vorn. Die Außenkante des Paddels zeigt zur Bootskante, die Ziehfläche nach vorn. Die Gegenhand befindet sich hinter dem Kopf. Der stark angewinkelte Gegenellbogen zeigt in Richtung Gegenseite.

Aktionsphase
Im Gegensatz zu den Varianten 1 und 2 schneidet und stützt das Paddel weniger. Es verdrängt eher das anströmende Wasser. Lässt der Druck am Paddel nach, wird der nächste Schlag eingeleitet.

Wirkung
Der Kajak dreht unter großem Geschwindigkeitsverlust fast auf der Stelle.

SCHLAGKOMBINATIONEN

Zwar haben Sie jetzt alle möglichen Paddelschläge getrennt kennengelernt. Sie ahnen aber schon, dass das in der Praxis so isoliert nicht abläuft. Es ist falsch anzunehmen, dass ein Kajak durch scharf voneinander getrennte Schläge angetrieben und gesteuert wird. Sollten Sie einmal einem guten Wildwasserfahrer oder Slalomfahrer zusehen, werden Sie feststellen, dass alle Schlagtechniken fließend ineinander übergehen. Die einzelnen Schläge werden effektiv kombiniert, der Fahrer ist im »Bewegungsfluss«.

Bei den Schlagkombinationen werden u. a. zwei verschiedene Optionen besonders häufig angewendet:

KREISEL

Drehen des Bootes auf der Stelle mit abwechselndem Bogenschlag vorwärts und Bogenschlag rückwärts.

S-SCHLAG

Ein S-förmiger Fahrverlauf des Kajaks wird mit der Kombination aus Ziehschlag vorn mit anschließendem Bogenschlag vorwärts auf der gleichen Seite erzielt.

FÜHREN

Wenn Sie versierte Fahrer beim Slalom oder im Wildwasser beobachten, werden Sie Folgendes feststellen: Das Paddel wird im Wasser von einem Schlag zum nächsten geführt. Dabei schneidet das Paddelblatt durch das Wasser in die neue Ausgangsposition. Diese Veränderungen der Paddelpositionen werden als Führen bezeichnet.

Das Führen des Paddels spielt gerade im Wildwasser eine dominierende Rolle. Der Fahrer wird seinen Kajak nur so lange steuern können, solange sich das Paddel im Wasser befindet. Gerade im Wildwasser ändert sich die Situation ständig, und Sie reagieren flexibel darauf. Fließend das Paddel von einer Position in die andere zu bringen, ist also grundlegende Voraussetzung für »geländeangepasstes« Fahren.

→ EINSTEIGER-TIPP

Diese Übung bringt Sie weiter! Heben Sie nach dem Grundschlag vorwärts das Blatt nicht aus dem Wasser, sondern »schneiden« nach der Drehung des Handgelenks (handrückenwärts) durchs Wasser in Richtung Bug.

→ EXTRA-TIPP

Auch das Führen des Paddels erlernen Sie zunächst am besten auf stehendem oder sehr langsam fließendem Wasser.

Vier wichtige Manöver im Zweierkajak.

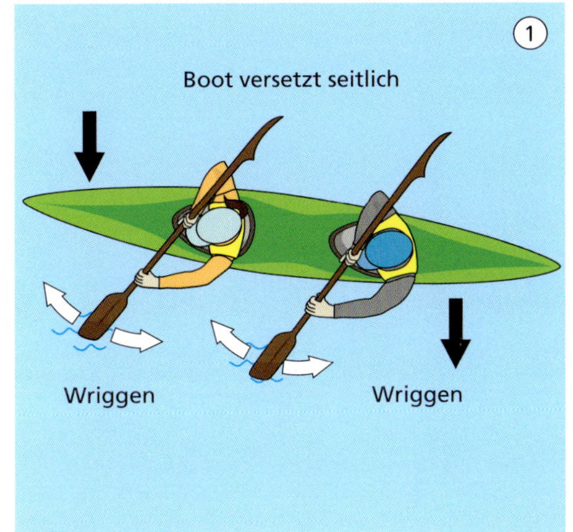

1. Boot versetzt seitlich

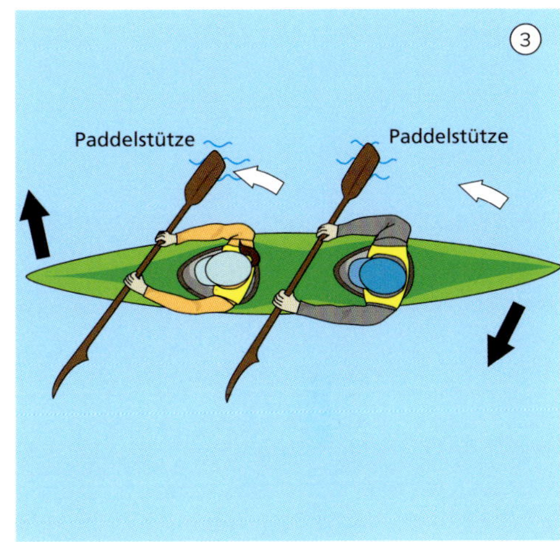

3. Boot dreht zur Aktionsseite

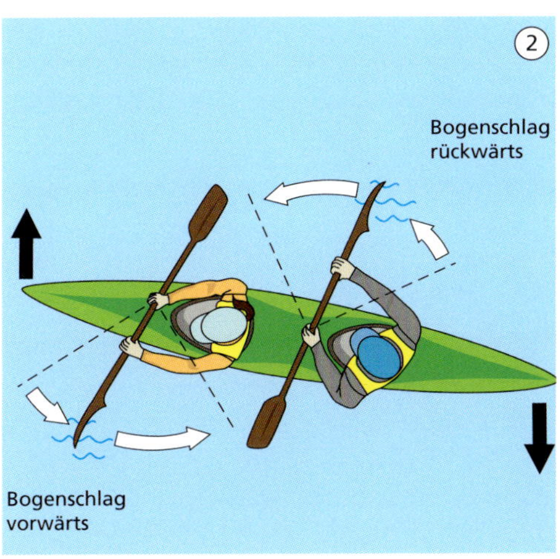

2. Boot dreht auf der Stelle

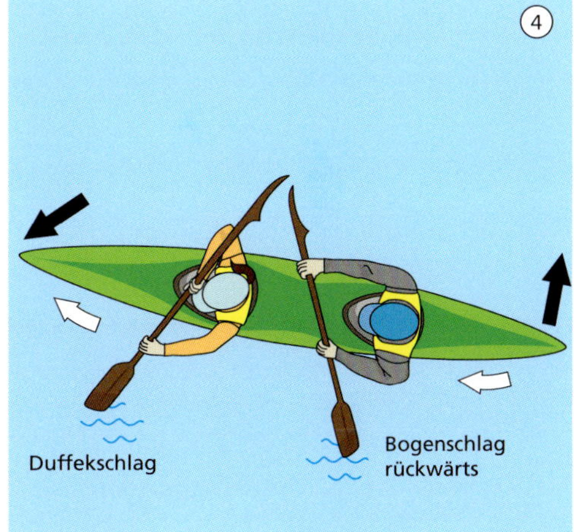

4. Boot dreht zur Aktionsseite

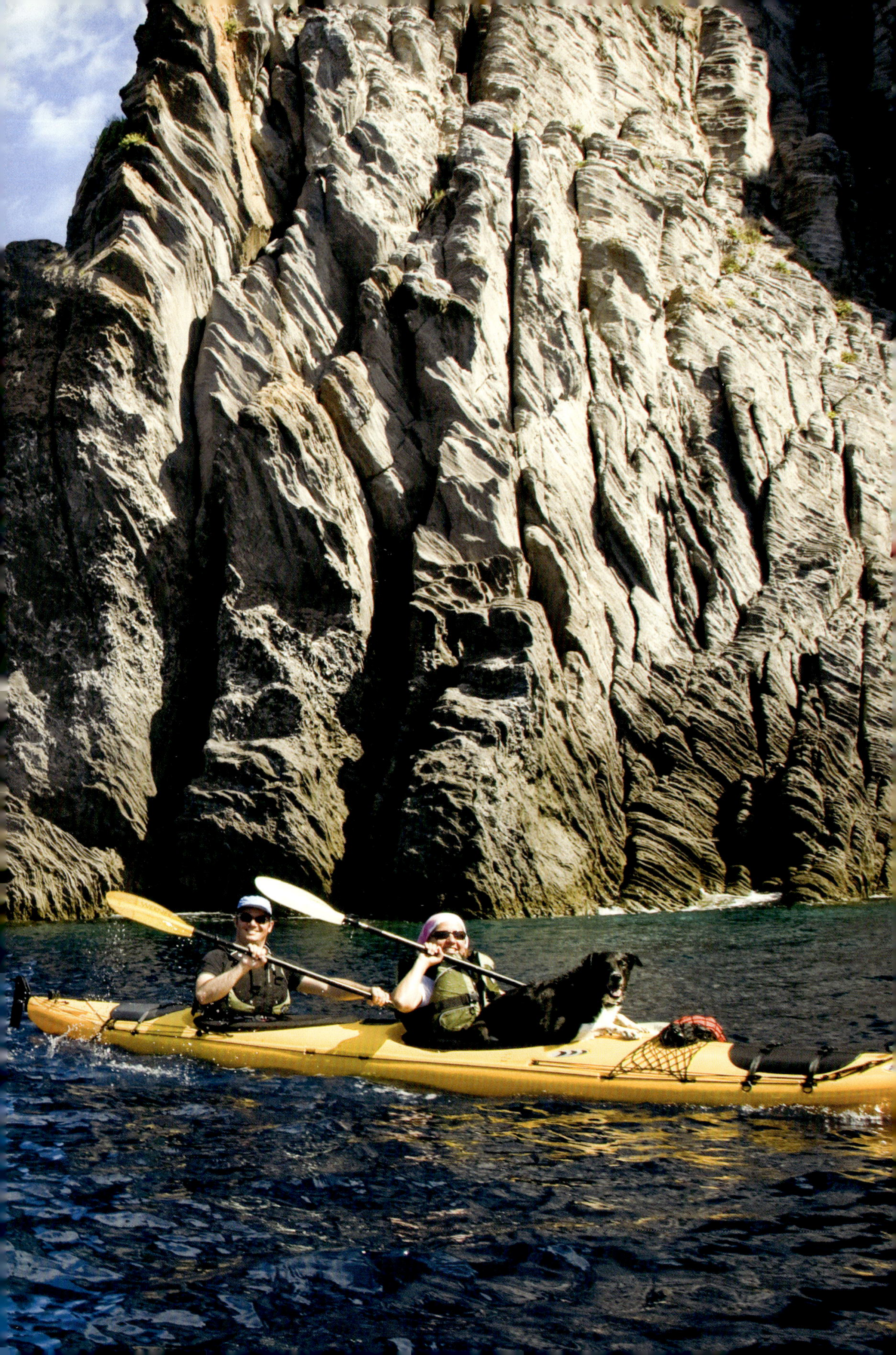

PADDELSCHLÄGE IM ZWEIERKAJAK

Der Paddler im Heck ist im Zweier normalerweise der »Kapitän«. Er wendet Bogen- oder Ziehschläge an, wenn kleinere Kurskorrekturen notwendig sind.

Soll der Zweier exakt seitlich versetzt werden, wenden beide Paddler gleichzeitig den Ziehschlag Mitte an. Mit Wriggen erzielen Sie die gleiche Wirkung.

Fahren Sie größere Kurven, ist es notwendig, dass Vordermann/-frau mit Bogen- oder Ziehschlägen die Arbeit des Kapitäns unterstützt. Wenn Sie so paddeln, verliert der Zweier kaum an Geschwindigkeit. Allerdings fahren Sie dann eine große Kurve. Wollen Sie den Zweier hingegen fast auf der Stelle drehen, setzt der Vordermann Bogenschläge vorwärts ein, der Hintermann Bogenschläge rückwärts auf der entgegengesetzten Seite.

Eine besonders schnelle Drehung können Sie erzielen, wenn beide Paddler die Paddelstütze anwenden und das Boot dabei ankanten. Diese Technik setzt allerdings voraus, dass sich das Boot in schneller Vorwärtsfahrt befindet. Sobald die Geschwindigkeit nachlässt, entwickeln Sie aus der Paddelstütze den Bogenschlag vorwärts. Damit stabilisieren Sie den Kajak und bringen ihn wieder in die Normallage.

→ **EINSTEIGER-TIPP**

um Einfahren in ein Kehrwasser oder zum schnellen Drehen im Wildwasser kann vom Paddler im Bug auch der Duffekschlag eingesetzt werden, während der Hintermann auf der gleichen Seite einen Bogenschlag rückwärts praktiziert. In einigen Fällen kann der Hintermann auf der Gegenseite auch einen Bogenschlag vorwärts setzen. Das beschleunigt den Zweier und besorgt ihm noch einen kleinen »Kick« nach vorn.

So wird aus dem Kajakzweier ein Dreier (linke Seite).

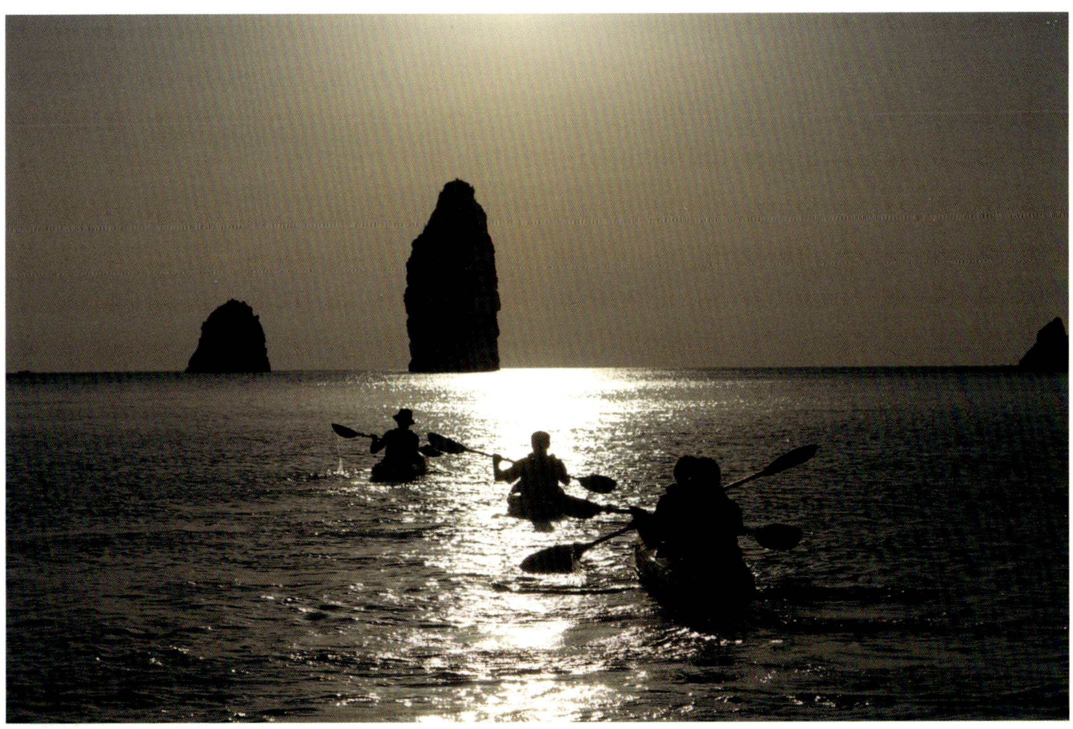

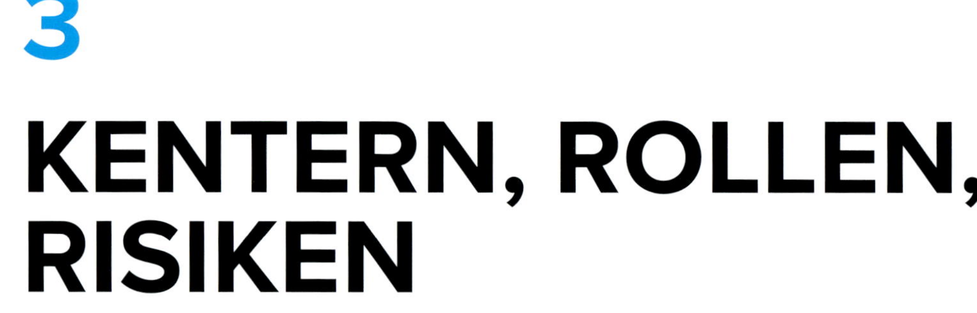

3

KENTERN, ROLLEN, RISIKEN

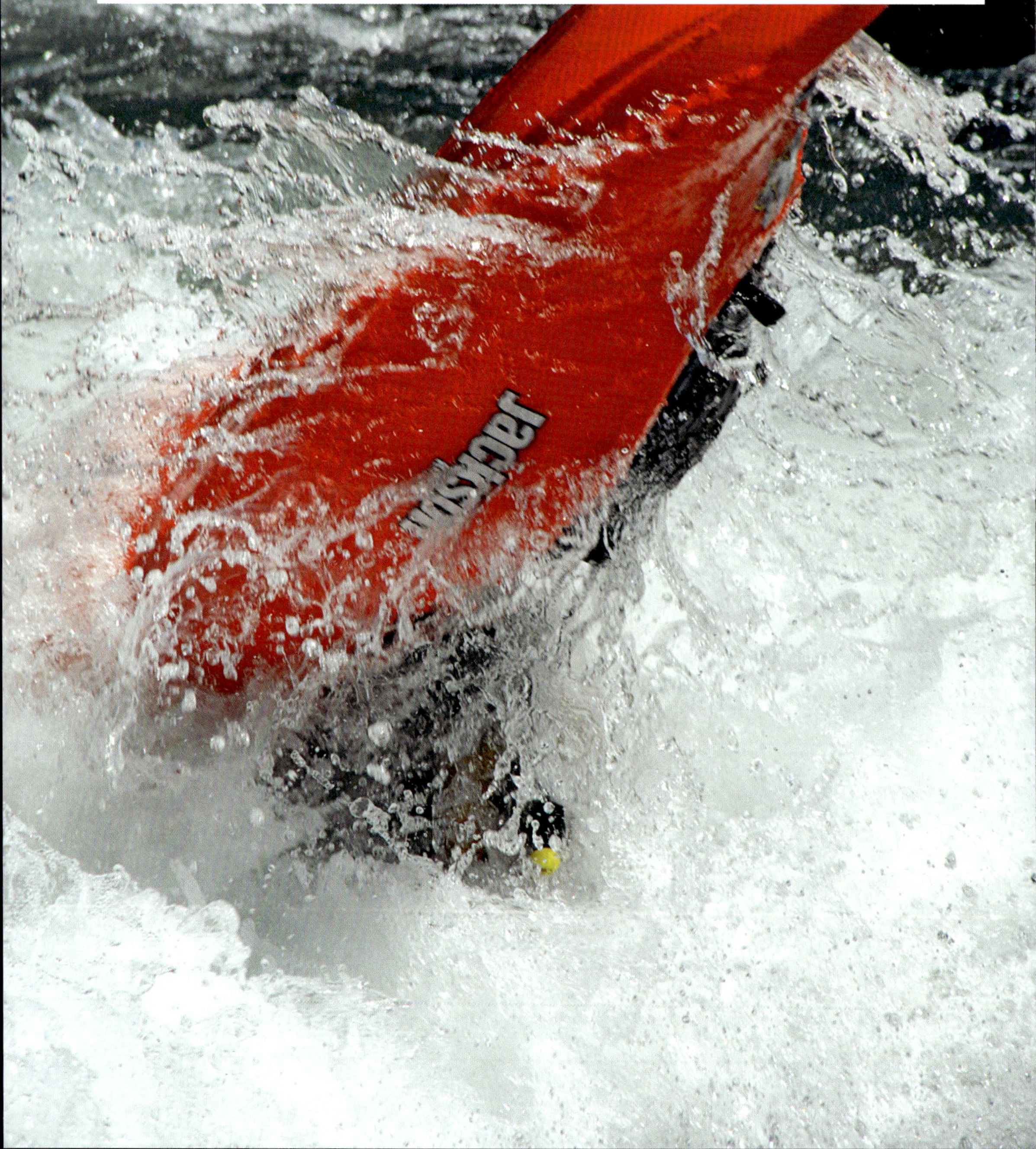

KENTERN

KENTERN IM KAJAK

Schlüsselerlebnis vieler Kajakeinsteiger: die erste Kenterung. Unangenehm, wenn sie unvorbereitet eintritt und der Gekenterte zwangsläufig eine völlig neue Umwelterfahrung macht. Der Oberkörper taucht auf ungewohnte Weise ins Wasser ein. Vertraute Kriterien der Orientierung gehen plötzlich verloren – verdrehte Welt: oben ist unten und unten ist oben. Durch den engen Sitz der Spritzdecke ist der Gekenterte in seinen Bewegungen eingeschränkt. Platzangst und Atemnot treten möglicherweise ein. Diese Empfindungen können durch bewegtes und kaltes Wasser noch verstärkt werden. Zum Glück können Sie vorbeugen und Abhilfe schaffen.

SCHWIMMEN UND TAUCHEN

Eine ausreichende Wassergewöhnung als Grundlage guter Schwimm- und Tauchfertigkeiten ist Voraussetzung für erfolgreiches und lustbetontes Erlernen des Kajakfahrens. Sie als Gekenterter sind dann in der Lage, sich längere Zeit ohne Atemnot unter Wasser aufzuhalten und zu orientieren. Sie haben gelernt, die unbedingten Reflexe Ihres Körpers zu überwinden.

Für Könner: die Handrolle (links). Ein Schlüsselerlebnis für Kanuten ist die erste Kenterung.

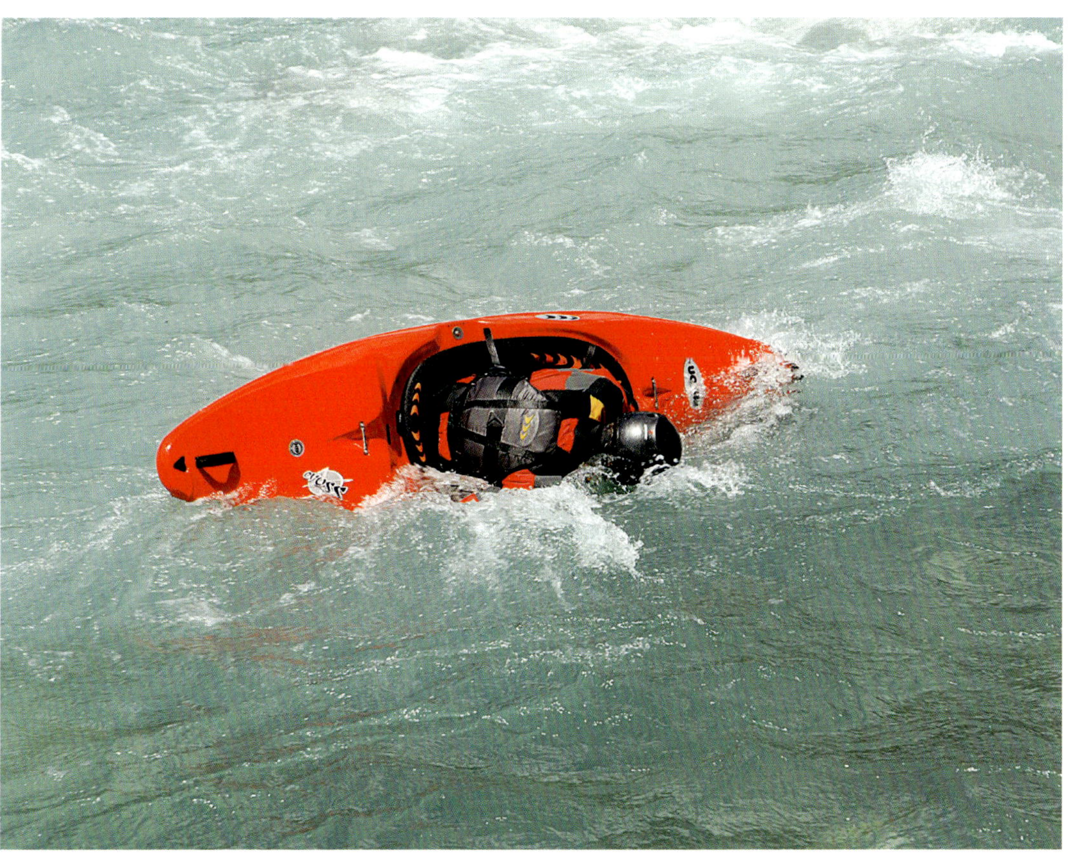

➔ EINSTEIGER-TIPP
Die Angewohnheit, vor dem Abtauchen möglichst viel Luft einzuatmen und diese anzuhalten, werden Sie ebenfalls abbauen. Besser ist es, vor dem Abtauchen ganz normal einzuatmen und die Luft unter Wasser langsam auszuatmen. Dann können Sie nach dem Auftauchen sofort wieder Luft holen.

➔ PROFI-TIPP
Dem Kentern werden bei Bedarf Übungen zur Wassergewöhnung vorangestellt. Diese dienen gleichzeitig dazu, sich mit dem Sportgerät Kajak vertraut zu machen. Ein warmer Badesee oder ein Schwimmbad bieten optimale Lernbedingungen. In spielerischer Form werden Kanueinsteiger angstfrei an die neue Situation des Kenterns herangeführt. Nasenklammer samt Schwimmbrille/Tauchbrille finden anfangs gute Verwendung als Hilfsmittel.

Ungeübte reagieren nach einer Kenterung sofort mit einer Bewegung des Körpers nach hinten oben. Ursache hierfür ist ein Reflex, der dafür sorgt, dass der Kopf aus einer ungewohnten Stellung in die aufrechte Stellung mit dem Scheitel nach oben zurückgebracht wird. In dieser Lage ist jedoch kontrolliertes Aussteigen oder Eskimotieren nicht möglich.

Eine weitere reflexartige Reaktion ist das Schließen der Augen unter Wasser. Diesen Lidschutzreflex überwinden Sie zur besseren Orientierung – so wird das willkürliche Öffnen der Augen unter Wasser ermöglicht. Schwimm- oder Tauchbrille helfen anfangs, diesen Reflex abzubauen.

ÜBUNGEN ZUR WASSERGEWÖHNUNG

1. TAUCHSPIELE OHNE BOOT

- Handstand unter Wasser.
- Gegenstände vom Grund heraufholen.
- Zwischen den gegrätschten Beinen des Partners hindurchtauchen.
- Rolle vorwärts und rückwärts.

2. TAUCHSPIELE MIT BOOT

- In die Luke eines umgedrehten Kajaks hineintauchen.
- In der Luftblase des umgedrehten Kajaks atmen.
- Mehrere umgedrehte Kajaks verteilen und von Luke zu Luke tauchen.

ÜBUNGEN ZUM KENTERN UND KONTROLLIERTEN AUSSTEIGEN

1. KENTERN UND AUSSTEIGEN OHNE SPRITZDECKE

- Mit angezogenen Knien kentern, unter Wasser bis drei zählen, mit beiden Händen am Süllrand aus dem Boot drücken.
- Mit im Boot gespreizten Beinen kentern, unter Wasser bis drei zählen, Beine anziehen und aus dem Boot drücken.

Nach dem Kentern lösen Sie die Spritzdecke ohne Hast.

①

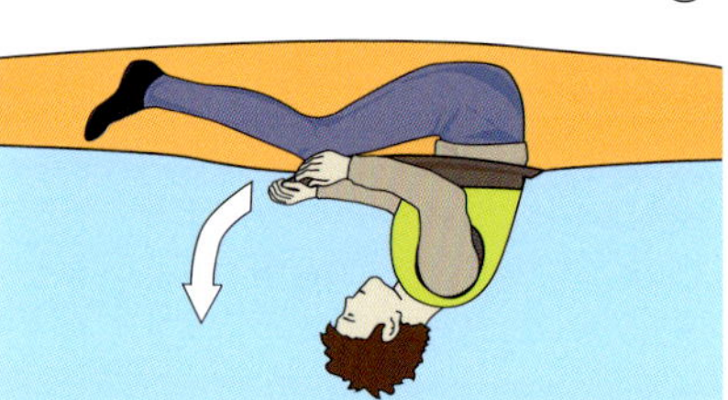

Dann ziehen Sie die Beine an . . .

②

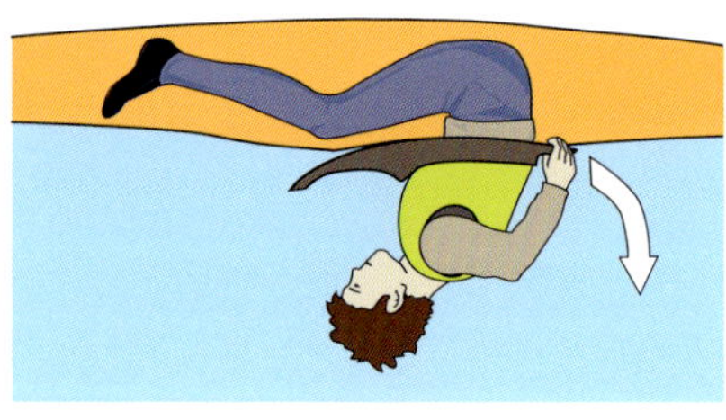

. . . und drücken sich mit den Händen am Süllrand ab.

③

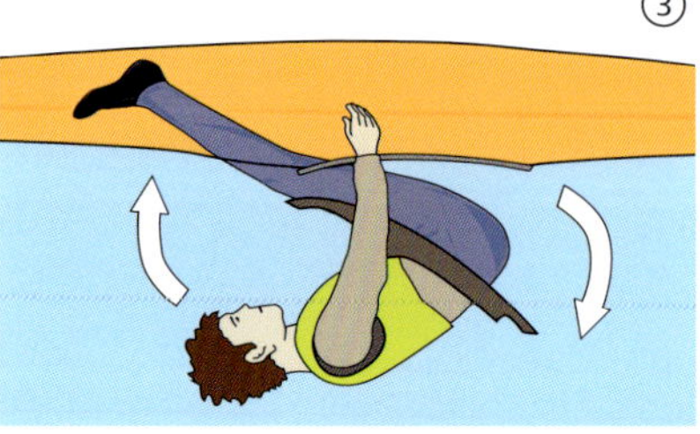

- Nach dem Kentern mit den Händen auf das Unterschiff klopfen, dann aussteigen.

2. KENTERN UND AUSSTEIGEN MIT SPRITZDECKE

- Mehrmaliges Öffnen und Schließen der Spritzdecke an Land, auch mit geschlossenen Augen.
- Mit angelegter Spritzdecke kentern, Hände bereits an der Aufreißschlaufe, Spritzdecke ruhig lösen, Beine anziehen und mit den Händen am Süllrand aus dem Boot drücken.
- Nach dem Kentern im Boot sitzend zum Beckenrand oder Partner schwimmen und sich dort aufrichten.

3. EINSTEIGEN UND AUSSTEIGEN UNTER WASSER OHNE SPRITZDECKE

- Ohne Spritzdecke unter das umgekippte Boot tauchen, in der Luftblase atmen, zunächst die Beine, dann den Rumpf in die Sitzposition bringen, Beine anziehen und aus dem Boot drücken.

ROLLEN

DIE ROLLE

Die Kenterrolle wurde von den Eskimos Nordamerikas und Grönlands erfunden. Im Eiswasser des hohen Nordens war dies die einzige Überlebenschance im Fall einer Kenterung. Heute stellt die Eskimorolle eine unverzichtbare Technik des modernen Kanusports dar. Sie bedeutet aktive Sicherheit beim Kajakfahren. Das schnelle Wiederaufrichten nach einer Kenterung verhindert unkontrolliertes Schwimmen. Vom mühseligen Bergen des Bootes oder von seinem Verlust gar nicht zu reden.

Wer die Rolle beherrscht, traut sich mehr zu.

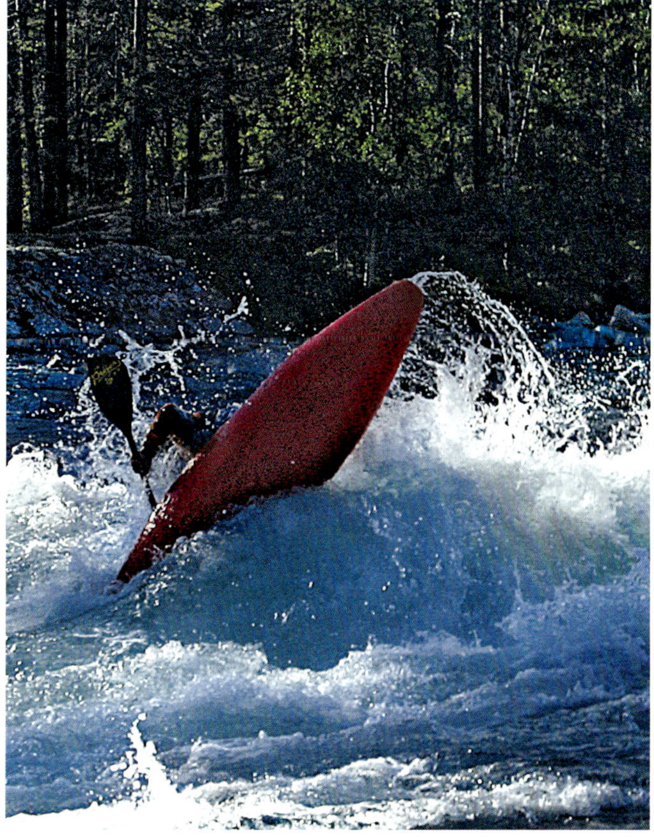

Im Lauf der Zeit haben sich unter den verschiedenen Varianten der Rolle die »Bogenschlagrolle« und die »Profi-Rolle« durchgesetzt. Sie bieten den Vorteil der unveränderten Griffhaltung am Paddel. Die »Handrolle« ist schließlich das Sahnehäubchen im Repertoire. Eine perfekt ausgeführte Rolle in allen Lagen und unter allen Bedingungen ist schlichtweg eine Unfall- und Lebensversicherung für den Kajakfahrer. Die passive Sicherheit in Form funktioneller Kajaks und sicherer Ausrüstung kann dies ergänzen.

ROLLEN LERNEN

Beim Erlernen der Rolle sollten Sie ein wenig Geduld mitbringen. Der Bewegungsablauf ist so komplex, dass er schrittweise geübt wird. Führen Sie die im Folgenden beschriebenen Übungen in Partnerarbeit durch. Dies ermöglicht Korrekturhilfen und die nötigen Pausen zwischen den Übungen.

Die Rolle setzt sich aus zwei Teilbewegungen zusammen, die gleichzeitig ausgeführt werden:

Beim Erlernen der Rolle sollten Sie ein wenig Geduld mitbringen.

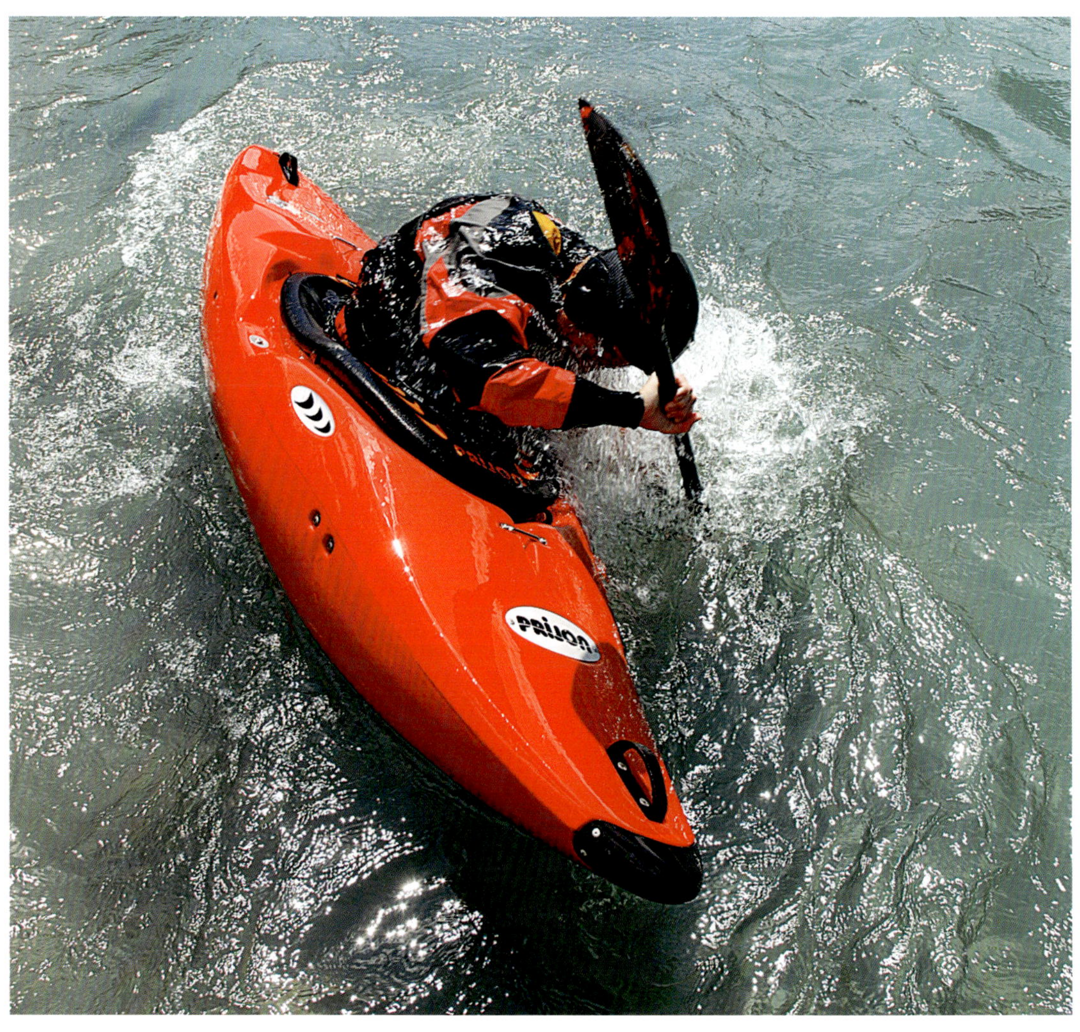

• der Hüftschwung
• die Bewegung des Paddels
Um den Lernprozess zu vereinfachen, können sie getrennt voneinander gelernt und geübt werden. Anschließend können sie zur komplexen Bewegung der Rolle zusammengefügt werden.

DER HÜFTSCHWUNG

Im perfekten Hüftschwung liegt das Geheimnis der erfolgreichen Rolle. Unter einem Hüftschwung wird die rasche Beugung des Beckens von einer Seite zur anderen verstanden. Und das mit gleichzeitigem Druck auf das aktionsseitige Knie. Dies bewirkt eine Drehung des Kajaks um die Bootslängsachse. Dabei hat das Boot fast die stabile Schwimmlage erreicht, während Kopf und Oberkörper sich noch an der Wasseroberfläche befinden. Voraussetzung für einen super Hüftschwung: die bewegliche Wirbelsäule. Beherrschen Sie die aktive Hüftbewegung zum Aufrichten des Kajaks, so ist das schon die halbe Miete.

Übrigens ist die Rolle, wie alle komplexen Bewegungen, »kopfgesteuert«. Damit ist in diesem speziellen Fall nicht nur gemeint, dass der Kopf beim Aufrollen des Kajaks möglichst zuletzt aus dem Wasser auftaucht. Auch die Blickrichtung, also die Kopfhaltung während der Rolle, ist von Bedeutung für eine gelungene Rolle. Grundregel: Blicke immer zur Wasseroberfläche.

Wenn Sie den Hüftschwung folgendermaßen üben, wird sich schon bald ein gutes Gefühl für eine aktive Hüftbewegung einstellen.

1. PASSIVES ERLEBEN DES HÜFTSCHWUNGS

Sie kentern und lassen sich vom Partner, der neben dem Boot steht und auf Sitzhöhe über das Boot greift, wieder aufrichten. Sie werden sich dabei passiv verhalten, sodass der Kopf zuletzt aus dem Wasser kommt.

2. KIPPEN DES BOOTES MIT DER HÜFTE

Sie halten sich an den Händen des Partners oder am Beckenrand fest. Dann legen Sie sich mit dem Oberkörper ins Wasser. In dieser Position kippen Sie das Boot durch rasche Beugung der Hüfte mehrfach von einer Seite zur anderen. Gleichzeitig wird das Knie der Aktionsseite angezogen. Oberkörper und Kopf bleiben dabei im Wasser.

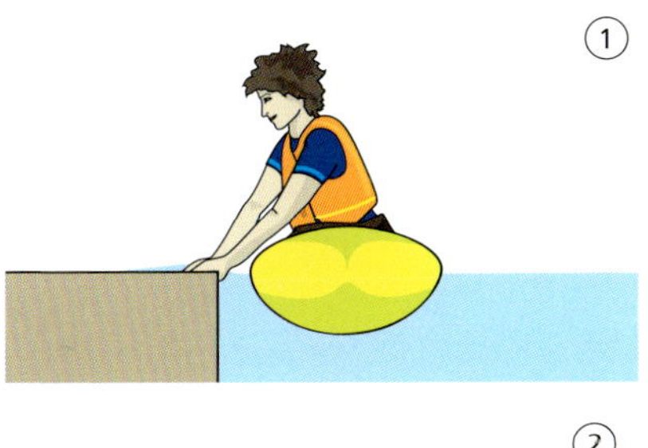

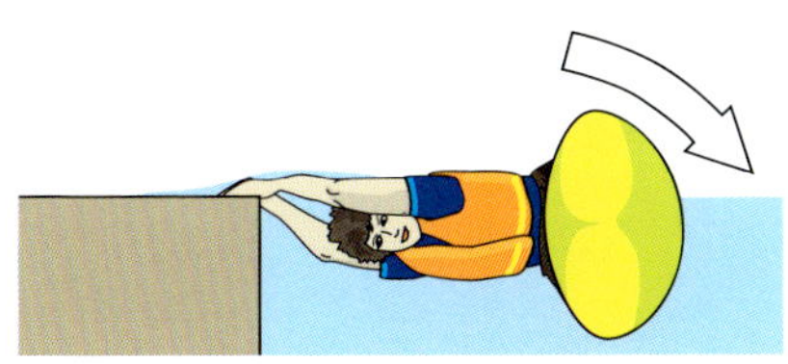

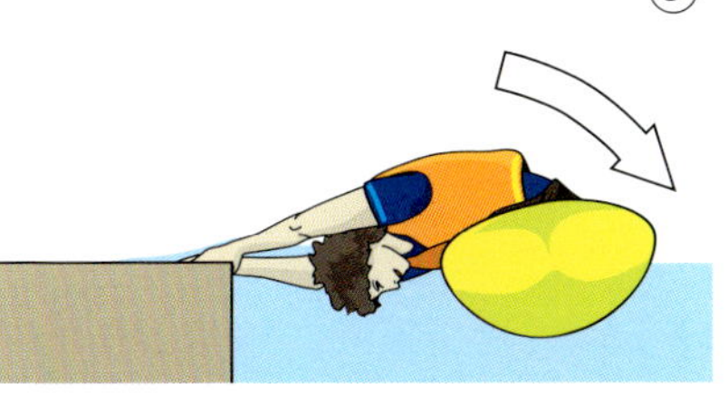

Aufrichten des Kajaks am Beckenrand durch dynamische Hüftschwünge (1–3).

➔ EINSTEIGER-TIPP
Bei allen Vorübungen und Übungen zur Eskimorolle ist enger Kontakt zur »Sitzmaschine« des Kajaks wichtig.

➔ EINSTEIGER-TIPP

Ein Rhythmisieren der Bewegung durch zweimaliges Kippen des Bootes vor dem vollständigen Aufrichten (»eins, zwei und hopp«) erleichtert die Bewegungsausführung.

➔ PROFI-TIPP

Das werden Sie spüren, wenn Sie es richtig machen:

- der Kopf bleibt lange unter Wasser
- kaum Druck auf Beckenrand bzw. Hände des Partners
- der Unterkörper bewegt sich »unabhängig« vom Oberkörper
- ein ziehendes Gefühl in der Hüfte durch Überstreckung
- viel Druck auf dem Knie der Aktionsseite

Und das wird zu beobachten sein:

- Kopf und Schulter bleiben unter Wasser, während der Hüftschwung ausgeführt wird

3. AUFRICHTEN DES BOOTES DURCH HÜFTSCHWUNG

Sie kentern zum Partner oder Beckenrand hin. Jetzt halten Sie sich am Beckenrand oder an den Händen des Partners fest. Danach halten Sie den Kopf so tief unter Wasser wie möglich. Der dynamische Hüftschwung richtet das Boot auf. Ziel der Übung ist es, den Kopf zuletzt aus dem Wasser zu heben und möglichst wenig Druck auf die Hände zu bringen.

4. AUFRICHTEN MIT DEM KOPF IN DEN HÄNDEN DES PARTNERS

Diese Übung bietet sich an, wenn Sie den Hüftschwung schon »locker« beherrschen. Der Part-

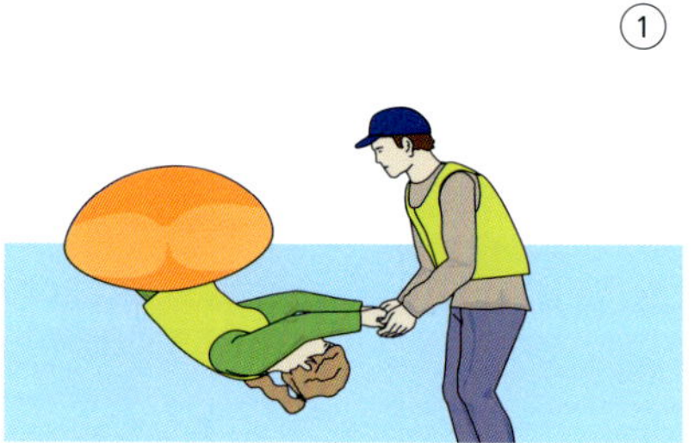
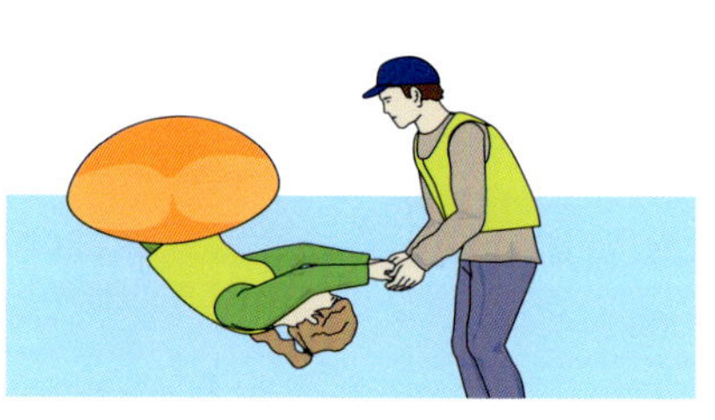

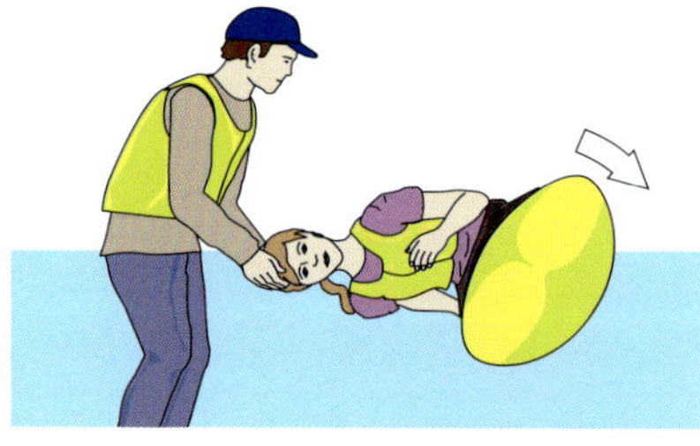

Aufrichten mit dem Kopf in den Händen des Partners.

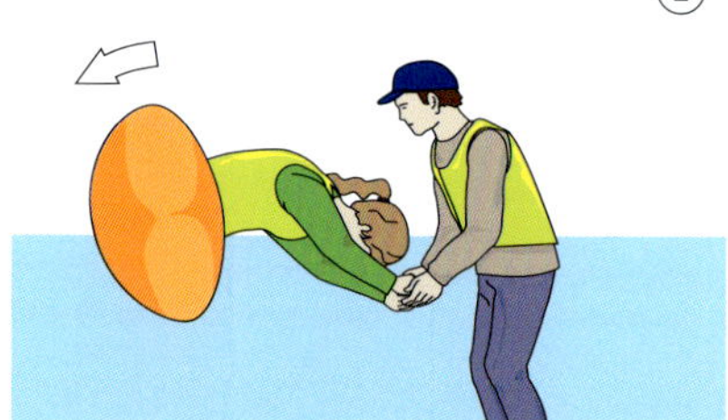

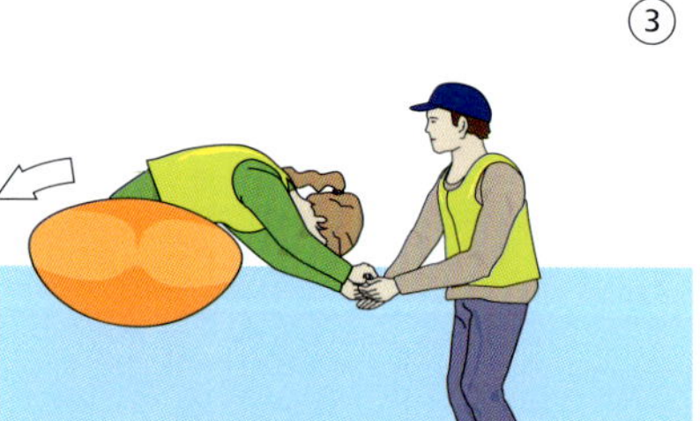

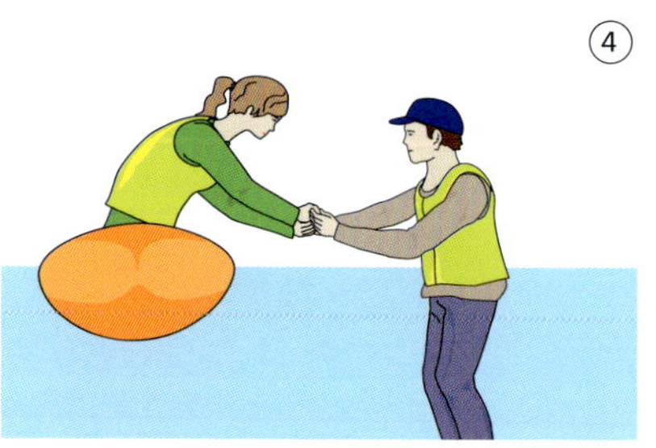

Aufrichten des Kajaks mithilfe der Hände des Partners (1–4).

ner stellt sich mit unter Wasser verschränkten Händen auf. Sie kentern und legen den Kopf in die Hände des Partners. Der Hüftschwung wird dynamisch ausgeführt. Wenn Sie es richtig machen, bleiben auch bei dieser Übung Kopf und Schulter so lange unter Wasser, bis das Boot nahezu seine Normallage erreicht hat.

5. KENTERN UND AUFRICHTEN AM KAJAK DES PARTNERS

Lassen Sie sich unter Wasser auspendeln, greifen Sie mit Ihren Händen an Bug oder Heck des herangefahrenen Kajaks. Richten Sie sich mit einem Hüftschwung auf.

→ **EINSTEIGER-TIPP**

Diese Übung stellt auch eine Rettungsmethode dar! Sie wird daher unbedingt ausgiebig trainiert und sollte gut beherrscht werden.

Aufrichten am Bug oder Heck des Partners.

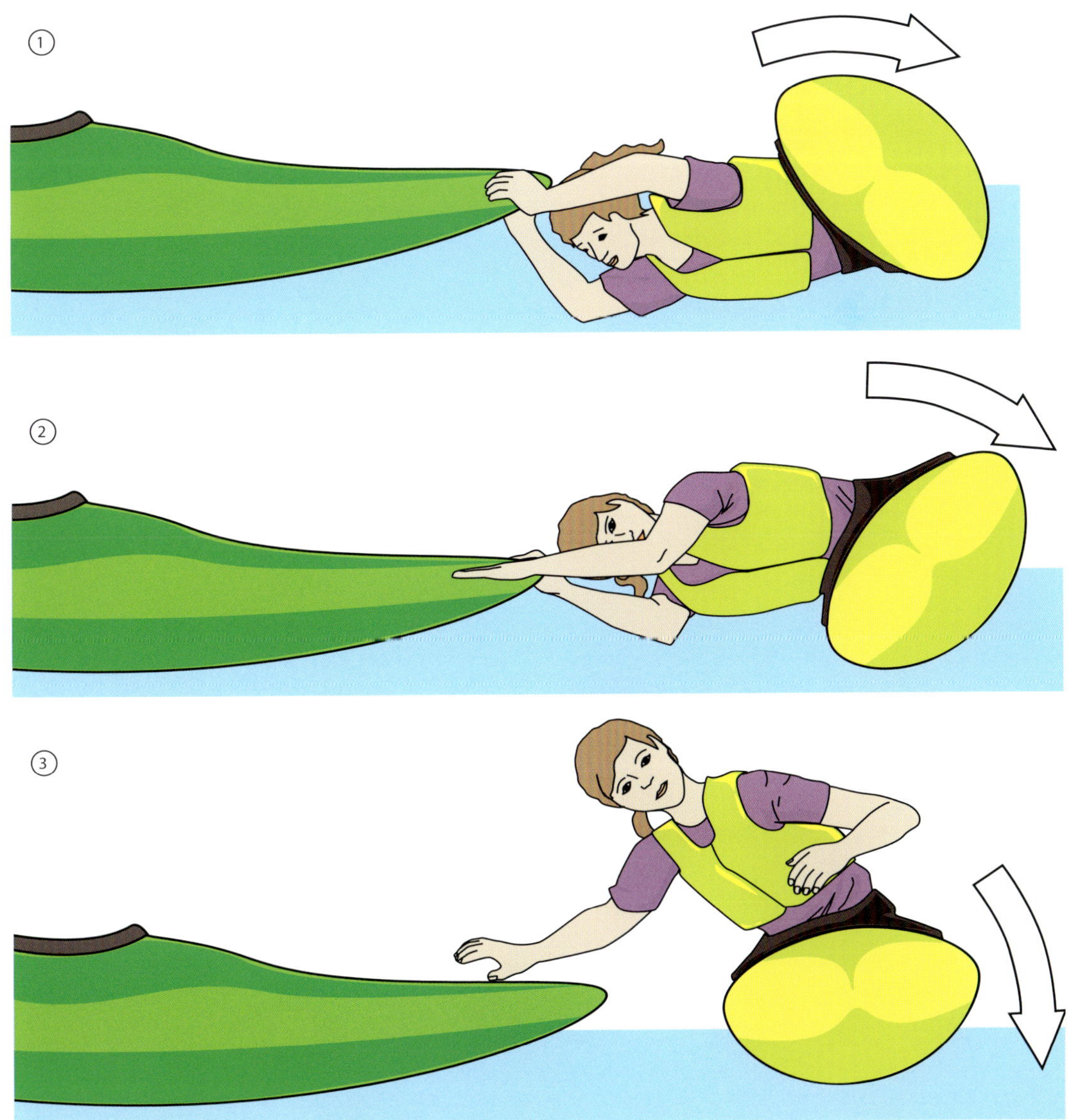

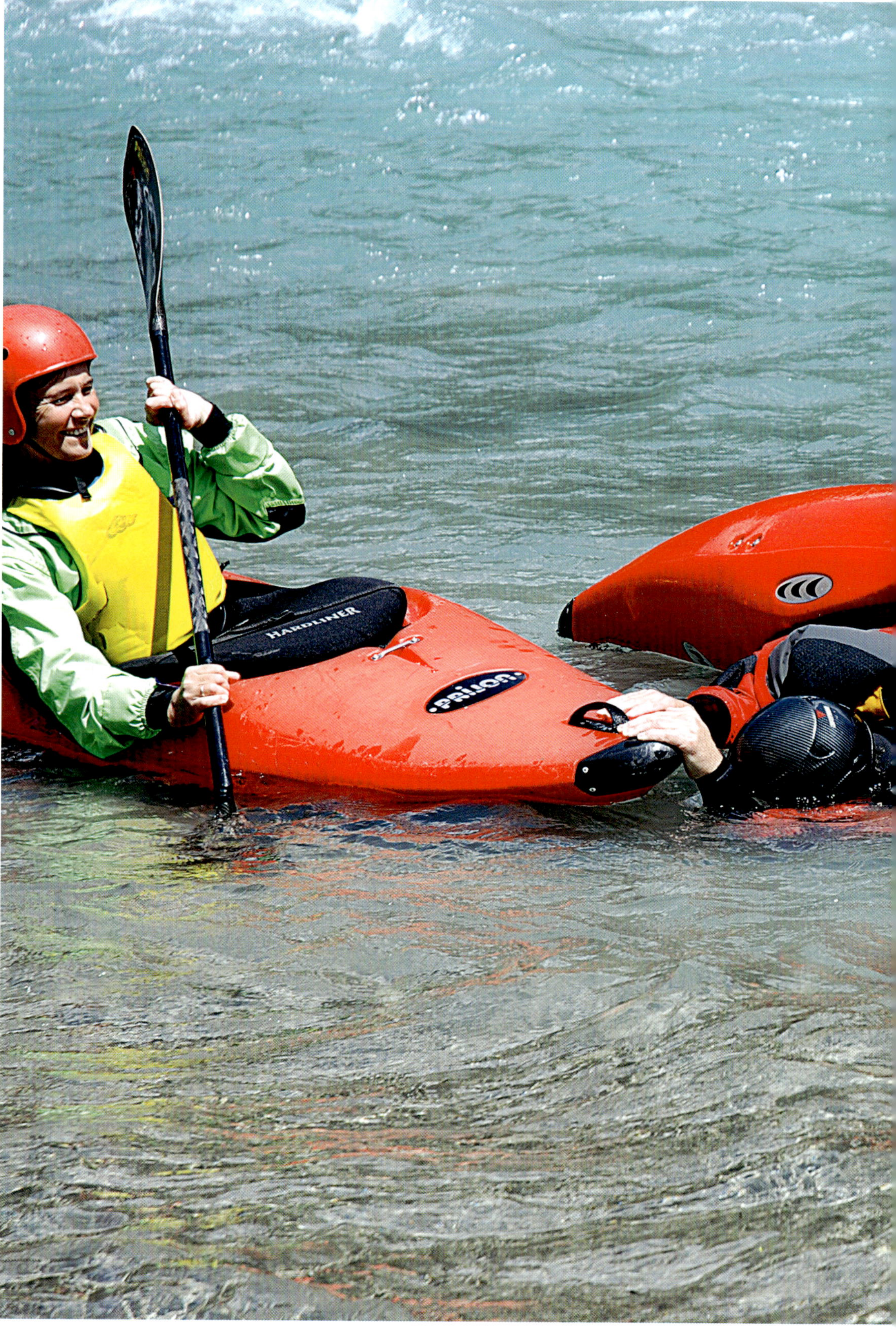
HARDLINER
prijon

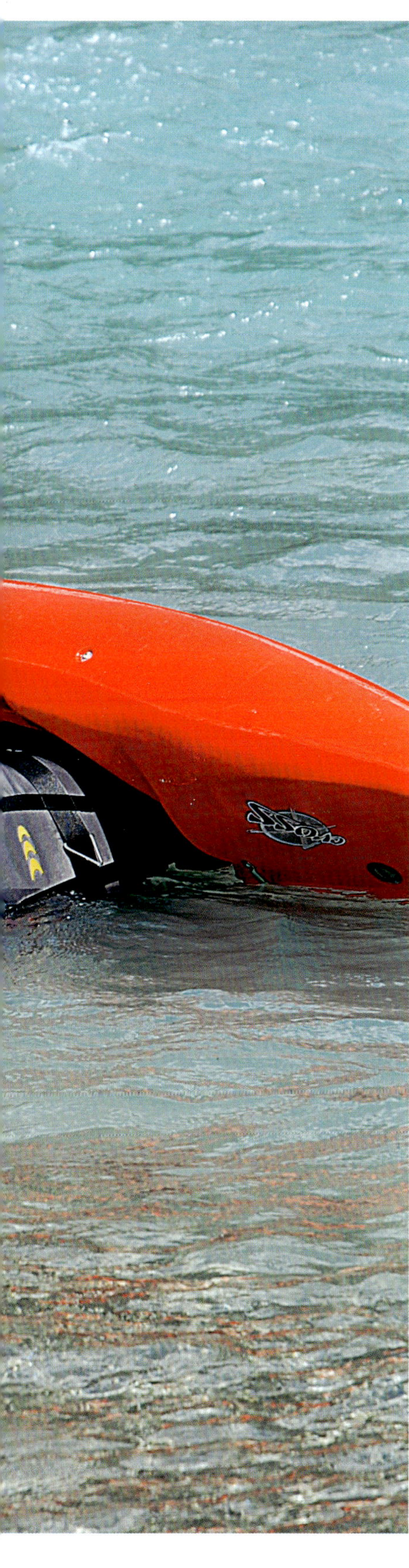

Sinnvolle Übung: Aufrichten am Bug des Partners.

DIE BOGENSCHLAGROLLE

Bei dieser Variante der Eskimorolle wird das Paddelblatt wie bei einem Bogenschlag vorwärts im weiten Bogen vom Bug in Richtung Heck geführt. Der Weg, den das Paddelblatt dabei zurücklegt, führt zu einem sehr starken und lange andauernden dynamischen Auftrieb des Paddelblattes an der Wasseroberfläche. Dies gleicht zunächst kleine Fehler in der Bewegungsausführung aus.

BOGENSCHLAGROLLE RECHTS

Ausgangslage

Lehnen Sie sich vor, Nase zum Oberdeck. Bringen Sie das Paddel parallel zum Boot in die Ausgangsposition für die Rolle. Der linke Arm ist nah am Körper, der rechte Arm weiter vorn. Lassen Sie sich nach links ins Wasser fallen. Pendeln Sie unter Wasser aus. Bringen Sie das Paddel auf der Aktionsseite über die Wasseroberfläche. Das Paddelblatt wird durch Überstreckung des rechten Handgelenks leicht nach rechts hin geöffnet.

Aktionsphase

In gebeugter Stellung leitet der Aktionsarm den Durchzug zum Bogenschlag vorwärts ein. Der Arbeitsweg verläuft bogenförmig nahe der Wasseroberfläche in Richtung Heck. Der Arm der Gegenseite bleibt gebeugt. Der Oberkörper folgt der Bewegung des Blattes und wird in leichte Rücklage gebracht, wenn das Boot durch den Hüftschwung zur anderen Seite weggekantet wird.

→ EINSTEIGER-TIPP

Zu Beginn kann die Bogenschlagrolle gut mit einem an das Aktionsblatt fixierten Schwimmbrett eingeübt werden. Durch das Schwimmbrett wird der Auftrieb verstärkt und ein Verkanten des Paddels beim Bogenschlag weitgehend verhindert.

→ PROFI-TIPP

Um dem Übenden das Gefühl für den Bewegungsablauf zu vermitteln, kann sich der helfende Partner hinter den Übenden stellen und durch leichten Zug an der Schulter die Bewegungsrichtung des Arbeitsarms deutlich machen.

Erreichen der Normallage: Während die begonnenen Aktionen fortgesetzt werden, befindet sich der Kopf immer noch nah an der Wasseroberfläche. Die Normallage des Bootes wird durch das Beenden des Bogenschlages herbeigeführt.

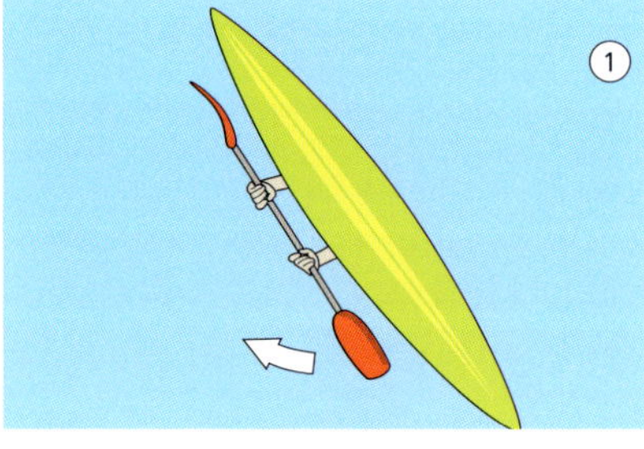

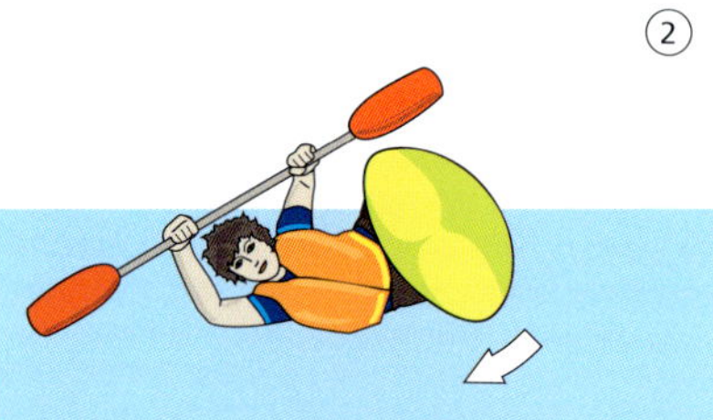

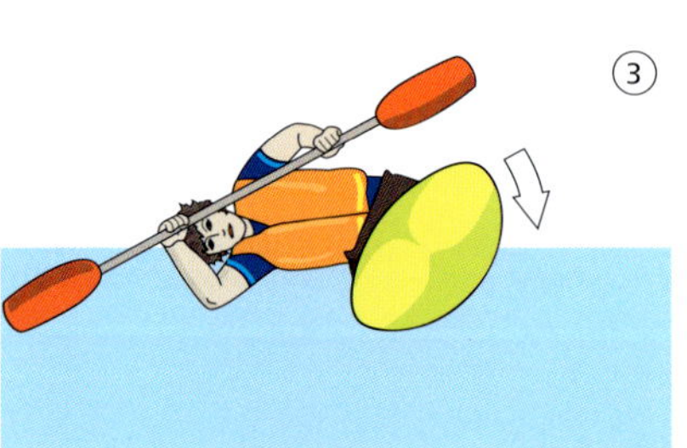

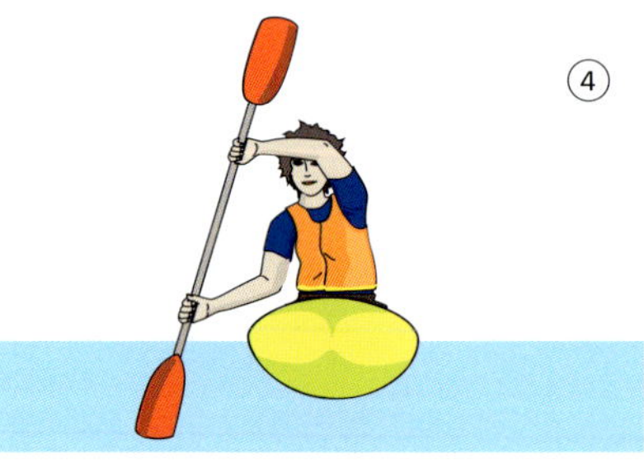

DIE PROFI-ROLLE

Bei der eben beschriebenen Technik der Bogenschlagrolle handelt es sich um eine definierte Grundform, die in der Praxis je nach individuellem Stil und äußeren Gegebenheiten (Strömungsformen) variiert wird. Halten Sie sich nicht dogmatisch an Lehrbuchweisheiten, sondern setzen Sie nach einer Kenterung den Hüftschwung schnellstmöglich an. Dies ist der Fall, wenn Sie eine geeignete Ausgangsposition finden und Auftrieb am Paddel verspüren. Ein Beispiel hierfür ist die Profi-Rolle von hinten nach vorn, wenn das Paddel nach dem Kentern »falschherum« liegt. So wird die unkontrollierbare und verletzungsträchtige Phase unter Wasser kurz gehalten.

PROFI-ROLLE RECHTS

Ausgangslage

Lehnen Sie sich ein wenig nach hinten, bringen Sie das Paddel parallel zum Boot in die Ausgangsposition für die Rolle, ähnlich einem Ziehschlag vorn. Der linke Arm ist nah am Boot, der rechte Arm oben vorn. Lassen Sie sich nach links ins Wasser fallen. Pendeln Sie unter Wasser aus. Bringen Sie das Paddel auf der Aktionsseite über oder zumindest nah an die Wasseroberfläche.

Phasenhafte Darstellung der Bogenschlagrolle rechts (1–4).

Aktionsphase

In gebeugter Stellung leitet der Aktionsarm den Durchzug des Paddels ein. Der Arbeitsweg verläuft bogenförmig an der Wasseroberfläche in Richtung Bug. Der Gegenarm bleibt gebeugt. Der Oberkörper folgt der Bewegung des Blattes und wird in Vorlage gebracht, wenn das Boot durch den Hüftschwung zur anderen Seite weggekantet wird.

Erreichen der Normallage

Während die begonnenen Aktionen fortgesetzt werden, befindet sich der Kopf immer noch nah an der Wasseroberfläche. Die Normallage des Bootes wird durch das Beenden des Schlages herbeigeführt.

DIE HANDROLLE

Wer bei der Kenterung sein Paddel verliert oder ohne Paddel zum Spielen in die Walze unterwegs ist, verfügt über eine letzte Chance, sich trotzdem aufzurichten. Statt eines Paddelschlages an der Wasseroberfläche werden die Hände durchs Wasser bewegt. Die Handrolle setzt einen perfekten Hüftschwung voraus, da die Auftriebskräfte äußerst gering sind. Natürlich verlangt gerade diese Art des Rollens viel Übung – eine gelungene Handrolle ist dafür ein hoch motivierender Lernerfolg.

HANDROLLE RECHTS

Ausgangslage

Der Oberkörper liegt auf dem Oberdeck. Die Hände tauchen links ins Wasser. Sie kentern nach links.

Aktionsphase

Sie bringen die Hände auf der rechten Seite an die Wasseroberfläche. Das Durchziehen der Hände und der Hüftschwung müssen gleichzeitig erfolgen. Der Oberkörper kann beim Auftauchen nach vorn oder hinten aufs Boot bewegt werden.

Erreichen der Normallage

Sie versuchen bis zuletzt, mit den Handflächen Auftrieb zu erhalten.

WIEDEREINSTIEG

Immer mehr Kajakfahrer beherrschen die Rolle. Aber: Keiner ist vor dem Aussteigen unter Wasser nach einer Kenterung gefeit. Zum Glück stehen Rettungsmethoden zur Verfügung, die Ihnen nach einer Kenterung mit Verlassen des Kajaks den Wiedereinstieg in den Kajak ermöglichen. Sich nur auf die Rolle verlassen zu wollen wäre ebenso naiv wie anzunehmen, dass immer nur die anderen kentern. Nach der Kenterung und dem folgenden »wet exit« kommt der Wiedereinstieg mit und ohne Hilfe der Paddelfreunde in Betracht.

Eine raue See, starke Strömung, frischer Wind sorgen allerdings für harte Bedingungen. Das betrifft das Paddeln, das Kentern und den Wiedereinstieg. Das Lenzen vor dem Wiedereinsteigen in den Kajak wird unter solchen Bedin-

→ EINSTEIGER-TIPP

Am Anfang wird die Handrolle durch den Gebrauch eines kleinen Schwimmbretts, Tischtennisschlägers oder Frühstückbretts erleichtert. Die Hände fassen das Brett; nach Erreichen der Kenterlage wird das Brett als vergrößerte Handfläche eingesetzt.

→ EXTRA-TIPP

Solofahrten bergen immer ein besonderes Risikopotenzial in sich. Sie haben (vielleicht gerade deshalb) ihren eigenen Reiz. Unter Sicherheitsaspekten betrachtet, sind Solofahrten allerdings schwer zu verantworten. Die Chancen für eine schnelle und zuverlässige Rettung steigen enorm, wenn Sie zu zweit oder – noch besser – zu dritt unterwegs sind.

→ PROFI-TIPP
In unseren Breiten findet Kajakfahren fast immer auf Gewässern statt, die als kühl oder kalt einzustufen sind. Kenterungen im kalten Wasser sind grundsätzlich ein Problem. Die damit verbundene rasche Auskühlung des Körpers macht es erforderlich, dass Sie sich möglichst schnell wieder in den Kajak retten. Aber auch in tropischen Gewässern empfiehlt sich ein schneller Wiedereinstieg nach einer Kenterung.

gungen schnell zum Unding. Für einen »nassen« Wiedereinstieg stehen Ihnen verschiedene Methoden zur Verfügung. Diese Methoden sind oft genug einfacher und schneller, zuverlässiger und sicherer als ein Wiedereinstieg mit vorhergehendem Lenzen und Aufrichten des Kajaks in die Normallage.

WIEDEREINSTIEG NACH ROBBENART

Hier eine Möglichkeit, schnell aus dem Wasser wieder aufs Boot zu gelangen: Umdrehen des Kajaks nach der Kenterung, verbunden mit einem anschließenden Hinaufklettern und Robben über das Heck. Dies ist einfacher geschrieben als getan. In das wieder aufgerichtete, fast vollgeschlagene Boot zu gelangen, ist schon unter günstigen Lernbedingungen nicht einfach. Strömung, Seegang, brechende Wellen machen es zu einem kleinen Kunststück. Sie werden sehr ausführlich üben, um diese Art der Selbstrettung sicher ausführen zu können:

- Hechten Sie auf das gekenterte Boot, greifen Sie mit den Armen quer über den Kajak.
- Packen Sie den Süllrand auf der gegenüberliegenden Seite und lassen Sie sich in das Wasser zurückfallen. Das Boot liegt wieder in der Normallage.
- Von der Seite her klettern Sie dann vorsichtig auf das Heck. Mit dem Kopf vorwärts über das Achterdeck robben, bis der Körper über dem Süllrand liegt.
- Dann richten Sie sich mit einem Liegestütz auf und ziehen gleichzeitig die Beine unter dem Körper her. Hineinsetzen und das Boot mit dem Paddel stabilisieren.
- Schließen Sie die Spritzdecke und befördern Sie das Wasser aus dem Boot.

→ EINSTEIGER-TIPP
Es stehen noch weitere Möglichkeiten zur Verfügung, in den gekenterten Kajak einzusteigen. Manche machen es mit einem Salto rückwärts; andere nutzen ein Paddelfloat. Obwohl der Rückwärtssalto schwieriger aussieht: Oft ist er leichter anzuwenden als das Aufrichten mit Float. Probieren Sie aus, was Ihnen am besten gelingt. Es hängt schließlich auch davon ab, wie viel Auftrieb die Rettungsweste hat. Mit einer aktivierten Pressluft-Rettungsweste den Salto zu drehen und einzusteigen kann ein hartes Stück Arbeit sein ...

→ **EINSTEIGER-TIPP**

Der Retter hat zwei Möglichkeiten: Entweder er fährt im rechten Winkel mit seinem Bug an den Gekenterten heran (Bugrettung), oder er stellt sein Boot parallel zum gekenterten Kajak. Ob durch den Retter die eine oder andere Position eingenommen wird, hängt von den jeweiligen Wasser- und Windbedingungen ab.

→ **PROFI-TIPP**

Wird eine Bugrettung praktiziert, fährt der Retter im rechten Winkel an das gekenterte Boot heran. Er wird dann seinen Bug so nah an eine Hand des Gekenterten bringen, dass dieser den Bug fühlen und greifen kann. Der Retter wird allerdings besonders vorsichtig manövrieren, um die Hand des Gekenterten nicht zu verletzen. Wenn der Gekenterte den Bug tastet, greift er mit beiden Händen danach und richtet sich mit gekonntem Hüftschwung auf.

WIEDEREINSTIEG MIT SALTO RÜCKWÄRTS

Um mit einem Salto rückwärts in das Boot zu kommen, empfiehlt sich folgender Ablauf:

- Sie schauen zum Heck des Bootes und greifen mit einer Hand an die Spitze des Süllrands.
- Jetzt machen Sie einen Salto rückwärts, um die Füße ins Cockpit zu bringen.
- Der Salto wird weitergeführt, indem die Hände am Süllrand nach hinten greifen und die Füße am Bootsboden entlanggedrückt werden.
- Wenn Sie im Boot sitzen, spreizen Sie die Oberschenkel, damit Sie nicht herausfallen.
- Beugen Sie sich nach vorn, und greifen Sie mit beiden Armen über das Boot.
- Ertasten Sie den Bug des Retters.
- Richten Sie sich auf.

WIEDEREINSTIEG MIT DEM PADDELFLOAT

Wenn ein Paddelblatt mittels Decksleinen auf dem Boot befestigt wird, kann es in Verbindung mit einem Auftriebskörper, dem aufblasbaren Paddelfloat, hervorragend als Ausleger zur Stabilisierung benutzt werden. Der Auftriebskörper wird nach der Kenterung an einem Paddelblatt befestigt und dann aufgeblasen.

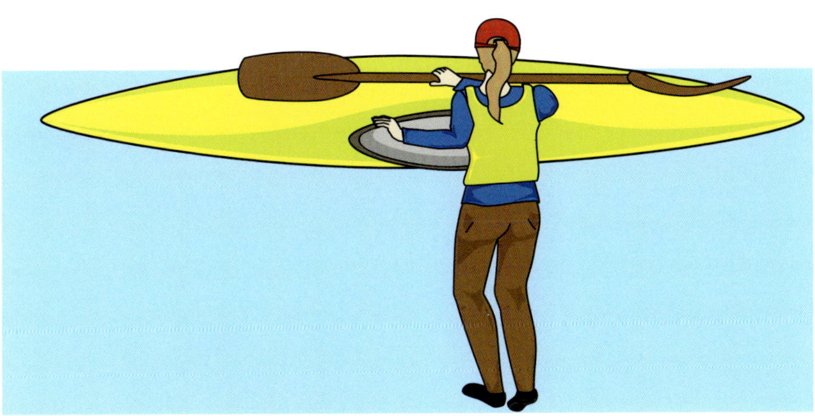

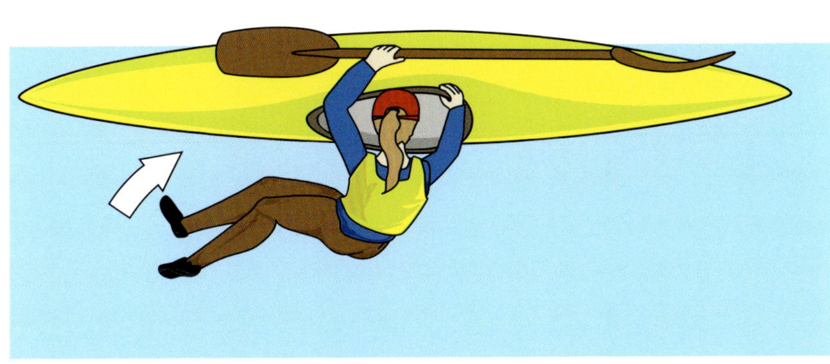

Wiedereinstieg mit Salto rückwärts (1 + 2).

Im Handel sind auch Modelle mit einer Druckluftpatrone zu haben. Zum Sichern an Deck und am Paddel sind bei guten Floats zwei Ösen vorgesehen. Wenn das Paddelfloat voll aufgeblasen ist, liegt es fest am Paddelblatt an.

- Richten Sie den Kajak auf.
- Befestigen Sie das Blatt unter der Rundumleine am Achterdeck auf Höhe des Süllrands.
- Bringen Sie das Paddelfloat am anderen Blatt an und blasen Sie es auf.
- Fassen Sie mit einer Hand auf den Süllrand, greifen Sie mit der anderen den Schaft.
- Stemmen Sie sich auf das Achterdeck. Der größere Teil des Körpergewichts liegt dabei auf dem Paddelschaft.
- Legen Sie ein Knie auf den Sitz, dann das andere, drehen Sie sich in den Sitz hinein.
- Schließen Sie die Spritzdecke.
- Leeren Sie das Boot.

Wiedereinstieg mit dem Paddelfloat (1–5).

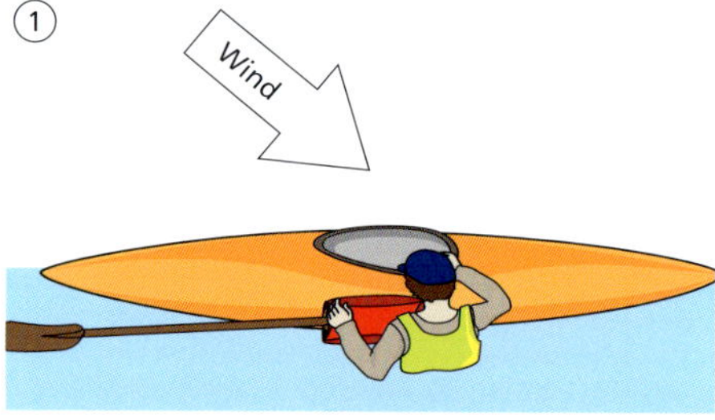

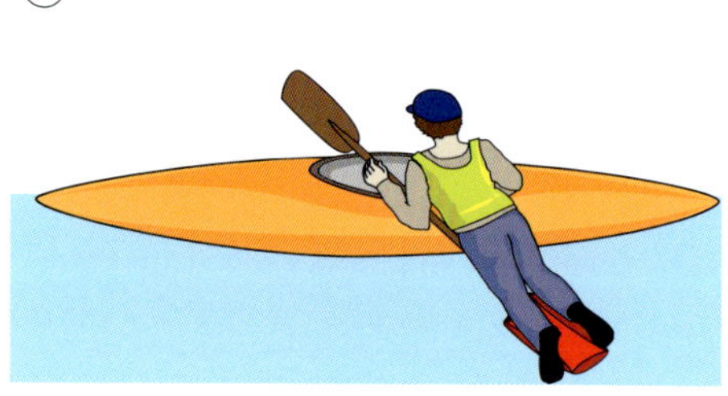

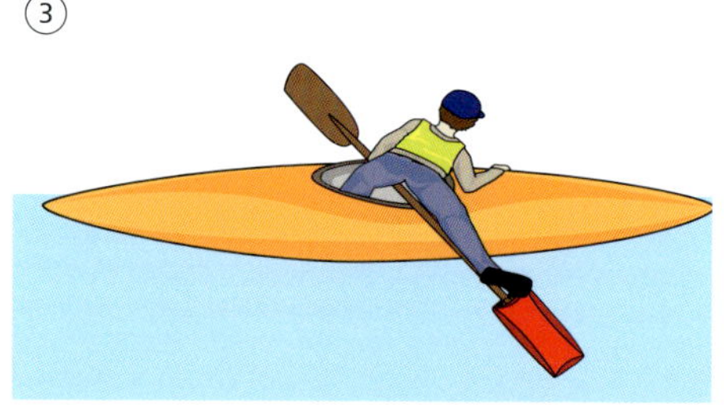

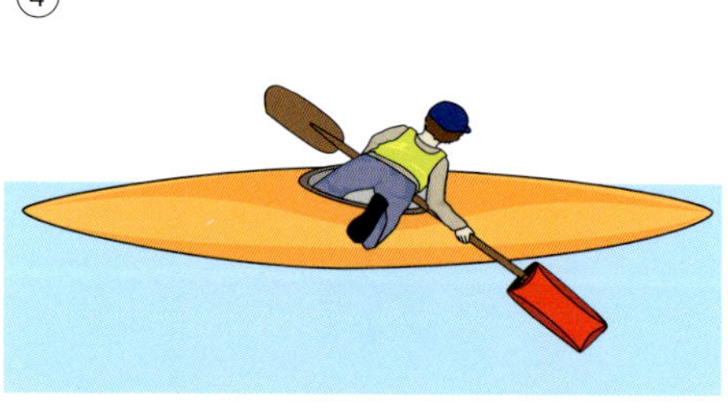

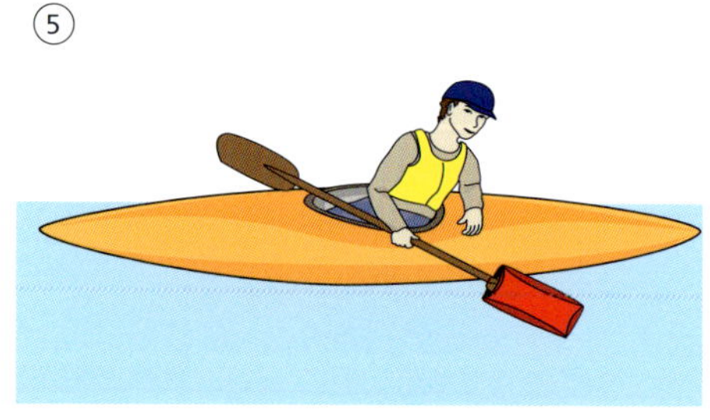

RISIKEN

UNTERKÜHLUNG

Wer die Rolle nicht oder nur unzureichend beherrscht, wird seinen Kajak nach einer Kenterung verlassen müssen. Wenn dann keine wie auch immer geartete Rettung möglich ist, verlaufen Kenterungen im kalten Wasser mit einer mehr oder weniger raschen Unterkühlung des Körpers. Dass der Körper seine normale Temperatur nicht halten kann, hat seinen Grund in der Auskühlung durch Wind oder Wasser. Menschen, die sich in der Natur aufhalten, fühlen sich bedroht von Spinnen, Schlangen, Bären, Gewittern und dergleichen. Wenige machen sich Gedanken über die Gefahr der Unterkühlung. Das Problembewusstsein ist bei vielen Kanuten noch nicht ausreichend geschärft.

Paddeln bei eiskaltem Wasser und Wetter, sei es nun im Wild- oder auf Zahmwasser, im Süß- oder Salzwasser, kann nach einer Kenterung dramatisch verlaufen. Sinkt doch bei einer Wassertemperatur von zum Beispiel 4 Grad nach nur 20 Minuten Verweildauer im Wasser die Überlebenschance auf 50 %. Nach nur zwei Stunden besteht nach Angaben der US Coast-Guard keine Überlebenschance mehr. Aber wir können dieser eiskalten Gefahr vorbeugen:

Vor den Folgen einer Unterkühlung ist kein Paddler geschützt.

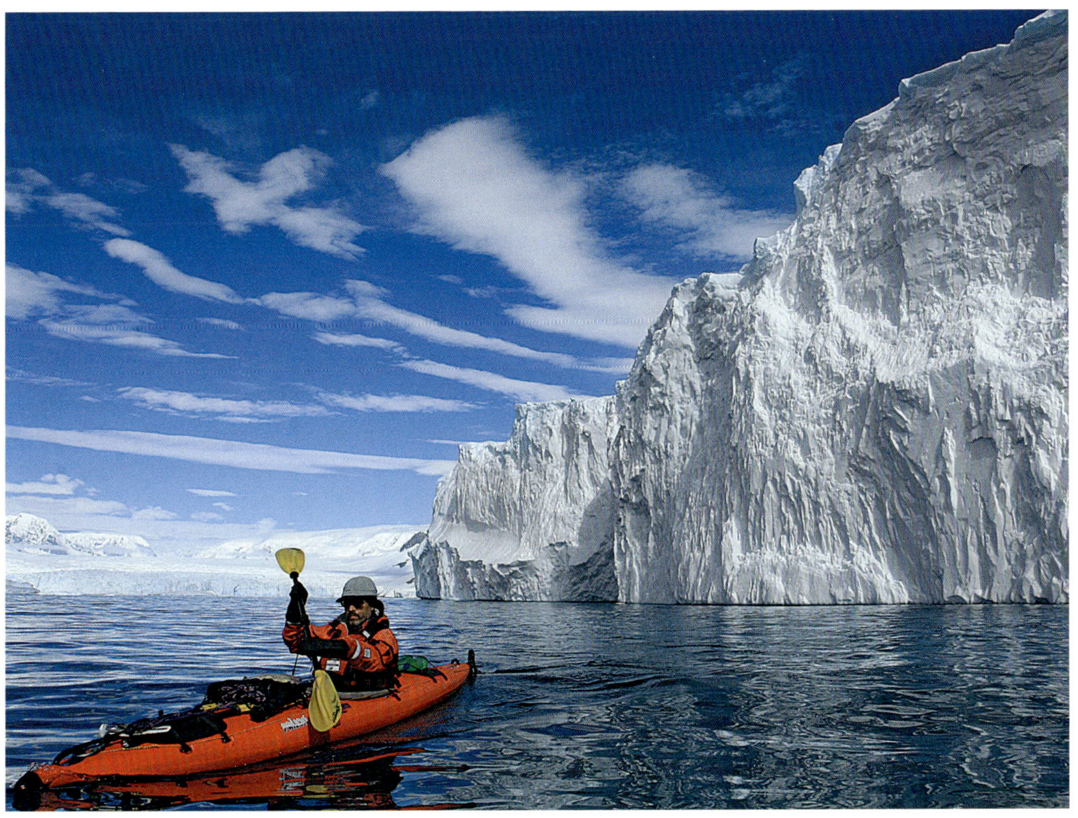

→ EINSTEIGER-TIPP

Werden diese vorbeugenden Maßnahmen nicht berücksichtigt, kommt es zwangsläufig zu Komplikationen. Bereits ab etwa 20 °C Wassertemperatur müssen Vorkehrungen gegen Unterkühlung getroffen werden.

1. Die perfekte Beherrschung der Rolle ist der beste Schutz.
2. Die Daten zu den Überlebenschancen im kalten Wasser zeigen eindeutig, dass ein Trockenanzug in Kombination mit Fleece besonders geeignet für Fahrten bei niedrigen Temperaturen ist.
3. Eine Neopren- oder Fleecekopfhaube mit Ohrenabdeckung sorgt für die richtige Temperatur des Kopfbereiches, der am meisten Wärme abgibt und daher auch die meiste Wärme benötigt.
4. Neoprenhandschuhe helfen, die Wärme in den Händen zu halten. Sie dürfen jedoch keineswegs den Bewegungsspielraum einschränken. Wasserdichte Schuhe oder Neoprensocken bewirken das Gleiche für die Füße.
5. Die Techniken des Wiedereinsteigens werden geübt.
6. Nur in Gemeinschaft paddeln. Eine Dreier-Gruppe ist dabei sicherer als eine Zweier-Gruppe.
7. Sind Sie nicht mehr in der Lage, auf den Kajak hinauf- und hineinzuklettern, werden Sie alle überflüssigen Bewegungen vermeiden.
8. Eine ohnmachtssichere Rettungsweste hält den Gekenterten auch im Erschöpfungszustand in sicherer Lage an der Wasseroberfläche.

FOLGEN DER UNTERKÜHLUNG

Vor den Folgen einer Unterkühlung ist kein Paddler geschützt, egal welche Kleidung er trägt. Wohl aber kann die Bekleidung die drohende Unterkühlung hinauszögern. Man unterscheidet drei Grade der Unterkühlung:

1. Grad (Erregungsstadium)
Der erste Grad der Unterkühlung deutet sich durch Frieren und Muskelzittern an. Außerdem tritt neben Kräfteschwund in den Armen und Beinen auch Verwirrtheit und Desorientierung auf. Die Kerntemperatur im Körper sinkt auf 35 Grad.

2. Grad (Erschöpfungsstadium)
Es tritt Gefühllosigkeit und zunehmende Muskelstarre ein. Der Gekenterte bekommt Krämpfe, wirkt apathisch und schläfrig. Er leidet unter Störungen des Bewusstseins. Die Kerntemperatur liegt zwischen 34 und 30 Grad.

3. Grad (Lähmungsstadium)
Der Gekenterte verliert endgültig das Bewusstsein. Puls und Atmung sind kaum noch feststellbar. Der Pupillenreflex nimmt allmählich ab. Die Kerntemperatur fällt unter 30 Grad. Spätestens bei einer Kerntemperatur von 24 Grad tritt im Allgemeinen der Tod ein.

Der Mensch sorgt durch körperliche Regulation und Kleidung dafür, dass seine Kerntemperatur gleich bleibt. Beim Paddeln können Wasser- und Lufttemperatur sowie der Wind entscheidend dazu beitragen, dass ihm diese Regulation nicht auf Dauer gelingt.

→ EINSTEIGER-TIPP

Ein weiteres Problem stellt die Lufttemperatur in Verbindung mit der Windstärke dar. Beides trägt zur Auskühlung des Paddlers bei, auch wenn er noch nicht gekentert ist. Der dabei auftretende Abkühlungseffekt wird als »Windchill« bezeichnet. Er lässt die Hautfeuchtigkeit schnell verdunsten und entzieht dem Körper Wärme.

→ PROFI-TIPP

Unterkühlungsprobleme können besonders auf windigen und welligen Großgewässern auftreten. Sind die Hände dem kalten Wasser und Wind ausgesetzt, so können sie je nach Verfassung und Empfindlichkeit schon nach einiger Zeit völlig kraftlos werden, auch wenn der Körper durch einen Trockenanzug warmgehalten wird. Paddelpfötchen oder Neoprenhandschuhe bieten einen guten Schutz.

Das Wasser stellt dabei für den Paddler die größte Gefahrenquelle dar. Die Wärmeleitfähigkeit des Wassers und damit die wärmeentziehende Wirkung gegenüber der Luft ist ca. 25-mal größer. Die körpereigene Gegenregulation sorgt aber dafür, dass zunächst der Wärmeverlust nur um 25 bis 50 % größer ist als an der Luft.

KÄLTESCHOCK

Ein Kälteschock kann bei Wassertemperaturen unter 13 °C auftreten. Die Folgen eines Kälteschocks treten unmittelbar nach einer Kenterung auf. Und zwar dann, wenn der Körper relativ ungeschützt mit dem kalten Wasser in Kontakt kommt. Folgende Reaktionen lassen sich dabei unterscheiden:

1. **Unkontrolliert tiefes Luftholen (Gähnen)**
   Unmittelbar nachdem die Haut mit dem kalten Wasser in Berührung kommt, kann es passieren, dass der Gekenterte plötzlich mehrmals unkontrolliert gähnen muss. Befindet er sich in diesem Moment gerade unter Wasser, dringt logischerweise durch diesen Atmungsvorgang Wasser in seine Lungen ein (nasses Gähnen). Er wird handlungsunfähig, fällt kurz danach in Ohnmacht und ertrinkt, wenn die begleitenden Kameraden nicht sofort eingreifen und den gekenterten Kajak auch ohne Mithilfe des Gekenterten aufrichten.

2. **Verlust des Gleichgewichts**
   Das Eindringen von sehr kaltem Wasser in Nase und Ohren kann im ungünstigen Fall zum sofortigen Verlust des Orientierungsvermögens und unter Umständen sogar zur Bewusstlosigkeit führen. Ersteres ist nahezu genauso schlimm, da bei einem Ausfall des Gleichgewichtsgefühls der Gekenterte nicht mehr in der Lage ist, zu eskimotieren bzw. aufzutauchen.

3. **Unkontrolliert schnelles Atmen (Hecheln)**
   Im Normalfall folgt dem Gähnen das Hecheln, wobei der Gekenterte etwa vier- bis fünfmal schneller als sonst üblich atmet. Erst nach etwa fünf Minuten pendelt sich die Atemfrequenz auf etwa die doppelte Normalfrequenz ein. Die besondere Problematik des Hechelns liegt darin, dass die Blutzirkulation gestört wird. Die Folgen sind Schwindel, Verwirrung, Ohnmacht, Kribbeln, einsetzende Taubheit und Krämpfe in den Extremitäten. Ganz abgesehen davon, erhöht sich durch das unkontrolliert schnelle Atmen die Gefahr, dass der Gekenterte Wasser schluckt und unter Umständen handlungsunfähig wird.

4. **Atemnot**
   Statt des Hechelns kann auch Atemlosigkeit eintreten. Und zwar objektiv, was bedeutet, dass der Gekenterte keine Luft holen kann. Oder subjektiv, wenn er das Gefühl hat, zu wenig oder keine Luft zu bekom-

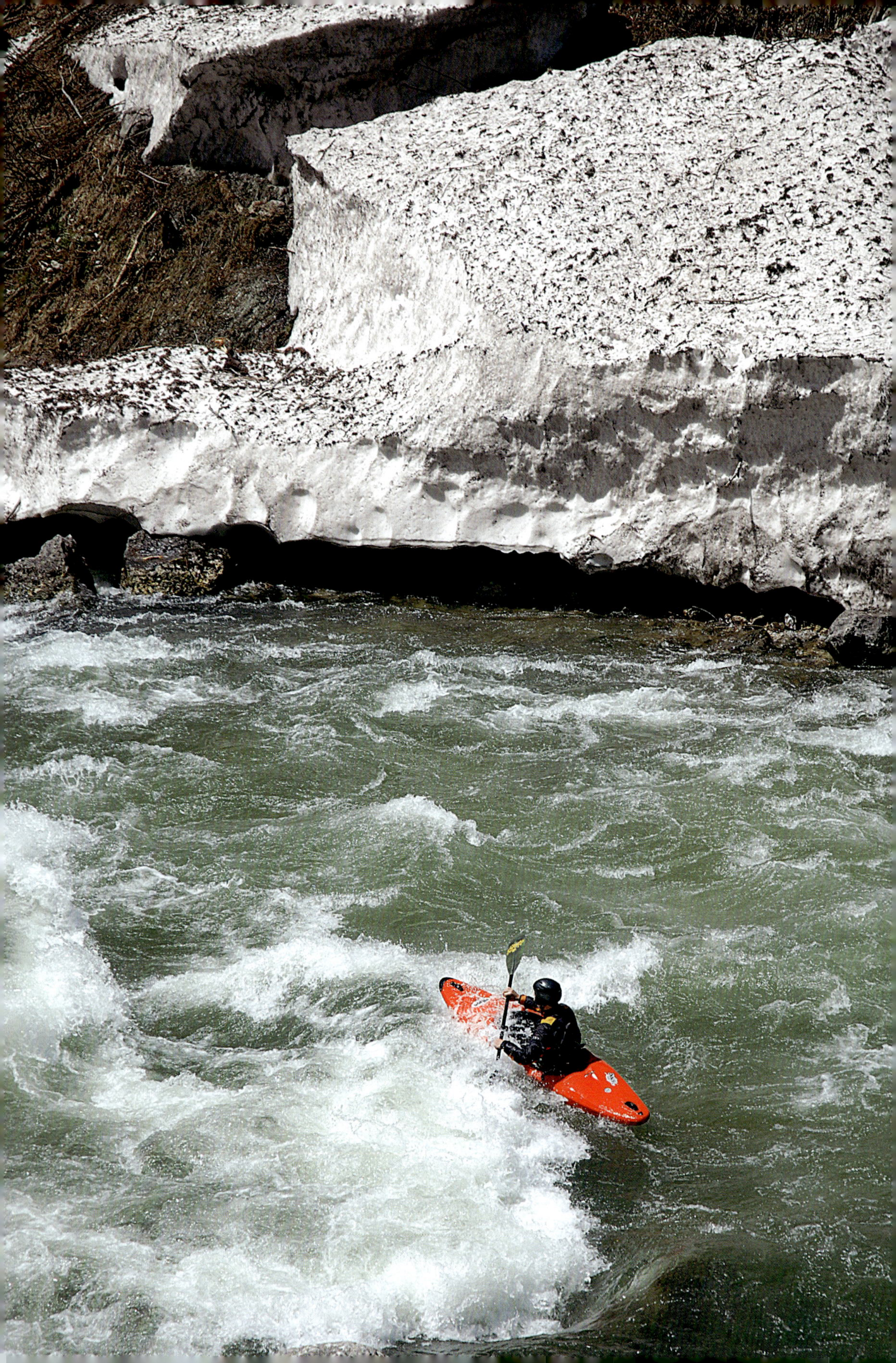

men. Die Atemnot dauert bis zu drei Minuten.

5. Atem anhalten

Studien haben ergeben, dass bei Wassertemperaturen unter 15 °C der Atem nur noch kurz angehalten werden kann. Bei 5–10 °C vermindert sich diese kurze Zeitspanne nochmals deutlich. Die Folge: Gelingt dem Paddler nach einer Kenterung die Eskimorolle nicht sofort, muss er notgedrungen aussteigen.

→ EINSTEIGER-TIPP

Der Gekenterte ist auch hier wieder auf die sofortige Mithilfe seiner Begleiter angewiesen. Hilfe kann aber nur dann rechtzeitig angeboten werden, wenn der Abstand zu den Mitfahrern nicht zu groß ist. Grundsätzlich sollte beim Winterpaddeln der Minimalabstand zu den Mitfahrern auch der Maximalabstand sein.

ERTRINKEN

Beim Ertrinken wird die Sauerstoffversorgung des Körpers unterbrochen. Das Gehirn reagiert auf diese Unterbrechung besonders empfindlich. Bereits nach vier bis fünf Minuten können irreversible Schäden auftreten. Da der Atmungsprozess vom Gehirn gesteuert wird, versagt zuerst die Atmung. Das Herz hingegen wird nicht vom Gehirn gesteuert. Es ist mehr oder weniger autonom und kann daher noch eine ganze Zeit pulsieren, wenn die Atmung bereits ausgesetzt hat.

In der ersten Phase des Ertrinkens schluckt der Betroffene viel Wasser. Dies löst ein Reflex aus, der verhindert, dass Wasser in die Luftröhre gelangt. Trotz Bewusstlosigkeit findet sich kein Wasser in der Lunge. Man nennt dies auch »trockenes Ertrinken«. Wenn dieser Reflex nachlässt oder ganz versagt, dringt Wasser in die Lunge ein.

→ EINSTEIGER-TIPP

Ein anderer Reflex kann durch kaltes Wasser ausgelöst werden. Er verlangsamt den Herzschlag und damit die Blutzirkulation. Die Vitalfunktionen des Körpers werden sozusagen im »Schongang« betrieben. Die Atmung ist flach; der Puls kaum noch zu finden. An Personen in diesem Zustand wurden noch über 30 Minuten nach dem Kentern erfolgreich Maßnahmen der Wiederbelebung durchgeführt. Die Wiederbelebung muss also immer versucht werden, solange der Atemstillstand nicht länger als eine Stunde andauert. Selbstverständlich wird dort, wo es möglich ist, der Notarzt benachrichtigt.

Auf eiskalten Wildbächen droht beim Kentern Unterkühlung.

→ EINSTEIGER-TIPP

Die Wiederbelebung wird von Zeit zu Zeit geübt. Nur wer alle Techniken und Handgriffe der Wiederbelebung problemlos und sicher beherrscht, kann sie auch kompetent anwenden. Es werden laufend Kurse angeboten, in denen unter fachkundiger Anleitung die neuesten Methoden erlernt und aufgefrischt werden.

WIEDERBELEBUNG

Obwohl dieses Thema gern ausgeklammert wird: Jeder hat die Pflicht, sich mit den Methoden der Wiederbelebung an einem Ertrunkenen oder Unterkühlten zu befassen. Auch Sie sollten sich fragen, ob Sie wirklich wissen, was im Ernstfall zu tun ist. Der Tod durch Ertrinken oder Unterkühlung ist bei schneller und sachgemäßer Hilfe vermeidbar.

Bei geborgenen Bewusstlosen werden Sie folgende Punkte routinemäßig durchgehen:

1. Atmung kontrollieren
den Augapfel über den Mund des Verunglückten halten.

2. Pulskontrolle
zwei Finger neben den Kehlkopf an die Halsschlagader legen.

3. Atemwege kontrollieren
Erbrochenes, Zahnersatz usw. wird unbedingt aus der Mundhöhle entfernt.

4. Wiederbelebung vorbereiten
- Gegebenenfalls den Helm lösen.
- Öffnen des Kragens der Paddeljacke.
- Öffnen der Schwimmweste.
- Den Kopf in die Überstreckung drücken.

5. Beatmung
- Die Nase des Verunglückten zudrücken.
- Ihn mit zwei schnellen Atemstößen beatmen.
- Darauf achten, dass sich die Brust hebt.
- Den Puls 10–15 Sekunden lang kontrollieren.
- Ist kein Puls feststellbar, folgt die Herzmassage.

6. Herzmassage
- Das Brustbein ertasten.
- Die Hände übereinander legen und die Arme gestreckt halten.
- Den Brustkorb kurz um 4–5 cm zusammendrücken.
- Für eine Sekunde entspannen.
- Insgesamt 30-mal wiederholen.
- Danach erfolgt wieder zweimal die Mund-zu-Mund-Beatmung.

Beatmung mit zwei schnellen Atemstößen.

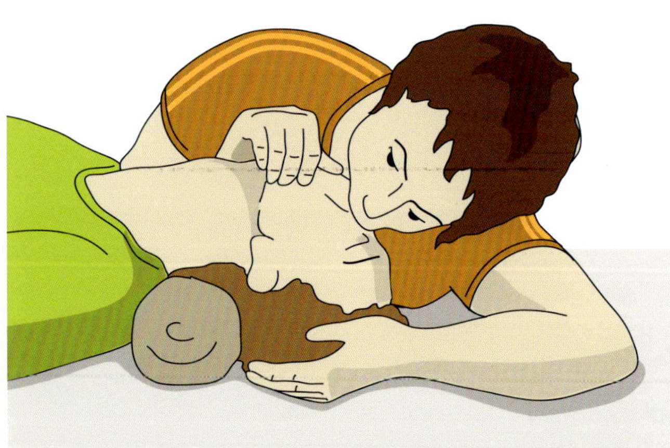

Die Herzmassage wird 30-mal wiederholt.

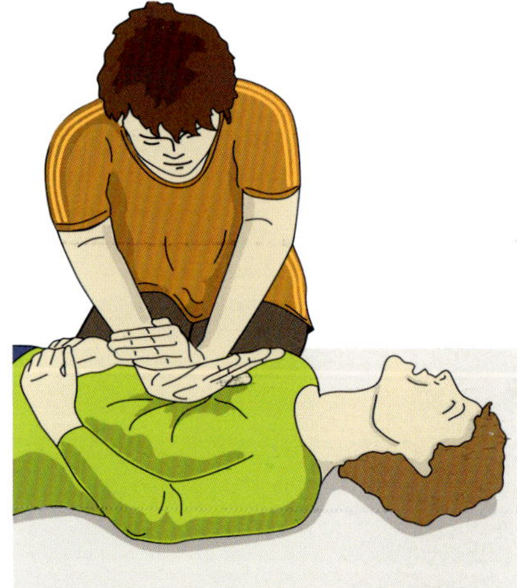

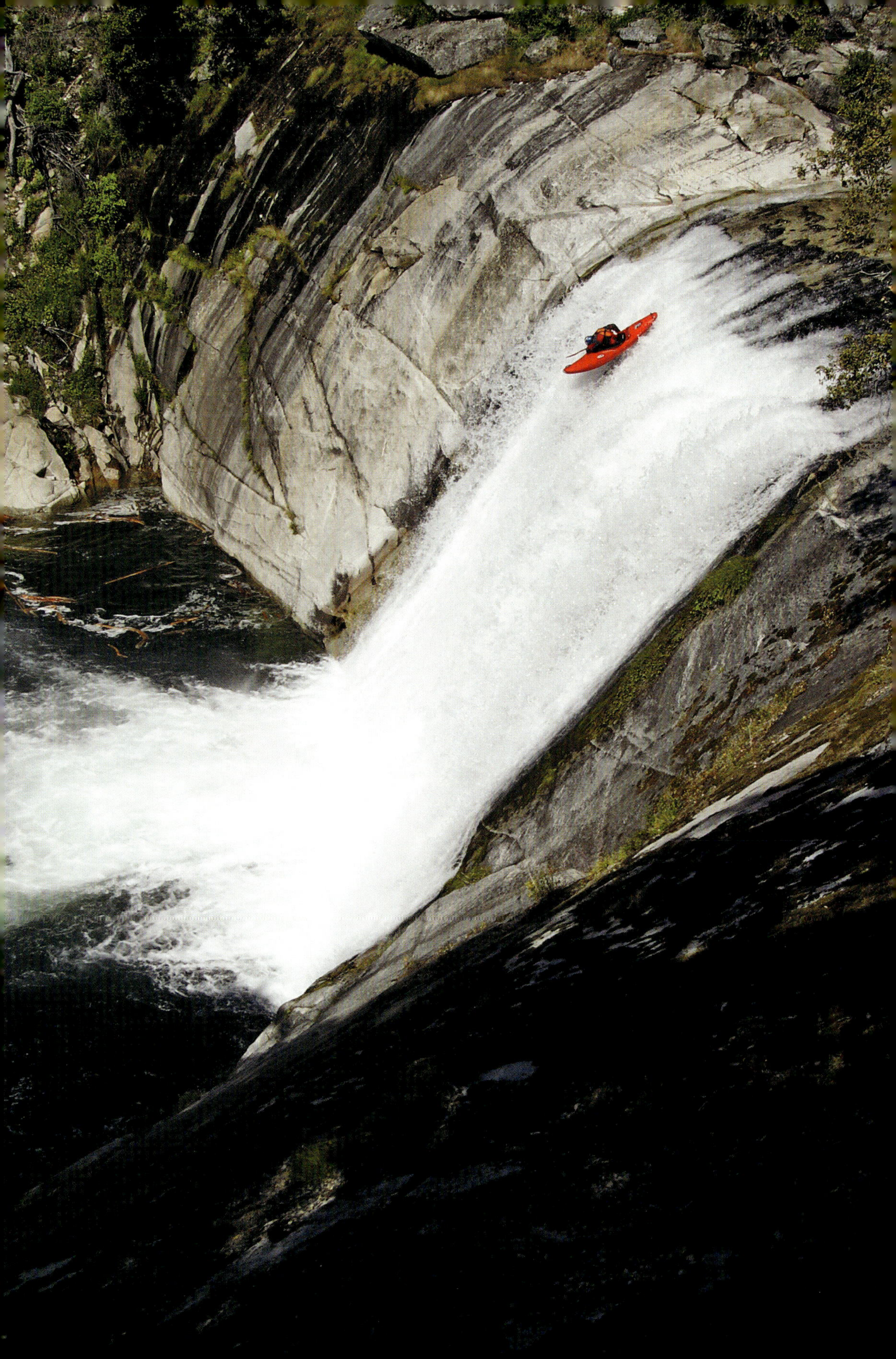

4

KAJAK-WANDERN

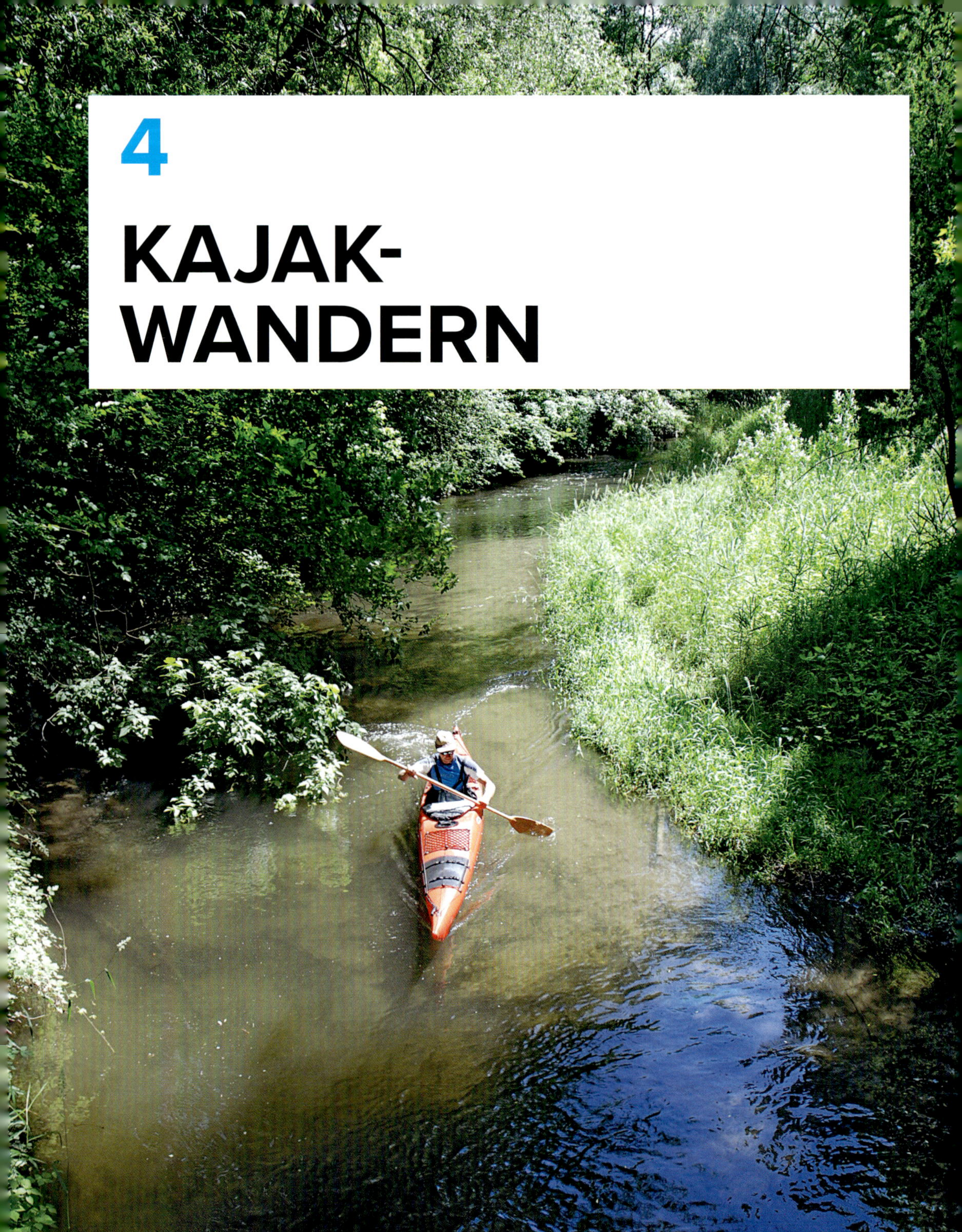

KAJAKFAHREN – WASSERWANDERN

Im Kajak auf Wasser wandern – eine völlig neue, faszinierende Erfahrung. Als Einsteiger sind Sie zunächst auf Zahmwasser unterwegs. Dies sind stehende Gewässer wie Teiche und Seen, aber auch kleinere und größere fließende Gewässer mit einer Strömungsgeschwindigkeit von etwa 5 km/h. Während stehende und sehr langsam fließende Gewässer die idealen Lernorte für Einsteiger sind, können schneller fließende Gewässer hohe Anforderungen an Kajakfahrer stellen. Buhnen und Molen mit ihren Kehrwassern, Uferbefestigungen und Brückenpfeiler stellen ernst zu nehmende Hindernisse dar. Hinzu kommen möglicherweise starker Wind, hoher Wellengang oder Schiffsverkehr. Unter diesen Bedingungen wird man keinen Anfänger mit gutem Gewissen ins Boot setzen können. Hier ist bereits ein gewisses Maß an Kenntnissen und Fertigkeiten im Umgang mit Kajak und Doppelpaddel erforderlich.

PADDELN PLANEN

Auf dem Rücken eines breiten Stromes dahintreiben, einen lauschigen Kleinfluss befahren, Binnenbummeln auf abgelegenen Seen – Gefühle und Vorstellungen von Fernweh, Abenteuer- und Reiselust werden wach. Doch wann immer Sie sich der Natur anvertrauen: Jederzeit sollten Sie mit unvorhergesehenen, vielleicht sogar gefährlichen Situationen rechnen. Ein gewisses Maß an Planung muss daher jeder Paddeltour vorausgehen. Hierzu stehen insbesondere Flussführer und spezielle Gewässerkarten in reicher Auswahl zur Verfügung. Diese geben Hinweise auf

- unübersichtliche und schwierige Flussstrecken,
- befahrbare und unbefahrbare Wehre,
- Kraftwerke und Stauanlagen,
- militärische Anlagen und Sperrzonen,
- ökologisch bedingte Regeln zum Befahren,
- Verkehrsverbindungen, Zeltplätze und Einkaufsmöglichkeiten.

Die Natur mit Ruhe erkunden – das ist Kajak-Wandern.

KINDER IM KAJAK

Ein kindgemäß kurzes Paddel und ein möglichst leichtes und kurzes Boot erleichtern Kindern den spielerischen Einstieg in das Kajakfahren. Komplizierte Technikbeschreibungen sind nicht gefragt – Ausprobieren ist das Motto. Und das am besten an einem schönen warmen See oder im Schwimmbad.

Spielen und nochmals spielen – so macht es Kajakkindern am meisten Spaß. Das Gleichgewichtsgefühl entwickelt sich dann wie von selbst. Zunächst alles ohne Spritzdecke – die wirkt anfangs nur hinderlich. Mit Tauchspielen in die Sitzluke des Bootes (Kajak kopfüber auf dem Wasser) beginnen als U-Boot-Kapitän möglicherweise die ersten aufregenden Lernerfahrungen.

→ EINSTEIGER-TIPP

Gewässer sind lebendig und ändern sich im Lauf der Zeit. Insofern sind Bücher und Karten immer nur über einen begrenzten Zeitraum aktuell. Sie sollten daher generell nicht wortwörtlich genau befolgt werden. Plötzliche Veränderungen durch Straßenbau, Einbauten, Hochwasser, Unterspülungen, querliegende Baumstämme, niedrige Brücken und Stege werden schnell zur Gefahr.

→ PROFI-TIPP

Schließen Sie sich als Anfänger möglichst erfahrenen Paddlern an.

→ EXTRA-TIPP

Die App »Canoa« des Deutschen Kanu-Verbands ist immer aktuell und unterstützt die Planung.

→ **EINSTEIGER-TIPP**
Kinder sind gern unter Kindern. Daher sind Kinderkurse in Vereinen und Kanuschulen so beliebt. In diesen Gruppen entsteht unter kompetenter Führung schnell ein anregendes Lernklima. Miteinander Spaß haben, Abenteuer erleben und sich gegenseitig helfen – dann ist Kajakfahren die Sportart Nummer eins für Kinder.

Der Indianer fährt seinen Kajak im Knien, der Trapper baut aus zwei Booten ein Floß. Der Experimentierfreudigkeit sind keine Grenzen gesetzt.

Wenn Kinder mit solch elementaren Dingen vertraut sind, fällt es auch leicht, mit der geschlossenen Spritzdecke zu kentern, diese ohne Panikattacke zu lösen und in aller Gemütsruhe unter Wasser auszusteigen. Mit Schwimmbrille, Nasenklammer und Ohrstöpseln wird es noch leichter.

Fühlen Kinder sich im Kajak sicher und beherrschen die grundlegenden Schläge, kann der erste Ausflug mit dem Kajak starten. Hier lautet die wichtigste Formel: Kind + Kajak = Schwimmweste. Empfehlenswert sind Westen mit Beinschlaufen oder eine ohnmachtssichere Kragenweste.

TREIDELN, TRAGEN, ROLLEN

Bei Fahrten auf kleineren, manchmal aber auch auf größeren Flüssen, lässt sich es sich nicht umgehen, dass Sie auf manchen Strecken das Boot treideln oder ganz ausheben müssen. Bei

Kinder lernen am liebsten spielend Kajakfahren.

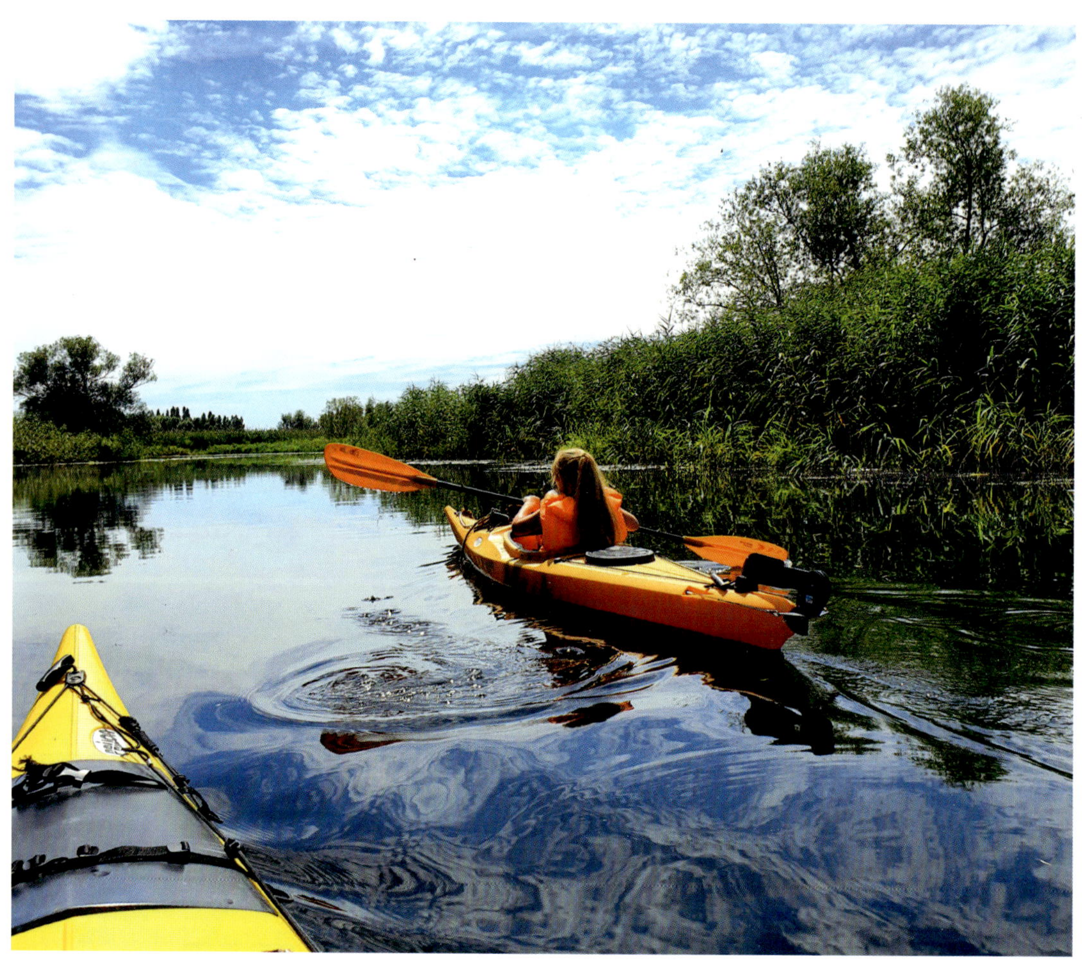

→ EINSTEIGER-TIPP

An unbefahrbaren Wehren und anderen künstlichen Hindernissen werden Sie den Kajak gelegentlich umtragen. Sind Sie zu zweit, ist das kein Problem. Allein kann es mühsam werden. Praktisch ist ein spezieller Bootswagen, der zusammenklappbar ist und mühelos im oder auf dem Boot verstaut werden kann. Solange Sie auf Straßen oder Wegen unterwegs sind, erweisen Bootswagen gute Dienste. In pfadloser Wildnis sind sie allerdings unnützer Ballast.

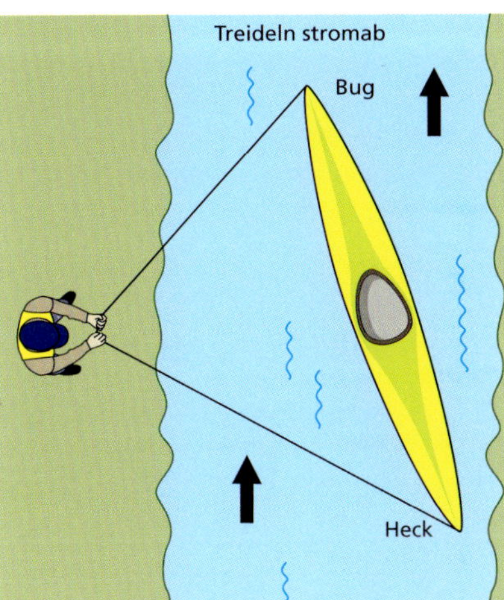

Beim Treideln stromab zeigt der Bug zum eigenen Ufer.

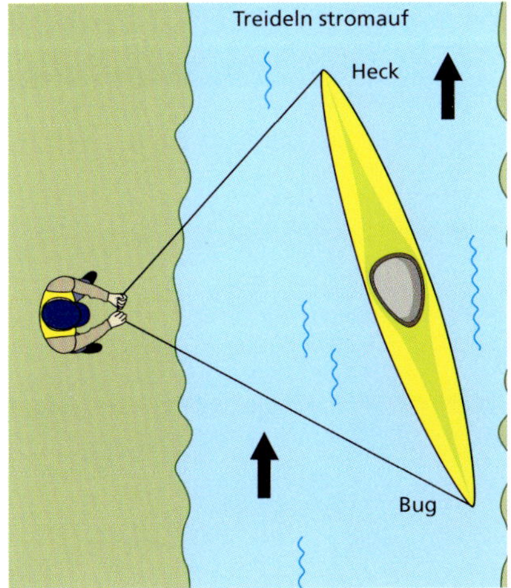

Beim Treideln stromauf zeigt der Bug zum jenseitigen Ufer.

gutem Wetter kein Problem und eine willkommene Abwechslung. Wenn es hingegen regnet, steigen Sie nur ungern aus dem trockenen und warmen Kajak aus. Getreidelt wird bei niedrigem Wasserstand, an schwierigen Teilstrecken oder bei starkem Gegenstrom.

Solange Sie das Boot im flachen Wasser hinter sich herziehen können, ist Treideln eine willkommene Abwechslung. Zum Treideln vom Ufer aus benötigen Sie allerdings etwa 30 m dünnes Seil. Die Enden werden an Bug und Heck festgeknotet. Dabei steuert stromab bei langsam fließendem Wasser die Heckleine die Geschwindigkeit des Kajaks, während mit der Bugleine der Abstand zum Ufer ausgesteuert wird. Fließt das Wasser schneller, als Sie treideln, wird genau umgekehrt verfahren.

→ EINSTEIGER-TIPP

Gelegentlich werden Wehranlagen mit Bootsgassen versehen, um Paddlern und Ruderern das beschwerliche Umtragen zu ersparen. Mit dem über eine Schräge fließenden Wasser schießt das Boot ins Unterwasser. Das Befahren dieser Bootsgassen ist eine spritzige, nahezu gefahrlose Unternehmung.

WEHRE, SCHLEUSEN, BOOTSGASSEN

In unseren Regionen dient der überwiegende Teil unserer Gewässer in erster Linie wasserwirtschaftlichen Zwecken. In Wehranlagen wird das Wasser aufgestaut, um das Gefälle zu vermindern, zur Energiegewinnung, zur Anhebung des Grundwasserspiegels. Wehre zu befahren beinhaltet immer ein Risiko. Im Zweifelsfall tragen Sie um! Nur sehr erfahrene Kanuten können präzise einschätzen, unter welchen Umständen ein Wehr sicher befahren werden kann. In Verbindung mit Schleusen erfüllen Wehranlagen auf größeren Flüssen außerdem den Zweck, den Verkehr der Berufsschifffahrt reibungslos ablaufen zu lassen. Das natürliche Gefälle wird so überwunden und eine Mindestwassertiefe wird gewährleistet. Wo solche Schleusen zur Mitbenutzung durch die Sportschifffahrt ausgelegt sind, wird der Wanderfahrer gegen eine geringe Gebühr oder gratis geschleust.

Schleusen können mit dem Bootswagen umfahren werden.

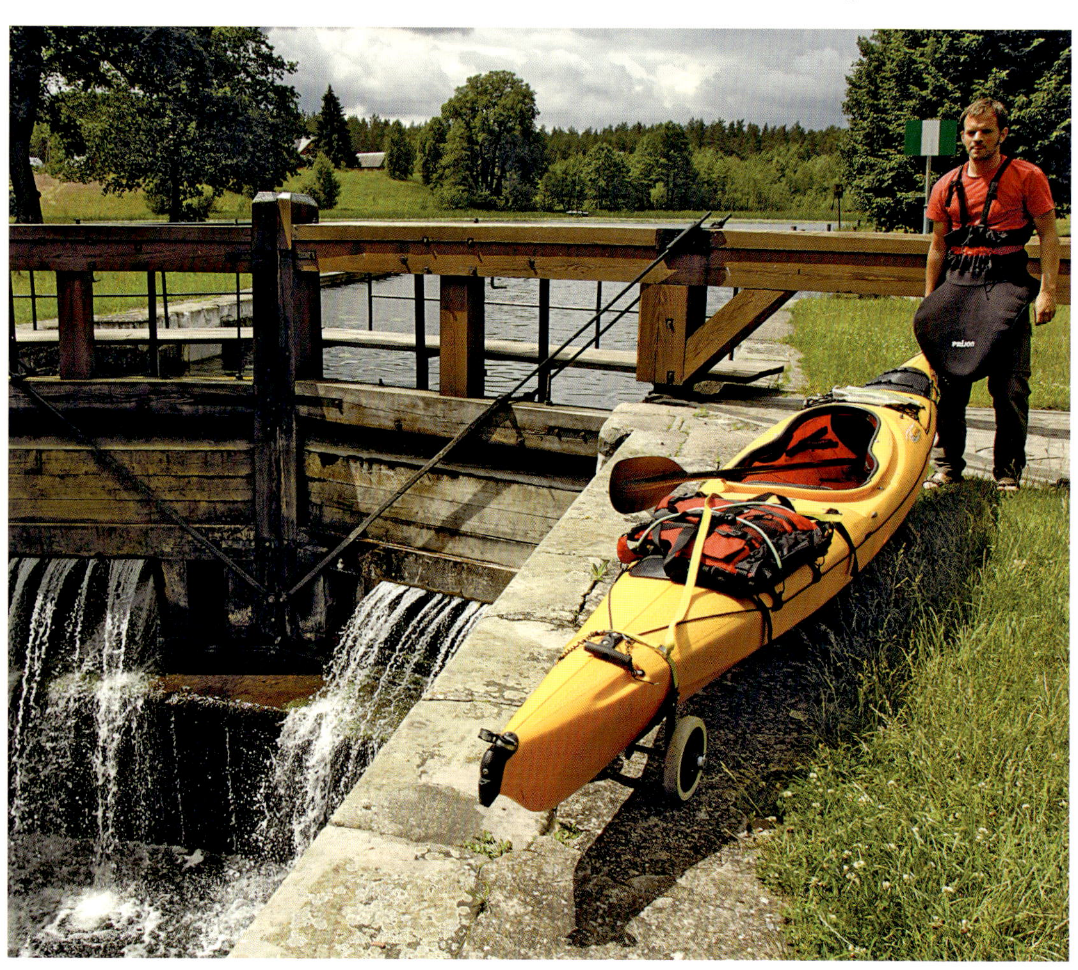

BESCHILDERUNG AUF SCHIFFFAHRTSSTRASSEN

Zeichen	Bedeutung
	Festmachen verboten
12	Geschwindigkeitsbeschränkung (hier auf 12 km/h)
	Achtung! Vorsicht!
	1. Geschwindigkeit vermindern 2. Schädlichen Sog und Wellenschlag vermeiden
	Nicht frei fahrende Fähre
	Gebot, die angezeigte Richtung einzuschlagen
	Durchfahrt verboten
	Durchfahrt frei
	Gesperrte Wasserfläche oder Einfahrt (gilt nicht für Boote ohne Motor)
	Wenn das rote Licht brennt, ist die Einfahrt in einen Hafen oder eine Nebenwasserstraße verboten
	Begrenzte Fahrwassertiefe

Zeichen	Bedeutung
	Empfehlung, in diese Richtung zu fahren
40	40 m Abstand vom Standort der Tafel halten
	Ankern erlaubt
	Ankerverbot
	Ende eines Verbots oder Gebots oder Aufhebung einer Einschränkung
P	Liegeerlaubnis
P	Liegeverbot
	Empfohlene Durchfahrt Gegenverkehr
oder	Empfohlene Durchfahrt Kein Gegenverkehr
	Durchfahrt außerhalb der weißen Markierungen verboten
	Wasserflächen im Fahrwasser, auf denen Wassermotorradfahren und Wasserskilaufen erlaubt ist (entsprechend Wassermotorräder- und Wasserski-Verordnung).

→ **EINSTEIGER-TIPP**
Müssen Sie die Fahrrinne ausnahmsweise einmal queren, paddeln Sie auf der kürzesten Strecke zur anderen Seite. Große talfahrende Schiffe nähern sich manchmal schneller als gedacht. Wer in der Fahrrinne unterwegs ist, wird daran denken, dass Paddelboote unter bestimmten Verhältnissen nur schwer oder gar nicht vom Schiffsführer auszumachen sind. Bei großen Schiffen kann der tote Winkel bis zu 400 m vor dem Bug betragen.

→ **EXTRA-TIPP**
Für ein Stück Wildwasser sorgen in Ufernähe Buhnen und Kribben. Je nach Strömung entsteht hier ein mehr oder weniger ausgeprägtes Kehrwasser mit den damit verbundenen Wirbeln (siehe: Ein- und Ausschwingen im Kehrwasser).

AUF GROSSEN FLÜSSEN UND SEEN

Solange Sie auf kleinen Bächen und Seen unterwegs sind, werden Ihnen kaum andere Wasserfahrzeuge in die Quere kommen. Anders verhält es sich auf großen Strömen, Flüssen, Kanälen oder Binnenseen mit Schiffsverkehr. Hier müssen Sie sich nach der Binnenschifffahrtsstraßenordnung richten. Grundregel: Die Berufsschifffahrt genießt Vorrang vor der Sportschifffahrt. Lassen es die Verhältnisse zu, halten Sie sich möglichst außerhalb der Fahrrinne der Berufsschifffahrt. Obwohl es für Könner besonders reizvoll ist: »Wellenfahren« oder »Sogfahren« kann gefährlich werden. Die Wasserschutzpolizei reagiert auf diese Dinge ausgesprochen sauer und scheut sich auch nicht, saftige Bußgelder zu verhängen. In der Tat gibt es makabere Beispiele von gekenterten Paddlern oder Schwimmern, die in die Schiffsschraube gerieten. Die Sogwirkung, insbesondere bei großen Schubschiffen, ist enorm.

Große Seen sind faszinierende Kanureviere.

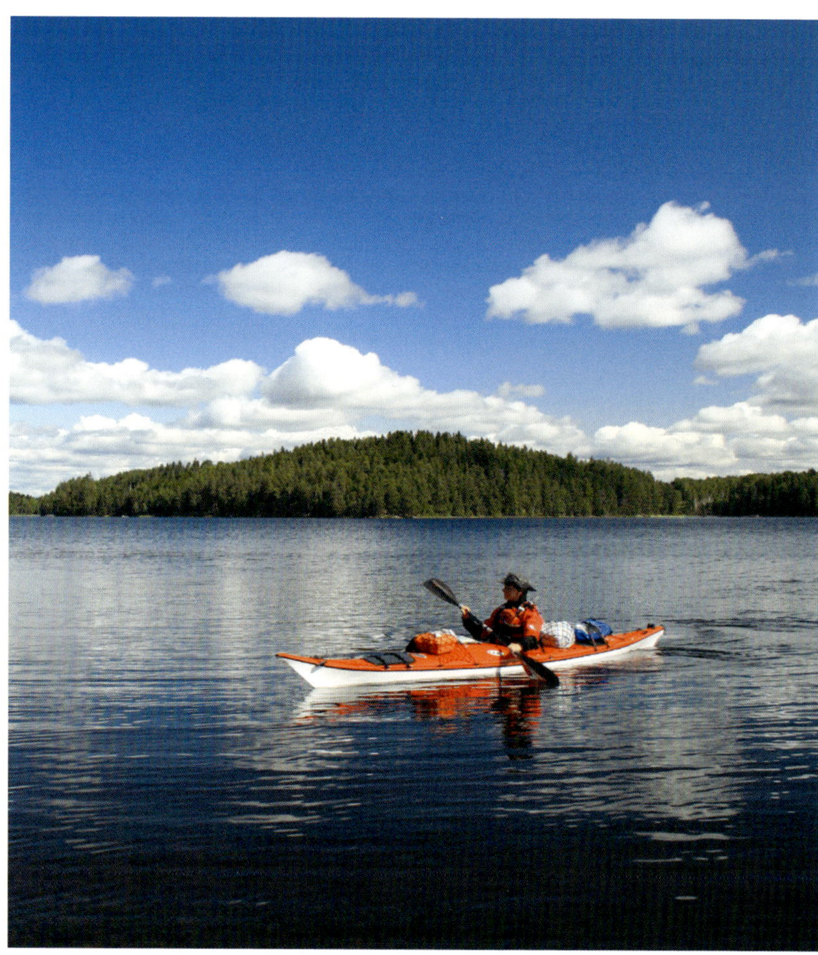

→ **EINSTEIGER-TIPP**
Vor Brückendurchfahrten mit Wellenbildung Spritzdecke früh genug schließen, den Kajak auf Kurs bringen und zügig zwischen den Pfeilern durchfahren. Schnelligkeit bedeutet an solchen Stellen Sicherheit.

BRÜCKEN, BAGGER UND FÄHREN

Für Paddler sind Brücken nicht nur Verbindungen von einem Ufer zum anderen. Oft stellen sie auch Start- oder Zielpunkt einer Kajaktour dar. In der Nähe von Brücken finden Sie in aller Regel geeignete Ein- oder Ausbootplätze. Brückenpfeiler allerdings können sehr unangenehm werden. Nämlich immer dann, wenn sie mitten im Stromzug liegen. Dann heißt es: frühzeitig den Kurs einrichten und Abstand halten. Wenn Brückenpfeiler eng beieinander stehen, bilden sich hinter den Durchfahrten oft Stromzungen mit ausgeprägten Kehrwassern, Wellen und Strudeln.

Brücken sind oft Start- oder Zielpunkt einer Kajaktour.

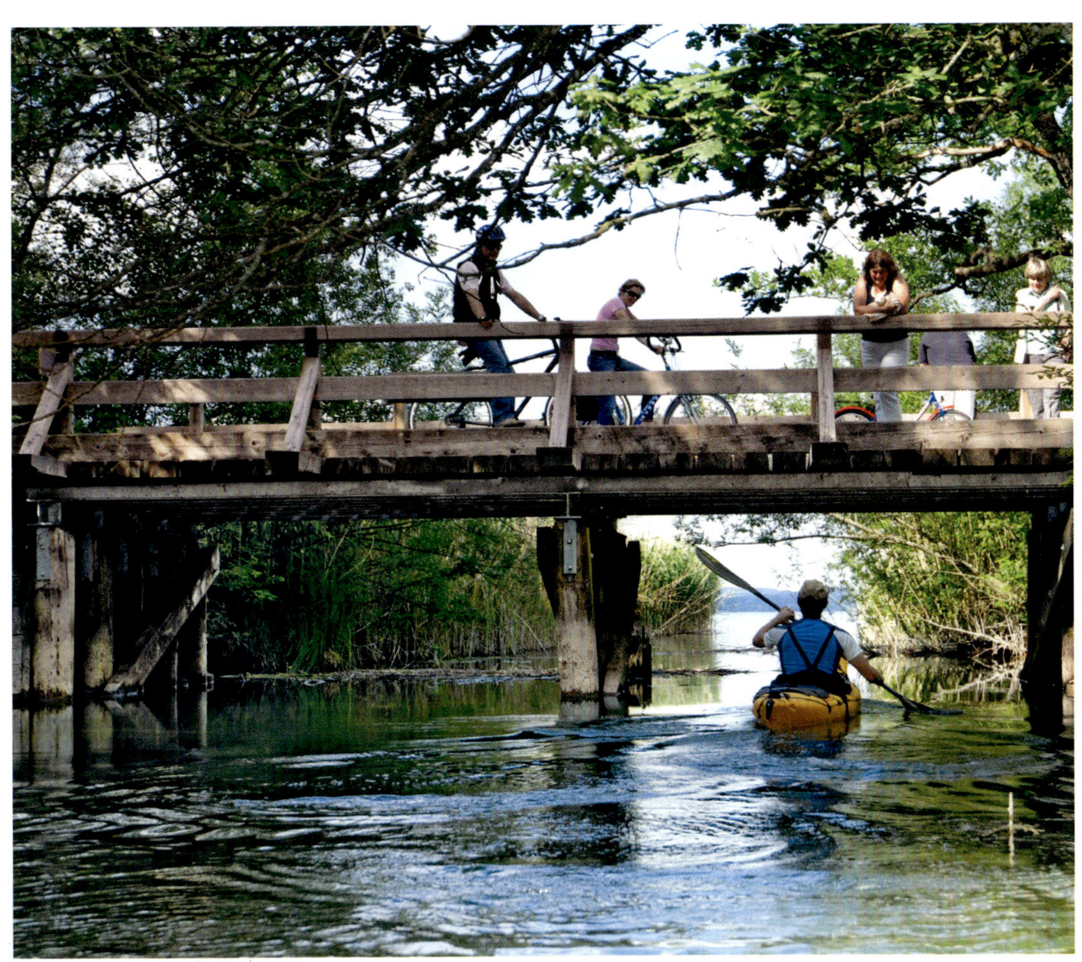

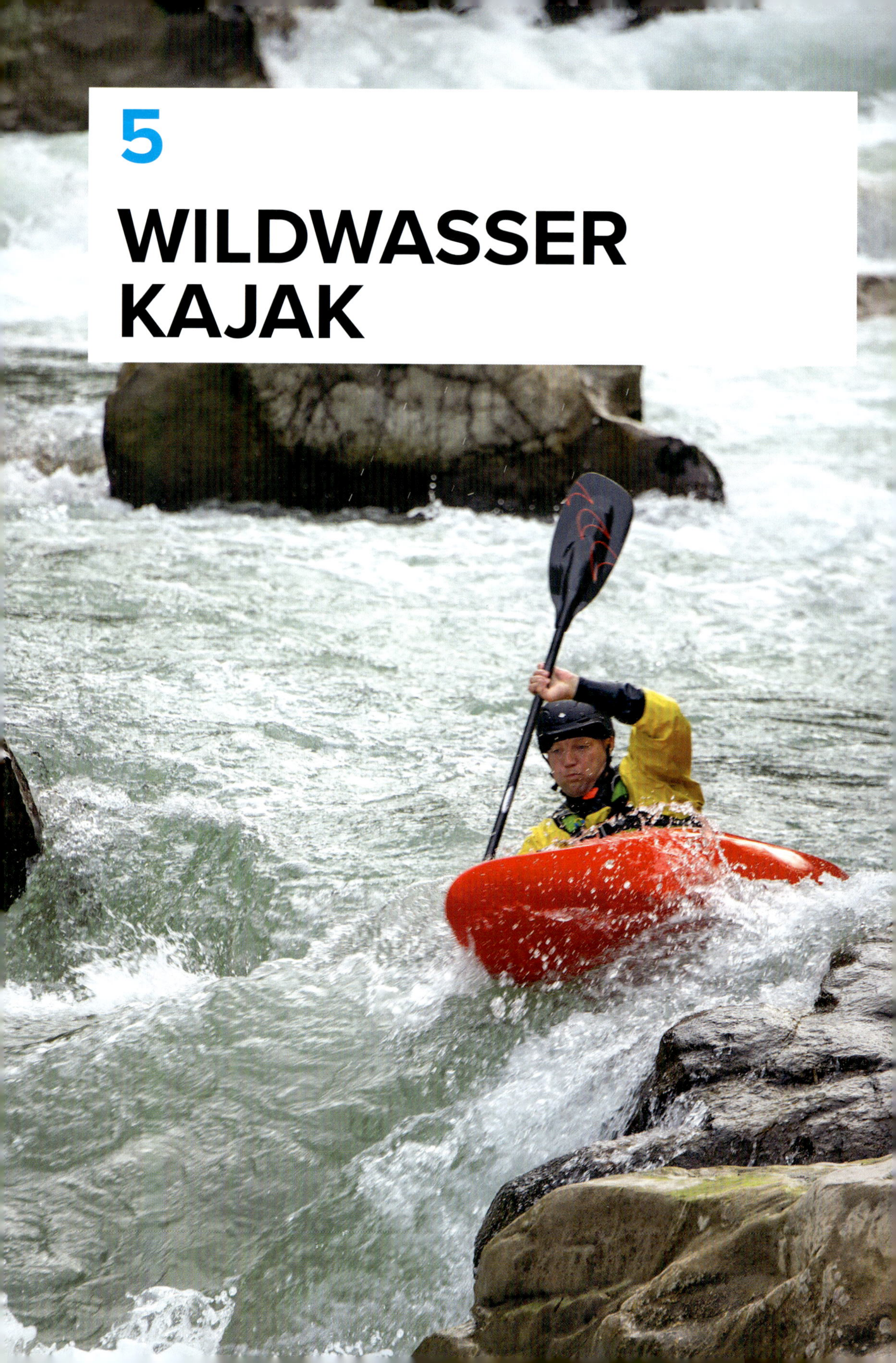

5

WILDWASSER KAJAK

EINFÜHRUNG

AUF WILDEN WASSERN

Wie ist der Wasserstand? Wo liegen Felsen in der Strömung? Wie ist diese Walze zu überwinden? Erreiche ich das Kehrwasser rechtzeitig vor dem Katarakt? Fragen über Fragen. Das Erscheinungsbild eines Wildflusses ergibt sich aus einer Reihe von geologischen Einflüssen. Ebenso spielen klimatische Einflüsse wie mäßiger oder starker Niederschlag eine Rolle.

Wildwasser lassen sich aus der Sicht des Paddlers grundsätzlich in drei Gruppen aufteilen. Breite und tiefe Flüsse, die große Wassermassen transportieren, sind von enormer Kraft. Gelegentlich werden sie auch unter der Kategorie »Wuchtwasser« genannt. Das Flussbett ist offen. Sie sind meist ganzjährig zu befahren. Der Inn im Bereich der Imster Schlucht ist so ein wuchtiger Bach, der Colorado im Grand Canyon sicher der Inbegriff. Die Wellen im Schwall sind weitaus größer als der Paddler, die Kehrwasser kochen unter dem Ansturm der zu Tal stürzenden Wassermassen. Erinnern Sie sich: Ein Kubikmeter Wasser entspricht einem Gewicht von einer Tonne. Auf großen Flüssen sind Hunderte und Tausende von Kubikmetern pro Sekunde unterwegs. Für den Fahrer geht es darum, die großen Walzen zu vermeiden, die explodierenden Wellen zu parieren.

Im Grand Canyon pulsiert das Wasser in den Stromschnellen (l). Unterwegs auf dem Wuchtwasser des Colorado.

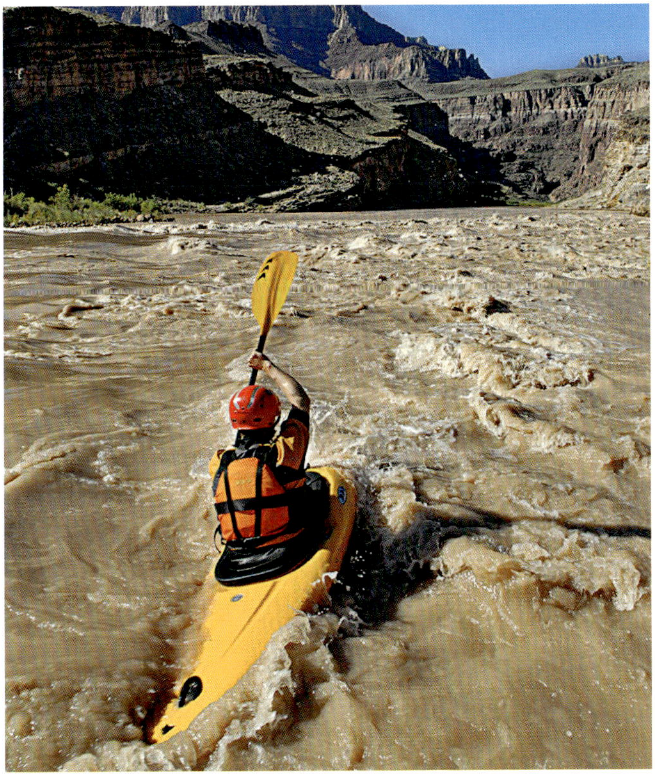

Der überwiegende Teil des Wildwasserfahrens findet allerdings auf kleineren Bächen mit weniger Wasserwucht statt. In den europäischen Mittelgebirgen und in den Tälern der Alpen finden Sie ein breites Angebot von Flüssen mit unterschiedlichem Gefälle und Schwierigkeitsgrad. Bedingt durch das beengte Flussbett, sind diese Bäche meist verblockt und reißend. Wellen, Wirbel und Walzen wechseln sich ab. Der Fahrer steht ständig unter Spannung.

Blitzschnelles Einschätzen der Situation und entsprechendes Reagieren ist angesagt. Eine ausgefeilte Technik ist hilfreich. Der Wasserstand dieser Flüsse wechselt rapide, weil das Wasser wegen des ausgeprägten Gefälles sehr schnell abfließt. Frühling, Herbst und Winter sind die bevorzugten Jahreszeiten zum Befahren solcher Bäche.

Gletscherbäche sind die dritte Kategorie. Sie eignen sich im Sommer hervorragend zum Wildwasserfahren, weil die Wasserverhältnisse dann günstig und konstant sind. Der Wasserstand ist am besten, wenn die Sonne heiß auf den Gletscher und die umliegenden Firnfelder hinunterscheint, Schnee und Eis schmelzend. Die Ötztaler Ache ist wohl ein Paradebeispiel für einen solchen Gletscherbach. Hier mischen sich die Kriterien des Wuchtwassers mit technischen Anforderungen. Ein zu hoher Wasserstand hat dann schnell die Unbefahrbarkeit des Flusses zur Folge.

SCHWIERIGKEITSGRADE

Zur Bewertung der Schwierigkeiten von Flüssen hat sich ein Maßstab herausgebildet. Die von der ICF (International Canoe Federation) herausgegebene Bewertungsskala unterteilt Wildwasser in sechs Kategorien. Diese Kategorien basieren in erster Linie auf der Erkennbarkeit der Durchfahrt sowie auf wasser- und geländebedingten Hindernissen wie Wellen und Walzen, Blockstrecken und Stufen.

WILDWASSER I
LEICHT

Das Wasser fließt mit regelmäßigem Stromzug, es treten nur einfache Hindernisse auf.

WILDWASSER II
MÄSSIG SCHWIERIG

Die Route weist eine freie Durchfahrt auf. Gelegentlich befinden sich einfache Hindernisse im Stromzug. Schwache Walzen, kleine Schwalle sind vorhanden.

WILDWASSER III
SCHWIERIG

Ein bestimmter Weg muss gefahren werden. Die Durchfahrten sind übersichtlich und vom Boot aus zu erkennen. Die Wellen können hoch und unregelmäßig sein. Einzelne Blöcke und kleinere Stufen sind vorhanden. Größere Walzen sind zu erwarten.

WILDWASSER IV
SEHR SCHWIERIG

Die Durchfahrten sind oft nur vom Ufer aus erkennbar. Generell ist eine vorherige Erkundung zu empfehlen. Schwalle, Walzen, Prallwasser und Stufen wechseln sich ab. Der Fahrer agiert ständig, um im richtigen Fahrwasser zu bleiben.

WILDWASSER V
ÄUSSERST SCHWIERIG

Eine Erkundung ist unerlässlich, die Routenführung unübersichtlich. Hohe Stufen mit kräftigem Rücklauf, Katarakte, enge Ein- und Ausfahrten kennzeichnen diese Kategorie. Nur für eingespielte Teams mit entsprechender Erfahrung.

WILDWASSER VI
GRENZE DER BEFAHRBARKEIT

Nur bei günstigem Wasserstand befahrbar, im Allgemeinen jedoch unmöglich. Da jeder noch so kleine Fahrfehler unabsehbare Folgen nach sich zieht, ist ein Befahren mit hohem Risiko verbunden.

➔ EINSTEIGER-TIPP

Dieser Maßstab bezieht sich nicht auf den Könnenstand von Anfängern, sondern gilt für halbwegs versierte Wildwasserfahrer.

➔ PROFI-TIPP

Weil die Schwierigkeiten eines Wildbaches ganz erheblich vom jeweiligen Wasserstand abhängen, geben gute Flussbeschreibungen auch einen Bezugspunkt für den Wasserstand (Pegel) an. Es heißt dann z. B.: Untere Ötz, Pegel Tumpen, Mittelwasser (MW) 140 cm.

DAS GEFÄLLE

Das Gefälle eines Wildflusses wird in Promille (‰) gemessen. Auf 1000 m Flusslänge entspricht 1 ‰ genau 1 m Gefälle. Faustregel: Je mehr Gefälle ein Fluss aufweist, umso schwieriger ist er zu befahren. Auf den im Boot sitzenden Fahrer wirkt sich das Gefälle auch auf das Auffinden der optimalen Fahrspur aus: Bei einer Blickhöhe von nur 80 cm über dem Wasserspiegel verdeckt fast jedes Hindernis (in aller Regel sind das Felsblöcke) den Blick auf den weiteren Streckenverlauf. Aussteigen und Erkunden sind dann Pflichtübungen. Weniger steile Flüsse weisen 5–10, steile Flüsse 10–40 und sehr steile 40–80 ‰ Gefälle auf.

AUF DEM WILDFLUSS

IM TEAM UNTERWEGS

Die qualifizierte Führung einer Gruppe auf Wildwasser ist ein erstrangiger Sicherheitsfaktor beim Wildwasserfahren. Ähnlich wie bei Bergtouren kommt dem Führer bei Wildwassertouren eine besondere Verantwortung zu. Er sollte die Schwierigkeiten des Flusses und das Können der weiteren Gruppenmitglieder so einschätzen können, dass beides miteinander im Einklang steht. Erwachsene tragen gegenüber Minderjährigen eine besondere Führungsverantwortung. Weitgehend unbekannt ist, dass Führende auch bei nichtkommerziellen

Im Team auf dem Wildbach sicher unterwegs.

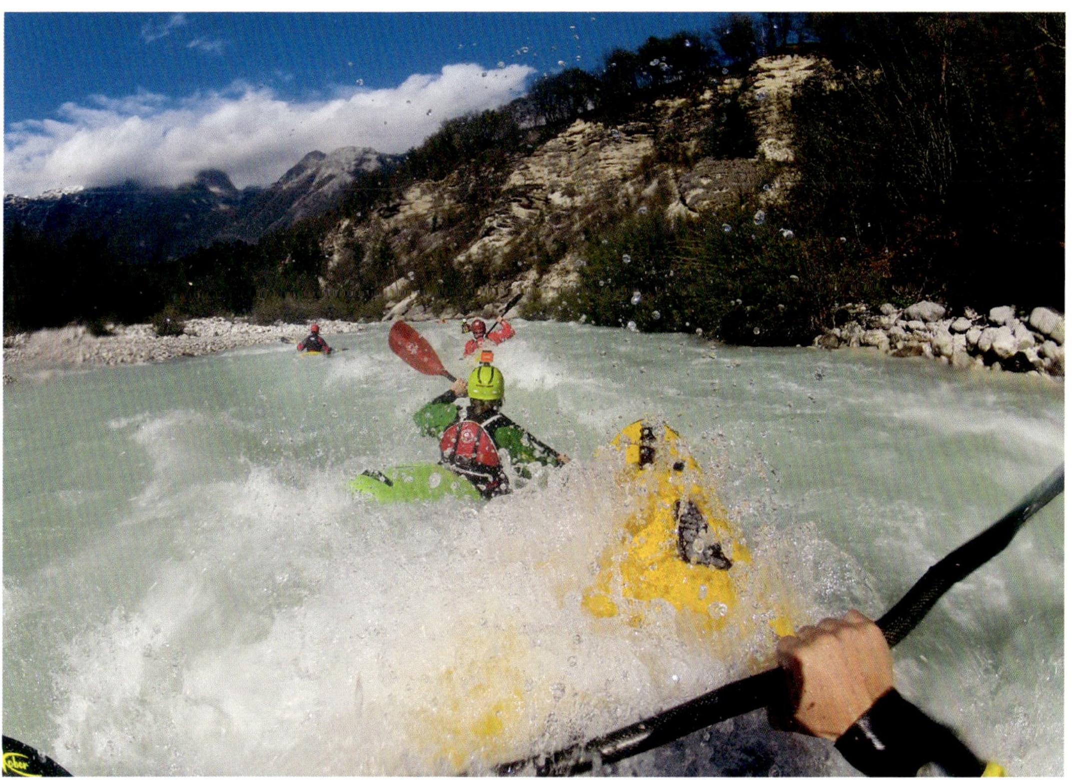

➔ EINSTEIGER-TIPP

Auch eine ausgewogene Gruppe guter Paddler wird einen Wildfluss sicherer und mit mehr Genuss befahren können, wenn sie von einem kompetenten Führer geleitet wird. Dieser Führer muss nicht zwangsläufig alles anordnen. Er kann seine Entscheidungen durchaus mit der Gruppe besprechen und einen gemeinsamen Beschluss herbeiführen. An schwierigen Stellen wird er die Streckenvorfahrt übernehmen; anschließend sichert er die folgenden Fahrer.

➔ PROFI-TIPP

Der Letzte der Gruppe ist immer besonders erfahren. Oft befindet er sich in Situationen, in denen er keinen Blickkontakt zu den vorausfahrenden Gruppenmitgliedern hat. Gerät er in ernste Schwierigkeiten, würde viel Zeit vergehen, bis ihm die anderen zu Hilfe kommen.

Touren gegenüber weniger erfahrenen Gruppenmitgliedern Verantwortung tragen und auch rechtlich haftbar gemacht werden können, wenn sie fahrlässig handeln.

Die optimale Größe einer Gruppe auf Wildwasser ist in erster Linie abhängig von den Schwierigkeiten des Wildbachs und vom Können der einzelnen Fahrer. Es kann daher keine generelle Regel für eine optimale Gruppengröße genannt werden. Eine Gruppengröße zwischen drei und fünf Fahrern ist oft angemessen. Mehr Fahrer werden schnell zu einem Risiko, weil dann die Übersicht verloren geht und sich die Paddler gegenseitig nicht mehr so viel Verantwortung entgegenbringen. In diesem Fall sollten mehrere Fahrgruppen gebildet werden.

Die Reihenfolge innerhalb der Gruppe ist festgelegt. Der sicherste Fahrer fährt vorneweg auf der idealen Linie. Auf leichteren Streckenabschnitten können die weniger erfahrenen Paddler abwechselnd lernen, vorn in der Führungsposition zu fahren.

LANDSTART

Der Wasserstart mit oder ohne Paddelbrücke wurde bereits im Kapitel »Einbooten« beschrieben. Schwierige Wildwasserstrecken verlangen allerdings oft Starts in rascher Strömung oder vom Steilufer aus. Der Landstart ähnelt dann in vielerlei Hinsicht der Befahrung von Stufen und Wasserfällen.

Ob Sie sich vorwärts oder seitwärts in das Wasser fallen lassen, hängt von der Fallhöhe ab. Das seitliche Hineinrutschen bevorzugt man bei geringen Fallhöhen und ebenso geringen Wassertiefen. Das Einspringen vorwärts wird bei größeren Höhen und ausreichenden Wassertiefen angewendet.

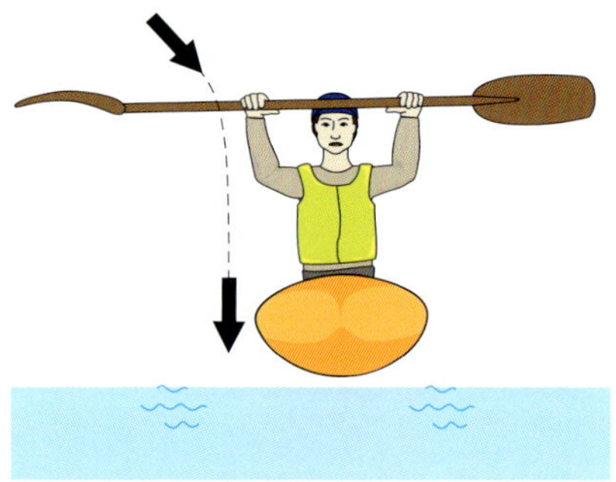

Zu flache Landung: Gefahr einer Wirbelsäulenverletzung.

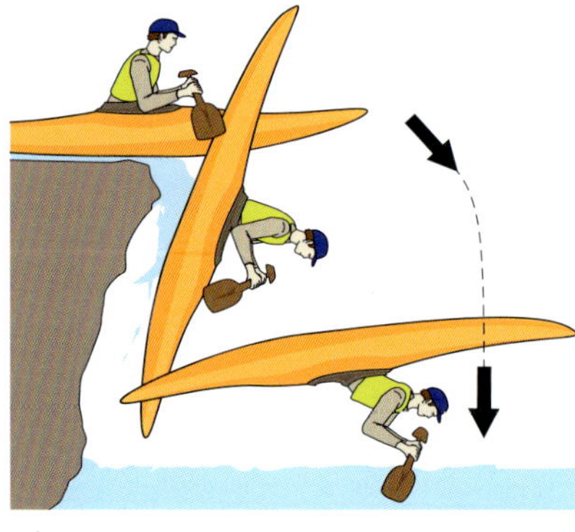

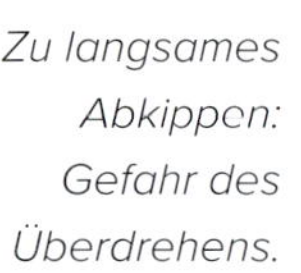

Zu langsames Abkippen: Gefahr des Überdrehens.

➔ EINSTEIGER-TIPP

Bei einer zu flachen Landung besteht die akute Gefahr, dass Sie sich die Wirbelsäule durch den Aufprall verletzen! Der Eintauchwinkel des Kajaks sollte idealerweise etwa 45 Grad betragen. Ein schneller Start kann ein zu flaches Eintauchen bewirken. Ein langsames Abkippen kann zum Überdrehen des Kajaks führen. Der Fahrer landet auf dem Gesicht. Das ist mehr als unangenehm!

WASSER »LESEN«

Wildwasserfahrer unter sich: Fachsimpeln über Flüsse, Schluchten, Wasserstände. Für sie ist der Fluss Dreh- und Angelpunkt aller Träume, Überlegungen und Wünsche. Wer den Flusslauf und die Strömungsformen deuten, das Wasser »lesen« kann, weiß mehr und behält den Überblick. Unterschiedliche Ufer- und Felsformationen bedingen unterschiedlichste Strömungsformen. Das Wasserlesen ist eine Kunst, die genauso wichtig ist wie das perfekte Beherrschen der Paddelschlagtechniken und die versierte Handhabung aller zur Verfügung stehenden Rettungsgeräte. Optimales Wasserlesen minimiert das Risiko und beugt Unfällen vor.

➔ EINSTEIGER-TIPP

So, wie Sie eine Landkarte »lesen«, können Sie auch den Fluss und seine charakteristischen Merkmale erkennen und verstehen. Als Wildwasserfahrer interpretieren Sie Wellen, Kehrwasserlinien, Stufen und Prallwände. Dies erfordert Verständnis dafür, wie sich strömendes Wasser in einem Flussbett verhält. Das Verständnis von hydrodynamischen Grundlagen erleichtert die Beurteilung.

Gelungener Landstart am Steilufer.

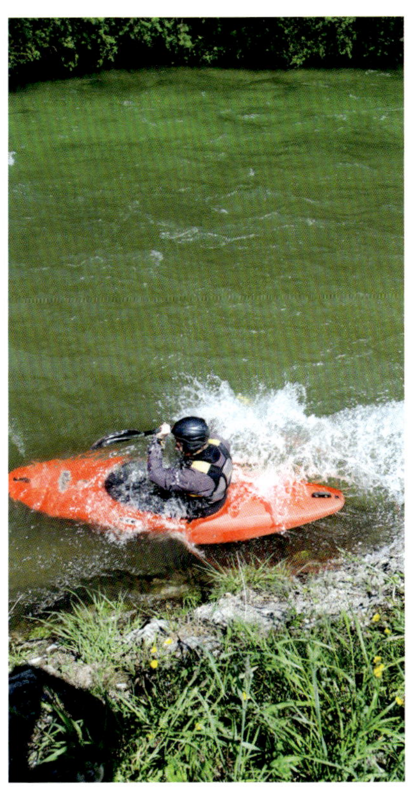

Wer Strömungsformen »lesen« kann, behält den Überblick.

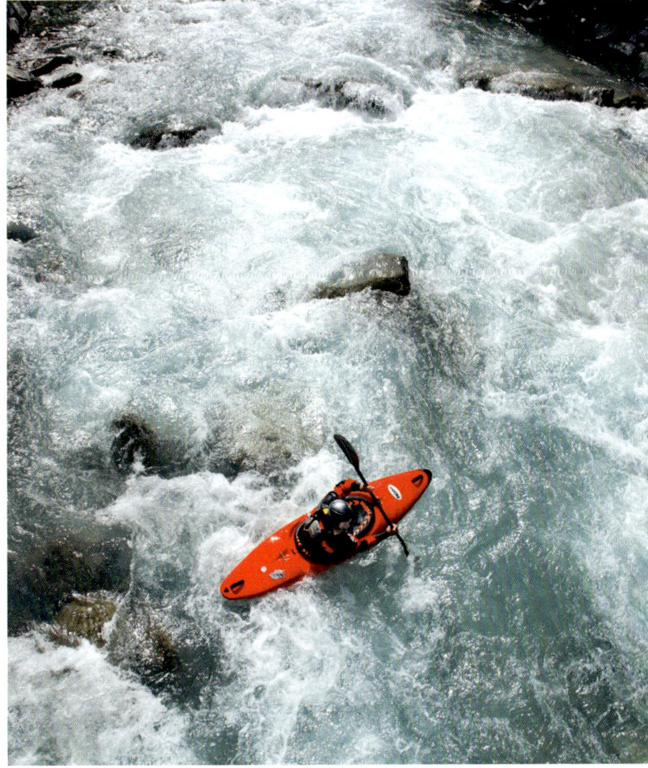

KEHRWASSER

In einem Kehrwasser dreht das Wasser des Flusses sozusagen »bergauf«. Kehrwasser entstehen fast immer nach Verengungen im Flussbett, oft genug auch in der Innenseite von Kurven. Für den Wildwasseranfänger ist das Einschwingen vom Kehrwasser in die Hauptströmung (und umgekehrt) die erste Lektion in einem umfangreichen Lernprogramm: Grundschule für Wildwasserenthusiasten, Standardsituation für den Könner.

Aus dem Kehrwasser starten Sie zügig in Richtung Hauptströmung. Nach einigen Paddelschlägen hat dann die Hauptströmung den Bug des Kajaks erfasst. Wenn sich das vordere Bootsdrittel in der Hauptströmung befindet, kanten Sie das Boot zur Kurveninnenseite (wie beim Radfahren). Die Strömung dreht das Boot. Zur Stabilisierung wenden Sie die Paddelstütze an. Der Fortgeschrittene wird dies mittels Ziehschlag vorn unterstützen. Jedes Ein- und Ausschwingen ist ein ausgezeichnetes Training

Einschwingen in das Kehrwasser.

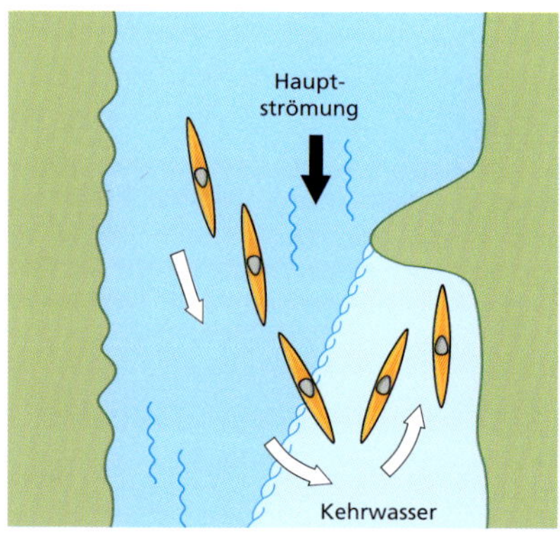

Ausschwingen aus dem Kehrwasser.

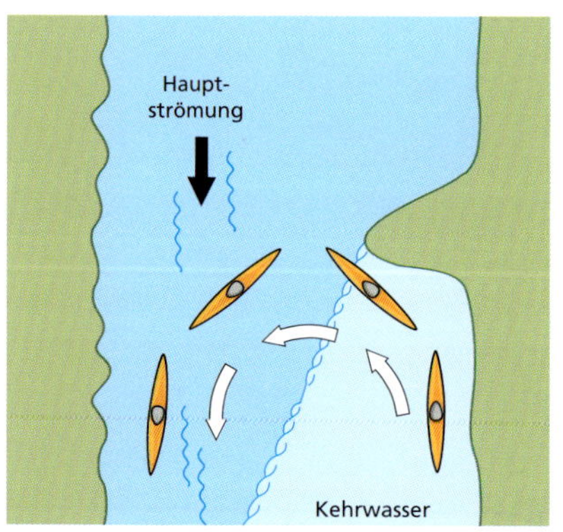

Einfache Schwallbildung in strömendem Wasser.

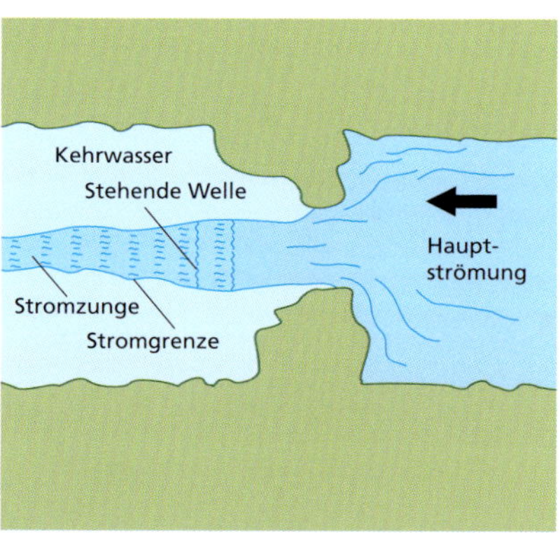

Schwallbildung im stark verblockten Wildwasser.

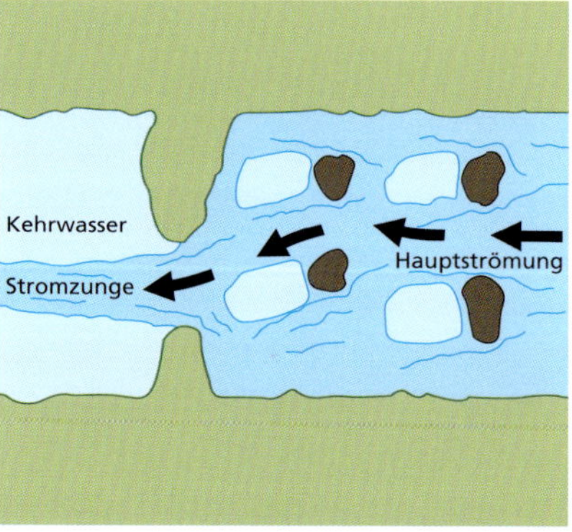

➔ EINSTEIGER-TIPP

Die Grenze zwischen Kehrwasser und Hauptströmung sollte schnell überwunden werden. Schnelligkeit bringt Stabilität. Die Grenze wird diffuser, je weiter man flussab gelangt.

➔ PROFI-TIPP

Dort, wo Kehrwasser sind, halten sich auch Fische auf. Da, wo Fische sind, finden Sie auch Angler. Kanuten und Angler verfügen über ein spezielles Verhältnis zueinander. Es ist hier und da nicht frei von Spanungen. Deshalb: Wo sich bereits Angler aufhalten, meiden Sie nach Möglichkeit die Einfahrt in ein Kehrwasser. Ein freundlicher Gruß entspannt die Situation, wenn dies nicht möglich ist.

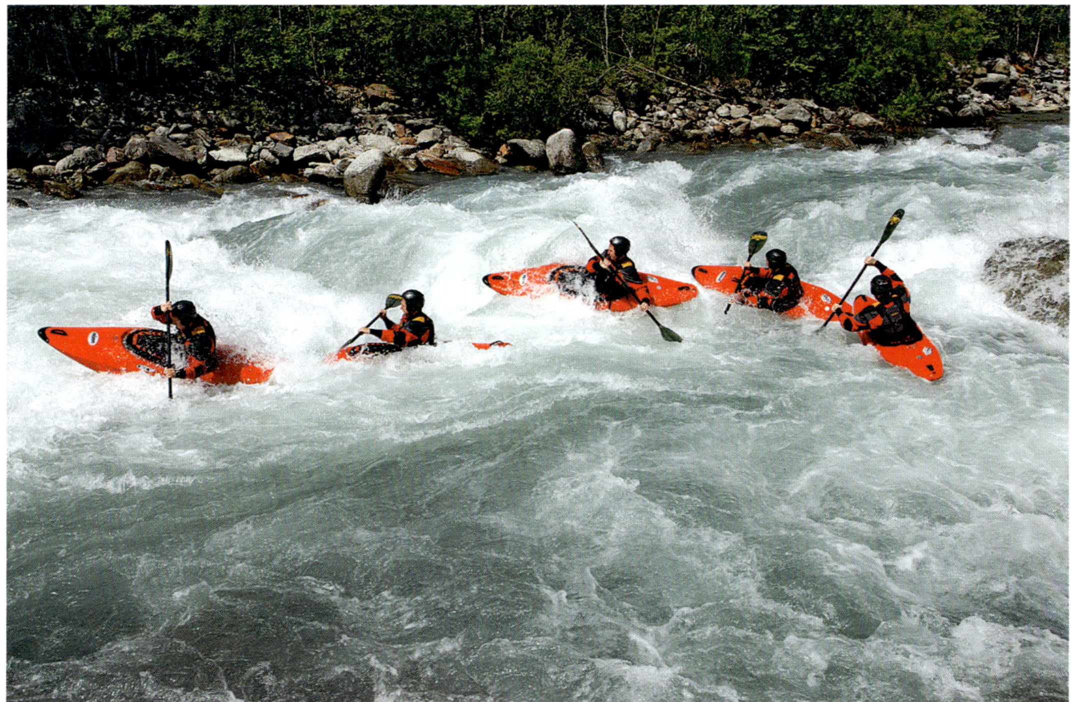

Perfektes Einschwingen vom Kehrwasser in die Hauptströmung.

➔ EINSTEIGER-TIPP
Das »V« ist vom Ufer aus leicht zu erkennen, aber es gehört Übung dazu, es vom Boot aus zu beurteilen. Vom Ufer aus betrachtet, ergeben die Wellen immer ein mehr oder weniger deutliches Muster. Vom Boot aus zeigen fast immer die höchsten Wellen den besten Weg. Hier ist der Stromzug ungebremst, natürlich fließt hier das Wasser auch am schnellsten.

➔ EXTRA-TIPP
Wenn der Wildwasser-novize einen Schwall befährt, wird er sich sicherer fühlen, wenn er schneller fährt als das fließende Wasser. Der Grundschlag vorwärts und kleinere Korrektur-schläge reichen aus. Wenn es dann doch zu kipplig werden sollte, hilft eine Paddelstütze. Der Profi fährt quer oder sogar rückwärts und gleicht die Wellenbe-wegungen mit aktiver Hüftarbeit aus.

für das Gleichgewichtsgefühl, für unterschiedliche Strömungsverhältnisse. An besonders kleinen oder scharfen Kehrwassern kann zentimetergenaues Fahren geübt werden.

WELLEN

Ein Schwall entsteht, wenn Wasser beschleunigt wird. Dies geschieht durch die Einengung des Wasserlaufs. Kiesbänke und Felsriegel sind normalerweise die Auslöser. Für Wildwasserfahrer ist das »Hinunterspielen« von einem Kehrwasser zum nächsten auf einer Schwallstrecke ein ganz besonderes Vergnügen. Hier wird der Rhythmus eines Wildbachs unmittelbar erfahren. In seiner klassischen Ausprägung nimmt der Schwall die Gestalt eines »V«

an. Im Jargon der Paddler wird dieses »V« auch »Zunge« genannt. Das Wasser läuft an dieser Stelle zunächst glatt ab. Im Verlauf der Zunge bilden sich Wellen. Die Kehrwasser an den Seiten der Zunge bieten beste Möglichkeiten, um nach der Aktion im Schwall auszuruhen. Das Queren und Surfen in den stehenden Wellen ist ein fantastisches Wildwassertraining.

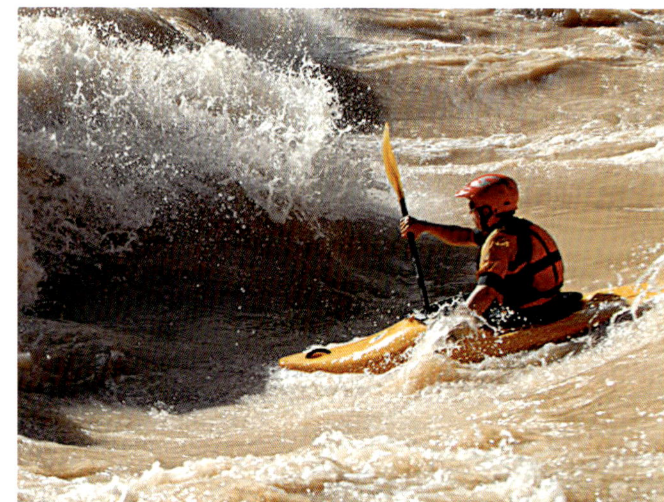

Stehende Wellen sind ortsfest und eigenen sich zum Surfen.

Stehende Welle

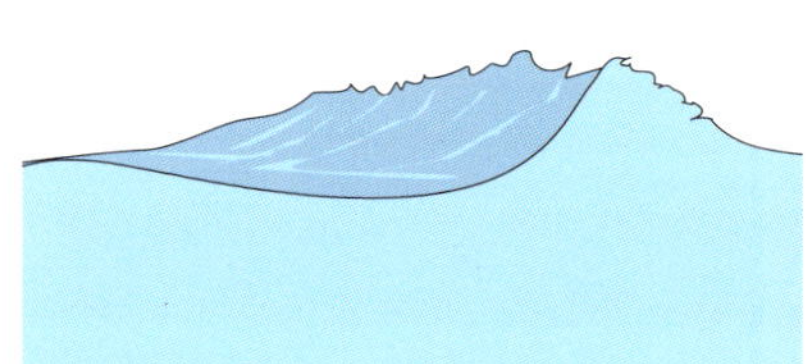

Explodierende Wellen treten unvermittelt auf

Explodierende Welle

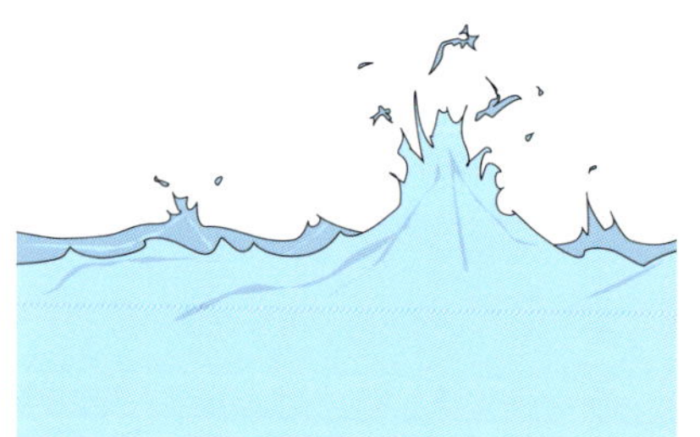

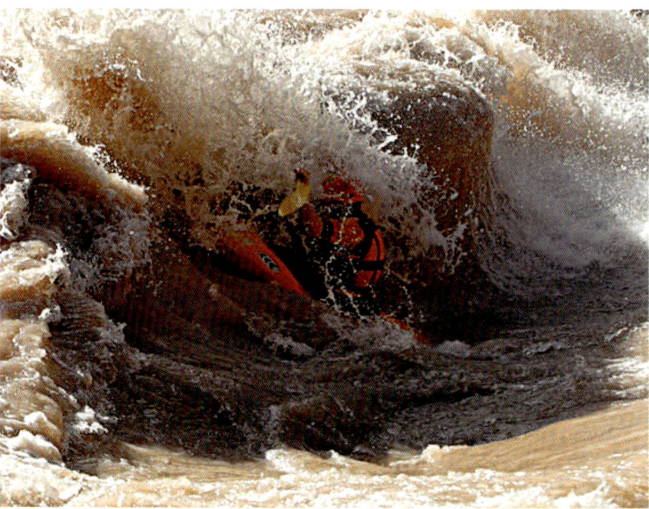

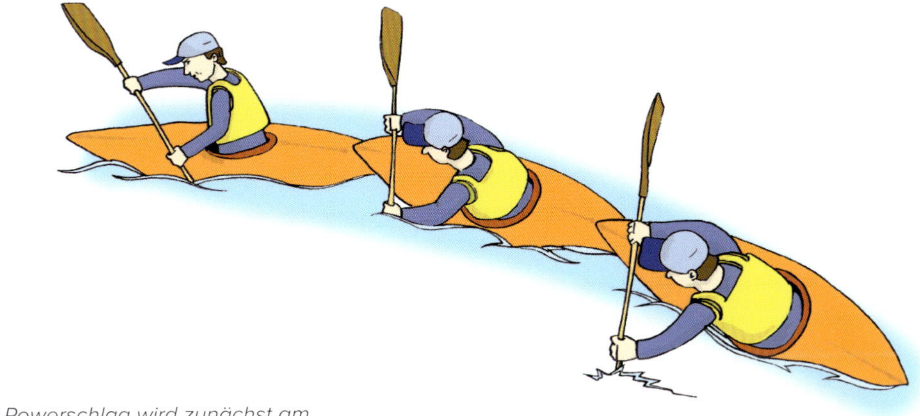

Der Powerschlag wird zunächst am besten auf Zahmwasser geübt.

POWERSCHLAG

Im Wildwasser entscheidet nicht nur die optimale Linie über eine gelungene Befahrung. Einzelne Schläge, sogenannte Schlüsselschläge, sind von besonderer Bedeutung für das erfolgreiche Befahren. In diese gut gesetzten Schläge legen Sie besonders viel Kraft und Präzision. Im Jargon ist dann von einem Powerschlag oder Powerstroke die Rede. Eine ausgeprägte Kehrwasserlinie, die Ausfahrt aus einer Walze, die Abrisskante einer Stufe verlangen nach einem kraftvollen, platzierten Schlag. Bei diesen Powerschlägen nutzen Sie die natürlichen Strömungsverhältnisse, um den Kajak zu beschleunigen. Schnelligkeit bedeutet Stabilität und Sicherheit.

→ EINSTEIGER-TIPP

Am besten üben Sie den Powerschlag auf Zahmwasser. Der Kajak wird zunächst geradeaus beschleunigt. Mit einem Bogenschlag vorwärts (links oder rechts) wird ein Kreisel eingeleitet. Auf dieser Kreisbahn soll der Kajak bleiben. An der Innenseite dieser Bahn wird das Blatt zu einem Ziehschlag vorn eingesetzt. Dieser geht kraftvoll nah am Boot in einen Grundschlag vorwärts über. Der Schlag endet etwa auf Hüfthöhe und wird dann zum nächsten Powerschlag angesetzt. Dabei mutig auf die Kante/in die Kurve legen!

→ PROFI-TIPP

Zunächst fahren Sie den Kajak auf der kleineren Kreisbahn, dann versuchen Sie den Radius immer größer zu ziehen. Dabei nicht zu weit nach vorn greifen! Der Aktionsarm sollte zu Beginn des Schlages leicht gebeugt sein. So kann die Kraft von Anfang an gut übertragen werden.

Gelungenes Befahren einer explodierenden Welle auf dem Colorado.

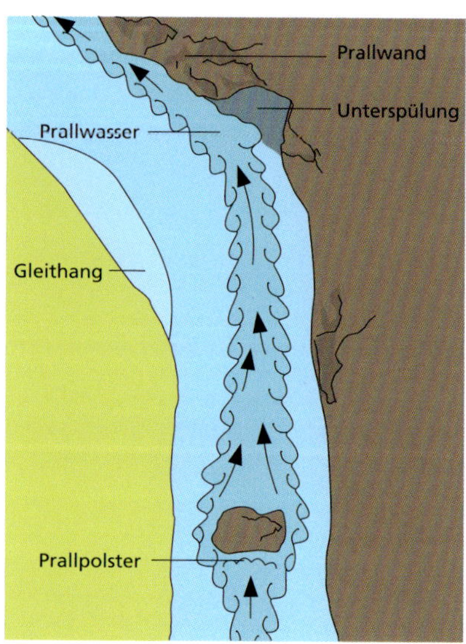

Schematische Darstellung von Prallwasser.

PRALLWASSER

Prallt die Hauptströmung im Flussbett nahezu senkrecht auf ein Hindernis, bildet sich dort eine besondere Strömungsform. Sie wird allgemein als Prall- oder Presswasser bezeichnet. Der Kajakfahrer spricht auch von einem Prallhang oder einer Prallwand. Das auf das Hindernis auftreffende Wasser der Hauptströmung dreht sich in einer Walze und einer nach unten gerichteten Strömung. Abhängig davon, wie dieses Hindernis vom Wasser ausgeformt wurde, bilden sich dann entweder ein Prallpolster, eine Unterspülung oder Mischformen.

➔ EINSTEIGER-TIPP

Bei der Unterspülung zieht das Wasser nach unten weg. Unterspülungen lassen sich am »fehlenden« Polster leicht lokalisieren. Sie sind für Wildwasserfahrer dann unangenehm, wenn sie schwimmend erreicht werden. Daher sollten Sie Unterspülungen am besten weiträumig umfahren. Bei ausgeprägten Unterspülungen erweist sich eine gute Ziehtechnik als unumgänglich. Sie ermöglicht es, die angestrebte Fahrlinie genau zu realisieren.

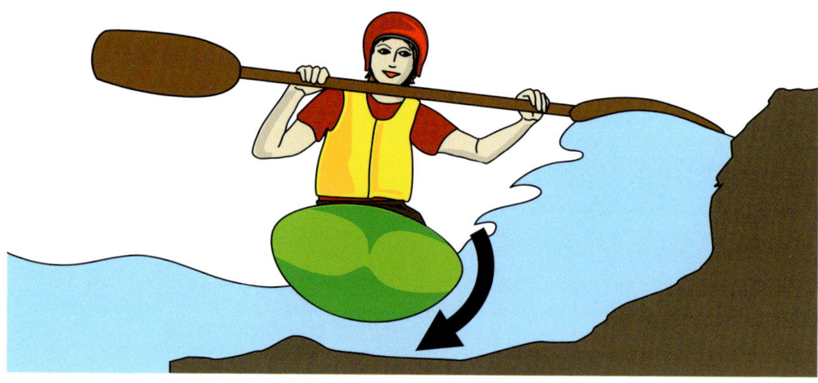

Stützen auf einem Prallpolster.

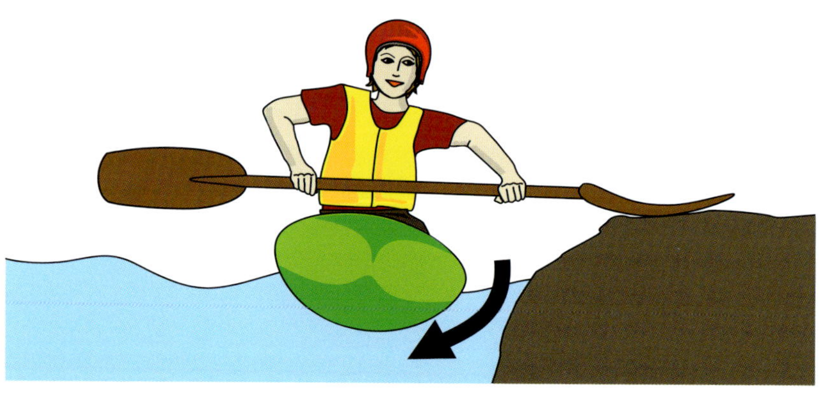

Querschlagen an einem Block.

Eine relativ harmlose Spielerei ist das Prallpolster. Das Wasser wird vor dem Hindernis gestaut und »hochgeschoben«. Danach läuft es seitlich ab. Wenn Sie es nicht weiträumig umfahren, können Sie auf das Polster quer auffahren. Man kantet dann zum Polster an, fährt auf und lässt sich danach vorwärts oder rückwärts von der Strömung mitnehmen.

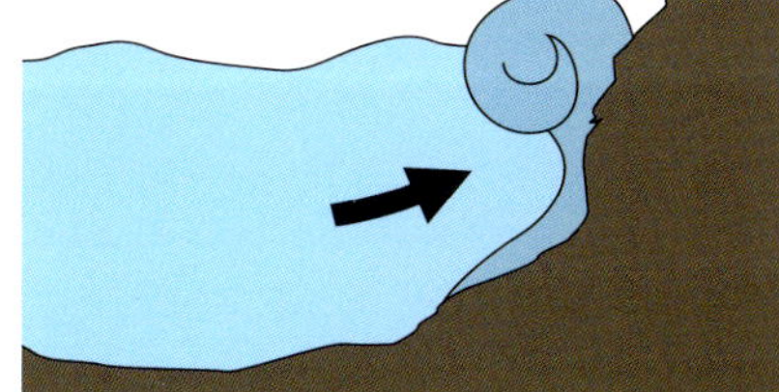

Typisches Prallpolster vor einem Felsen.

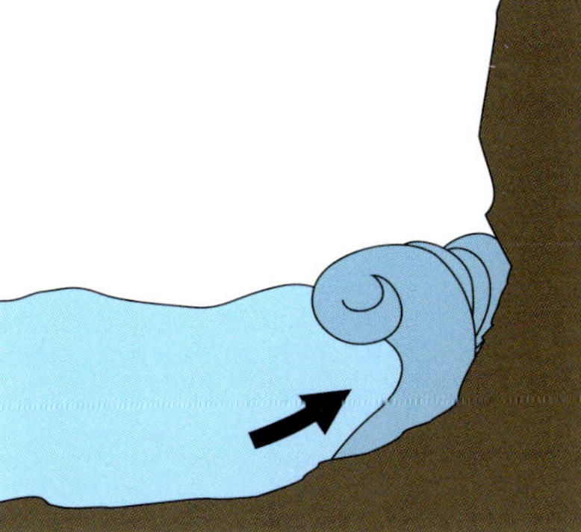

Prallpolster vor einer Felswand.

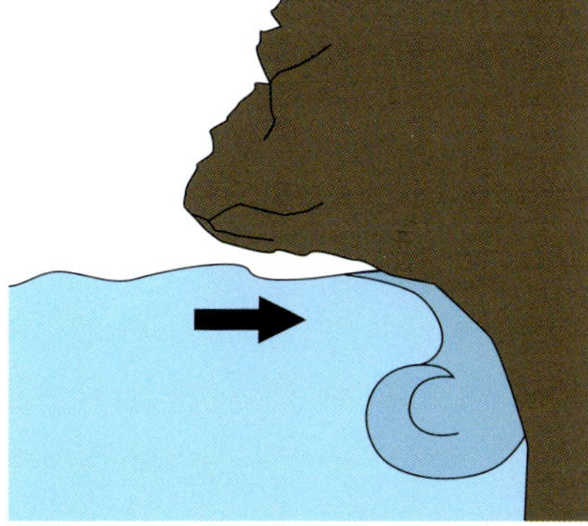

Unsichtbares Prallpolster an einer Unterspülung.

WALZEN UND WIRBEL

Ein großer überspülter Stein im Flussbett, ein Felsriegel unter Wasser sind Auslöser für das, was Wildwasserfahrer je nach Können schätzen oder fürchten: die Walze. Es gibt senkrecht im Fluss verlaufende Walzen. Diese heißen Wirbel oder Strudel. Von Einsteigern werden Strudel besonders gefürchtet; sie sind aber meist viel zu klein, um einen Kanufahrer mit angelegter Schwimmweste nach unten zu ziehen.

Walzen hingegen verlaufen waagerecht. Sie bilden sich entweder an der Oberfläche des Gewässers; wir nennen sie dann entsprechend Oberflächen- bzw. Deckwalze. Oder das Wasser stürzt nach dem Hindernis tief hinab; es bildet dann eine Tiefen- bzw. Grundwalze. Beide Walzenarten sind stationär. Bei gleich bleibendem Wasserstand verändern sie sich kaum. Untrennbar mit einer Tiefenwalze verbunden ist ein gewisser Höhenunterschied. Wildwasserfahrer sprechen von einem »Loch«. Faustregel: Je größer das Loch, desto größer der Respekt des Fahrers.

Große Löcher können einen Fahrer festhalten und zum Kentern bringen. Aber auch kleinere Walzen schütteln Fahrer und Boot erbarmungslos durch. Fast immer versucht der versierte Fahrer, größeren Walzen aus dem Weg zu gehen, sie zu umfahren. Gelingt dies einmal nicht, versuchen Sie mit hohem Tempo über die Walze zu »fliegen«. Wenn sich das Vorderschiff über dem Loch befindet, werfen Sie den Oberkörper mit dem letzten Paddelschlag dynamisch nach hinten. So wird das Vorderschiff entlastet und schießt leichter über die Walze hinweg.

WALZENREITEN

Wer Wildwasser fährt, wird irgendwann einmal mehr oder weniger freiwillig in einer Walze landen. Wildwasser ohne Walzen, das wäre wie Fliegen ohne Turbulenzen. Einsteiger haben gehörigen Respekt vor Walzen: Erzählungen am Lagerfeuer berichten von Riesen-, Monster- und Killerwalzen, von unfreiwilligen Saltos, Überschlägen und Kenterungen. Kurz: Rodeo im Wildwasser. Allerdings lassen Walzen das geübte Paddlerherz auch höher schlagen. Immer mehr Paddler spielen mit und in den Walzen aller Kategorien. Selbst »Riesenkoffer« sind vor dem Spieltrieb der Kajakakrobaten nicht sicher.

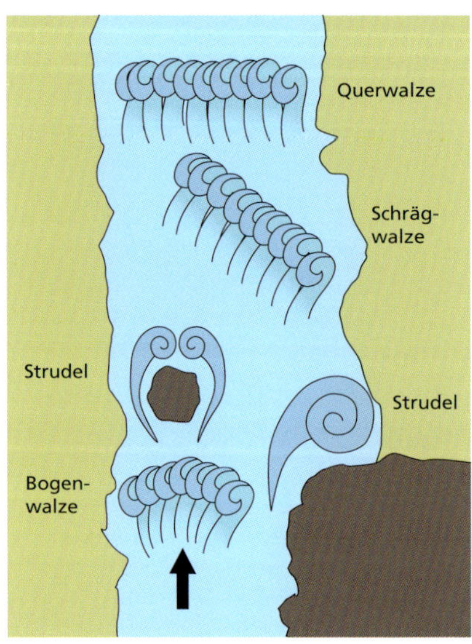

Schematische Darstellung von Walzen und Strudeln.

➔ EINSTEIGER-TIPP

Die Walze sollte im rechten Winkel angefahren werden (gerade Anfahrt). Mit dem Paddel greifen Sie möglichst tief in den Rücklauf und setzen dann einen »knallharten« Schlag. Werden Sie trotzdem von der Walze gestoppt (daher wird die Walze in der Sprache der Paddler auch »Stopper« genannt), können Sie die Walze möglicherweise »ausreiten«.Bei ausgeprägten Unterspülungen erweist sich eine gute Ziehtechnik als unumgänglich. Sie ermöglicht es, die angestrebte Fahrlinie genau zu realisieren.

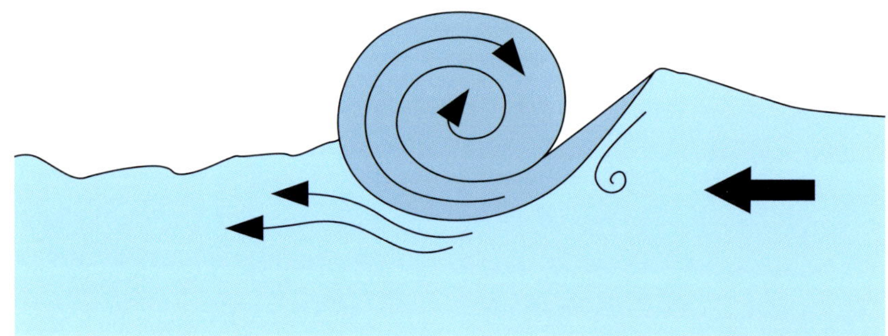

Oberflächenwalze/ Deckwalze.

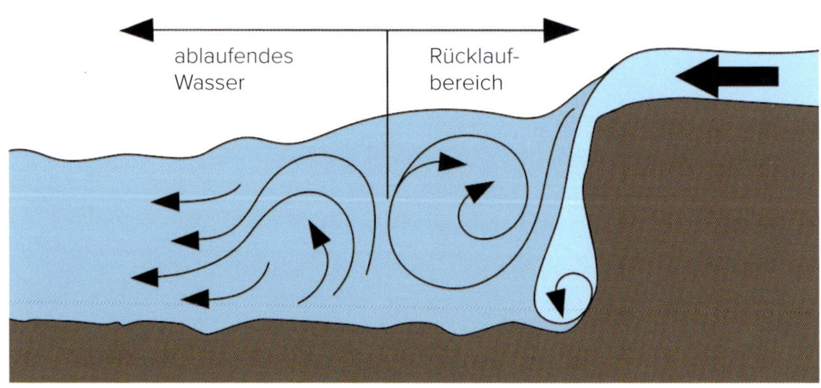

Tiefenwalze/ Grundwalze.

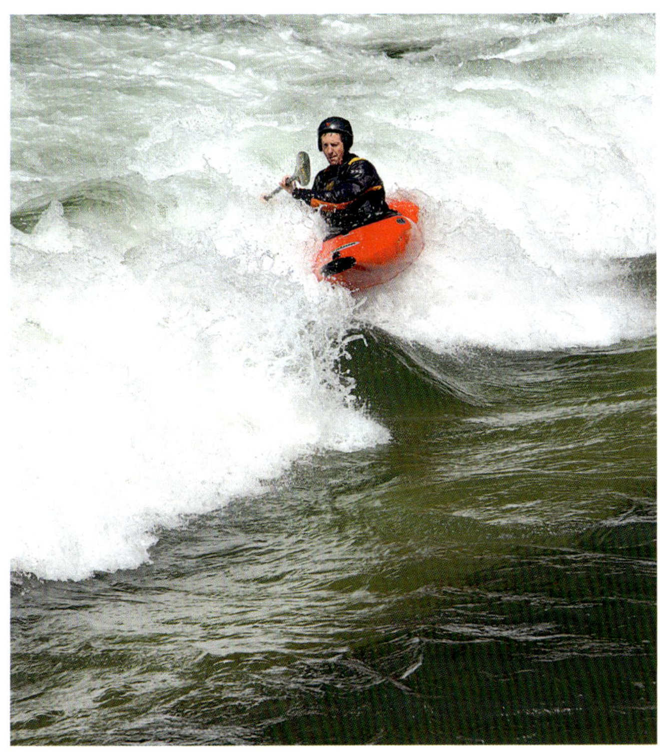

Das Ausreiten einer Walze wird zweckmäßigerweise vorher geübt. Die »Trainingswalze« sollte nicht zu groß und nach beiden Seiten offen sein. Das Wasser ist so tief, dass Sie sich bei einer Kenterung nicht den Kopf anschlagen. Die Schwierigkeiten unterhalb der Walze sollten beherrscht werden. Katarakte oder Wehre flussab lassen die schönste Trainingswalze unbrauchbar erscheinen. Erst wenn alles passt, kann es losgehen.

Das Befahren einer Querwalze erfordert ein sehr gutes Gleichgewichtsgefühl.

Vorbildliches Befahren einer Schrägwalze.

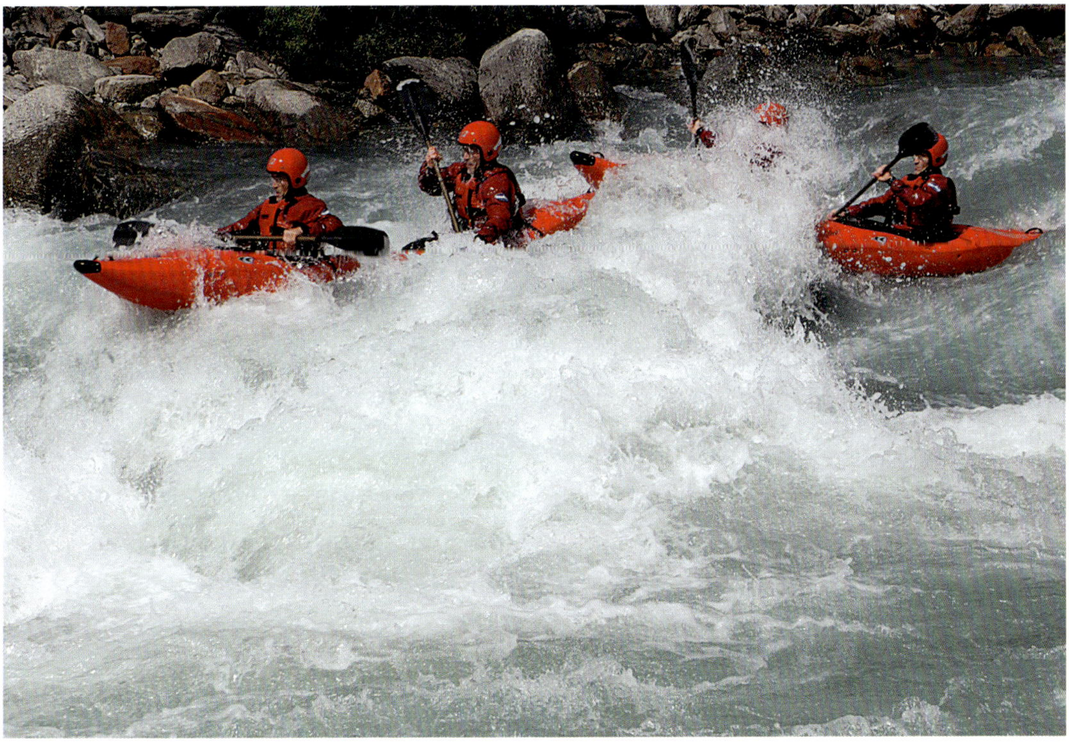

→ EINSTEIGER-TIPP

Wird das Walzenfahren geübt, steht ein Helfer in der Walze. Er stützt und korrigiert den Lernenden, schiebt ihn bei Bedarf aus der Walze heraus. Ein Fahrer kann »angeleint« das Ausreiten einer Walze üben. Der Kanulehrer befestigt das Boot seines Schülers am Heck bzw. am Bug mit einer Schwimmleine. Bei Bedarf zieht er so seinen Schüler aus der Walze.

→ PROFI-TIPP

Ganz ohne Kenterung wird es beim Walzentraining nicht zugehen. Die Nasenklammer gehört daher zu den notwendigen Utensilien, um Unannehmlichkeiten in Stirn- und Nasennebenhöhlen vorzubeugen. Auch die Trommelfelle freuen sich, wenn sie vor zu viel Wasser geschützt werden. Sie wachsen sonst langsam, aber sicher zu (Exostosen).

IN DER WALZE STABILISIEREN

Sie treiben quer in eine Walze hinein, kanten und stützen flussab. Dabei achten Sie darauf, dass das Boot möglichst wenig in das von oben fließende Wasser (»Oberwasser«) gerät. Je nach Höhe der Walze kanten und stützen Sie mehr oder weniger stark. Um nicht zu kentern, könnten Sie gleich extrem kanten und weit auslegen. Wenn aber der Oberkörper zu weit zur Seite gelegt wird, stützt auch das Paddel weit vom Körper entfernt. Dies ähnelt dann mehr dem Paddelhang als der Paddelstütze. Das kostet sehr viel Kraft und hat schon manchem

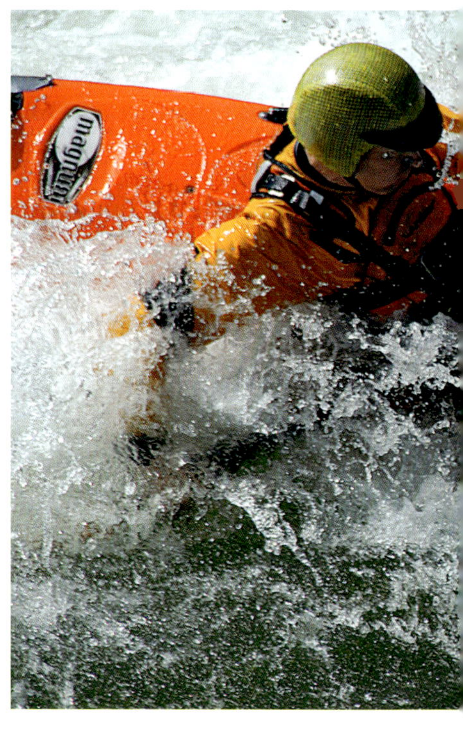

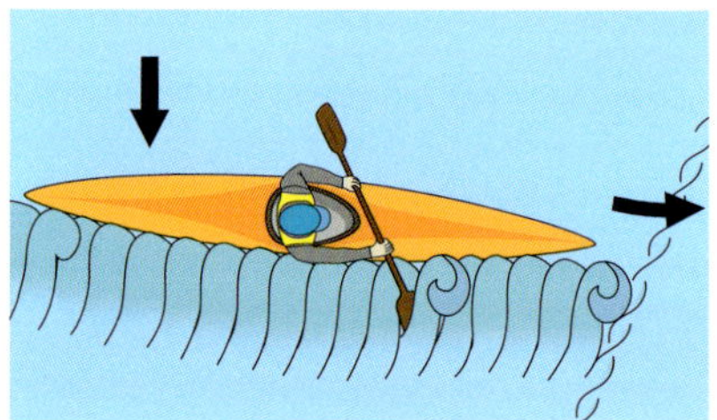

In der Walze stabilisieren.

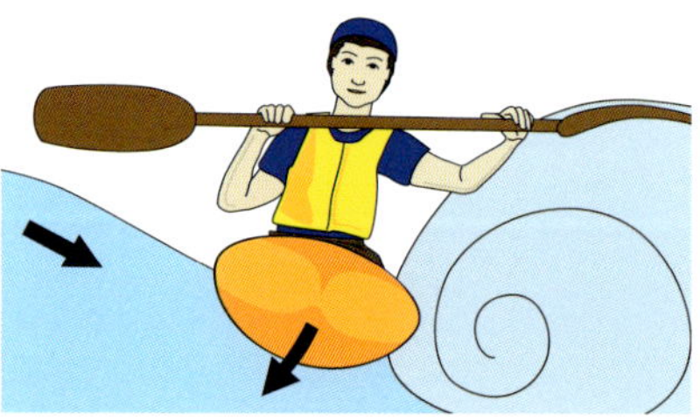

Stabilisieren in hoher Deckwalze.

→ EINSTEIGER-TIPP

Das Paddel halten Sie in der Walze als Paddelstütze waagerecht vor dem Bauch oder lassen es sogar auf dem Süllrand aufliegen. Die Rückseite des Blattes stützt dabei nahe am Boot.

→ EINSTEIGER-TIPP

Nur bei wirklich großen Walzen ist es notwendig, in den Paddelhang zu wechseln. Das Paddel wird dann in Kopfhöhe gehalten, die gekehlte Innenseite des Blattes zeigt dabei nach unten. Sobald Sie das Boot stabilisiert haben, versuchen Sie, mit Grundschlägen oder Ziehschlägen die Walze zu verlassen.

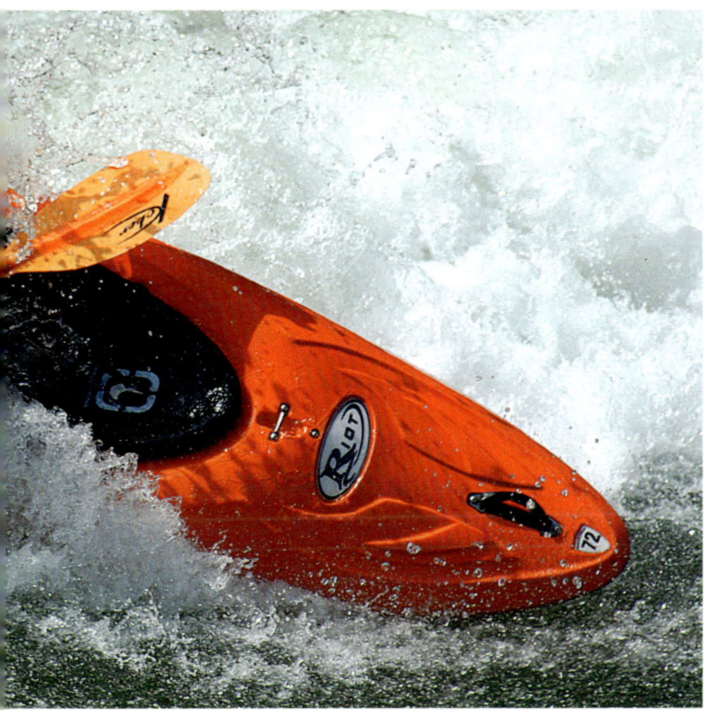

Walzen sind ideale Spielplätze für erfahrene Wildwasserpaddler.

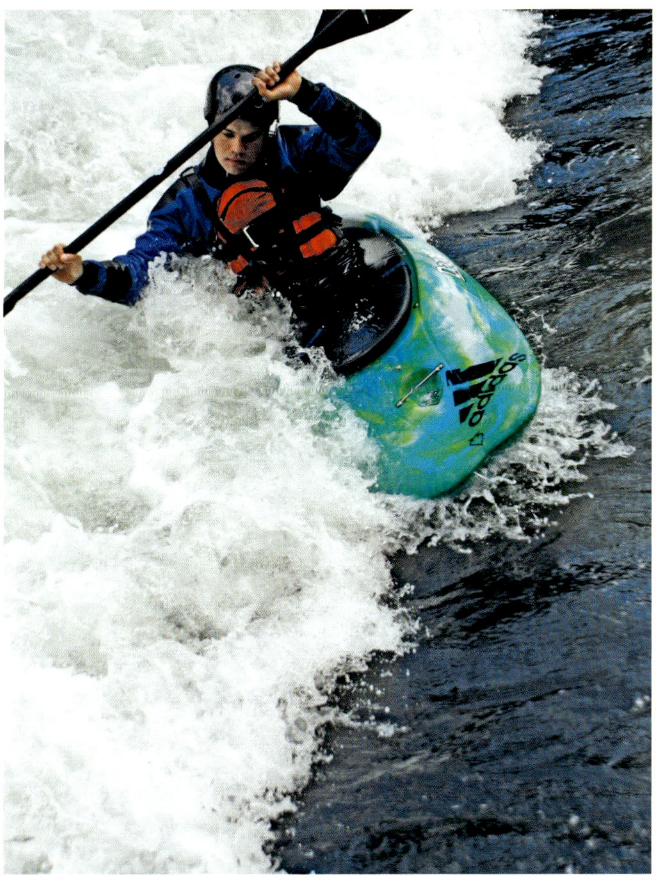

Kajakfahrer die Schulter ausgekugelt. Halten Sie daher den Oberkörper möglichst aufrecht. Kajakakrobaten schaffen das ganz ohne Paddel, mit viel Übung und einer gehörigen Portion Gleichgewichtssinn.

AUSFAHREN VORWÄRTS

Wollen Sie die Walze verlassen, halten Sie den Oberkörper aufrecht und kanten so wenig wie möglich. Das Paddel ist dabei auf der Aktionsseite nahe am Boot in fast senkrechter Stellung. Der Gegenarm wird über den Kopf gehoben, der Aktionsarm wird gebeugt zum Körper gezogen. Durch leichtes Beugen im Handgelenk des Aktionsarmes wird das Blatt mit der Kehlung leicht zur Strömung geöffnet. Dadurch wird ein Vortrieb vorwärts erreicht. Diese Paddelhaltung wird bis zum Walzenausgang beibehalten. Dort wird der Aktionsarm gestreckt und ein Grundschlag vorwärts eingeleitet. Dieser Schlag bringt Sie dann endgültig aus der Walze heraus.

Ist die Walze aber ohne deutlich abfließendes Wasser am Walzenausgang, benutzen Sie Ziehschläge. Wiederum bringen Sie das Paddel nahe an das Boot und halten es senkrecht ins Unterwasser. Wenn Sie das Paddel zur Strömung hin öffnen, bekommen Sie den notwendigen »Druck« auf das Paddel. Damit ziehen Sie sich dann aus der Walze heraus. Wird das Paddel zu früh aus dem Wasser genommen, zieht die Walze Sie wieder zurück.

Das Ausfahren vorwärts in der Walze ist übungsintensiv.

AUSFAHREN RÜCKWÄRTS

Je nach Gewässersituation sind Sie gelegentlich gezwungen, aus kleineren und auch aus größeren Walzen rückwärts herauszufahren. Wollen Sie die Walze rückwärts verlassen, halten Sie den Blattrücken bootsnah und steil möglichst tief in die Strömung. Dazu wird der Aktionsarm wenig gebeugt und in Richtung Körper gedrückt. Der Gegenarm wird gebeugt bis auf Schulterhöhe gehoben. Der Oberkörper wird leicht nach hinten geneigt. Durch leichtes Beugen im Handgelenk des Aktionsarmes wird das Aktionsblatt mit dem Blattrücken zur Strömung geöffnet. Dadurch wird ein Vortrieb rückwärts erreicht. Diese Haltung wird während des Ausfahrens beibehalten. Hat man die Walze fast verlassen, wird das Handgelenk des Aktionsarmes nahezu gestreckt und ein Grundschlag rückwärts ausgeführt.

VARIANTEN DES AUSFAHRENS

Gelingt das Ausfahren vorwärts oder rückwärts in den oben beschriebenen Verfahren nicht, gibt es noch einige andere, vielleicht weniger elegante, aber durchaus praktikable Varianten des Ausfahrens aus einer Walze. So können Sie zum Beispiel den Versuch starten, das Boot in der Walze so zu drehen, dass das Heck oder der Bug durch das von oben herabströmende Wasser gepackt wird. Sie werden dann in Form einer »Kerze« aus der Walze herauskatapultiert. Voraussetzung dafür ist eine ausreichende Wassertiefe unterhalb des Lochs und sicheres Rollen. Die Wahrscheinlichkeit einer Kenterung ist groß.

→ EINSTEIGER-TIPP

Wenn in großen Walzen mittels Paddelhang stabilisiert wird, ist manchmal eine steile Paddelstellung nicht erreichbar. Sie arbeiten sich mit einem Ziehschlag hinten ein Stück aus der Walze heraus, um dann das Paddel nach vorn unten umzusetzen.

→ EINSTEIGER-TIPP

Eine besonders anspruchsvolle Form des Walzentrainings ist der Walzenkreisel. Laufendes Ein- und Ausfahren vorwärts und rückwärts mit Drehung des Bootes auf der Walzenkrone kennzeichnen den Walzenkreisel.

→ EINSTEIGER-TIPP

Ist diese Variante nicht möglich, können Sie absichtlich kentern. Sie öffnen die Spritzdecke und lassen das Boot volllaufen. Dann werden Rumpf, Arme und Paddel möglichst tief in die Strömung gebracht. Die dort herrschende Unterströmung des ablaufenden Wassers ist oft stark genug, um Kanuten und Kajak aus der Walze zu ziehen.

WALZENTRAINING

Sobald Sie das Stabilisieren und das Ausfahren aus kleineren Walzen sicher beherrschen, trainieren Sie das Walzenfahren spielerisch. Bald werden Sie merken, dass Sie kaum noch Druck auf das Paddel ausüben, um zu stabilisieren. Nun können Sie versuchen, nur noch mit der Hand zu stützen. Stellt auch das Stützen mit der Hand kein Problem mehr dar, halten Sie das Paddel in die Luft. Dabei wird der Kajak nur noch durch Kanten und mit der Lage des Oberkörpers ausbalanciert. Das Stabilisieren in der Walze sollte in Rechts- und Linksauslage trainiert werden. Das wirkt der Ausprägung einer Schokoladenseite entgegen.

Spielerisches Walzentraining im Kurzboot.

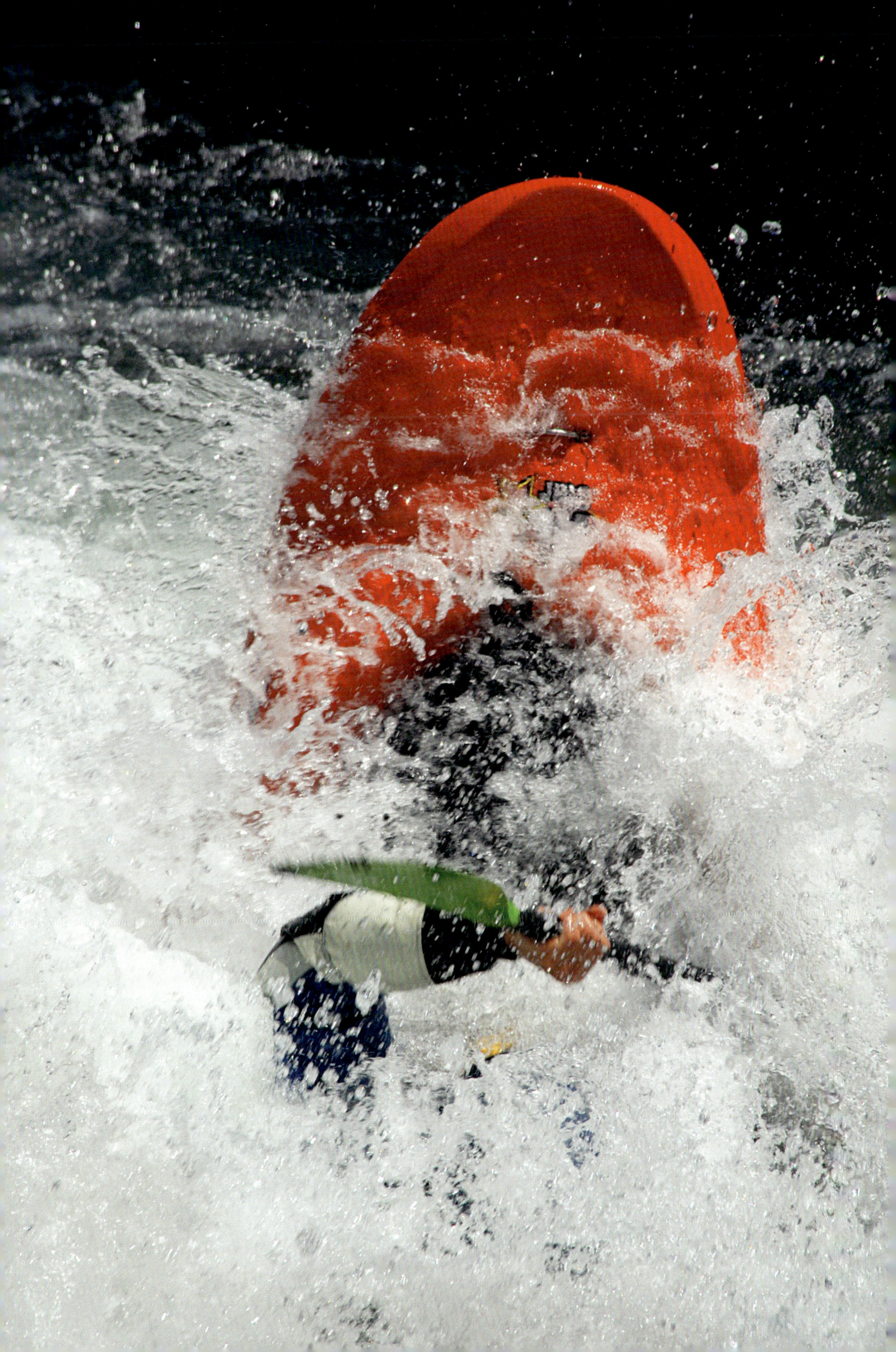

WALZENFAHREN ZUR RICHTUNGSÄNDERUNG

Walzen sind meist recht lautstarke Gebilde, die sich dem Paddler schon von Weitem durch sonores Rauschen ankündigen. Technisch versierte Fahrer benutzen sie zum Korrigieren der Fahrtrichtung oder zum Traversieren von einer Flussseite zur anderen.

Sind während der Fahrt nur kleine Richtungsänderungen notwendig, durchfahren Sie die Walze leicht schräg zur gewünschten Richtung. Dadurch werden Sie zur Seite versetzt.

Beim Walzenkreisel spielt die Stellung des Paddels eine entscheidende Rolle.

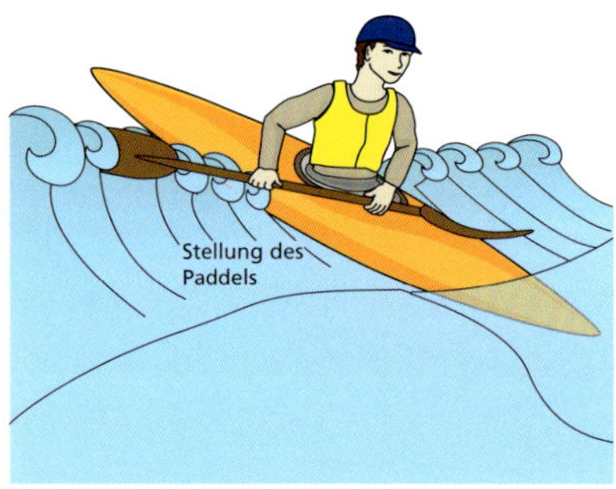

Richtungsänderung in einer Schrägwalze.

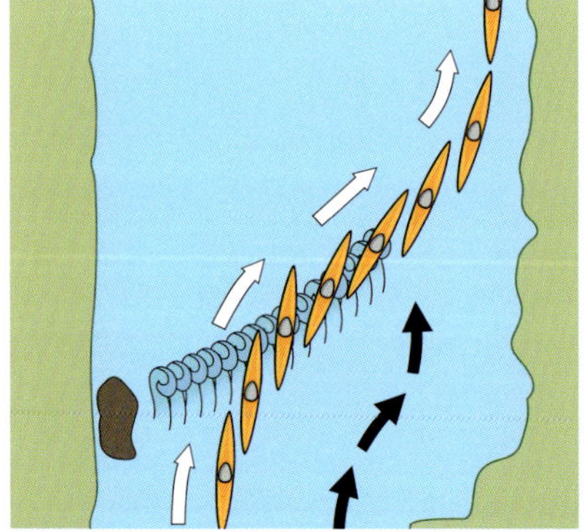

→ EINSTEIGER-TIPP

Sind größere Richtungskorrekturen notwendig, fahren Sie so schräg in die Walze ein, dass sich das Boot querstellt. Gleichzeitig führen Sie einen Bogenschlag vorwärts aus. Durch Kanten des Bootes und den Bogenschlag stabilisieren Sie sich kurz. Durch den Schwung des Einfahrens schießt das Boot durch die Walze bis in das abfließende Wasser am Walzenausgang. Ein Ziehschlag am Walzenausgang unterstützt das Manöver. Er geht in einen Grundschlag vorwärts über, der Sie endgültig aus der Walze herausbringt.

KATARAKTE

Schwallstrecken mit starkem Gefälle, durch Blöcke und Felsriegel gegliedert, mit Presswassern und Walzen reich ausgestattet, werden als Katarakt bezeichnet. Gelegentlich wird ein solcher Streckenabschnitt auch Blockstrecke genannt. Meist handelt es sich hierbei um schwierige Streckenabschnitte, die Mut und Können gleichermaßen voraussetzen. Stark verblockte Flüsse haben den Charakter einer Slalomstrecke. Ständig wird das Boot durch gezielte Paddelschläge in eine neue Richtung manövriert. Ein gutes Beispiel hierfür ist die Griesenschlucht der Loisach oder die Isel oberhalb Huben.

Voraussetzung zum gelungenen Befahren eines Katarakts ist das genaue Einprägen der Schwierigkeiten und der damit verbundenen Streckenführung. Jeder Meter, jeder Paddelschlag wird »auswendig« gelernt. Sie können sich auch markante Punkte auf der Strecke (Merksteine) einprägen.

Verschiedene Varianten werden durchdacht und abgespeichert. Haben Sie sich nach der Besichtigung von Land aus zum Befahren entschieden, orientieren Sie sich vor dem Start noch einmal aus der Kajakperspektive. Vieles sieht dann völlig anders aus. Wenn Sie starten, gilt es, entschlossen die vorausbedachte Route zu realisieren. Nach einem »Dreher« wird die verbleibende Strecke notfalls rückwärts zu Ende gefahren. Sinnvoll ist es auch, ein Verfehlen der geplanten Streckenführung vorauszudenken. Kehrwasser

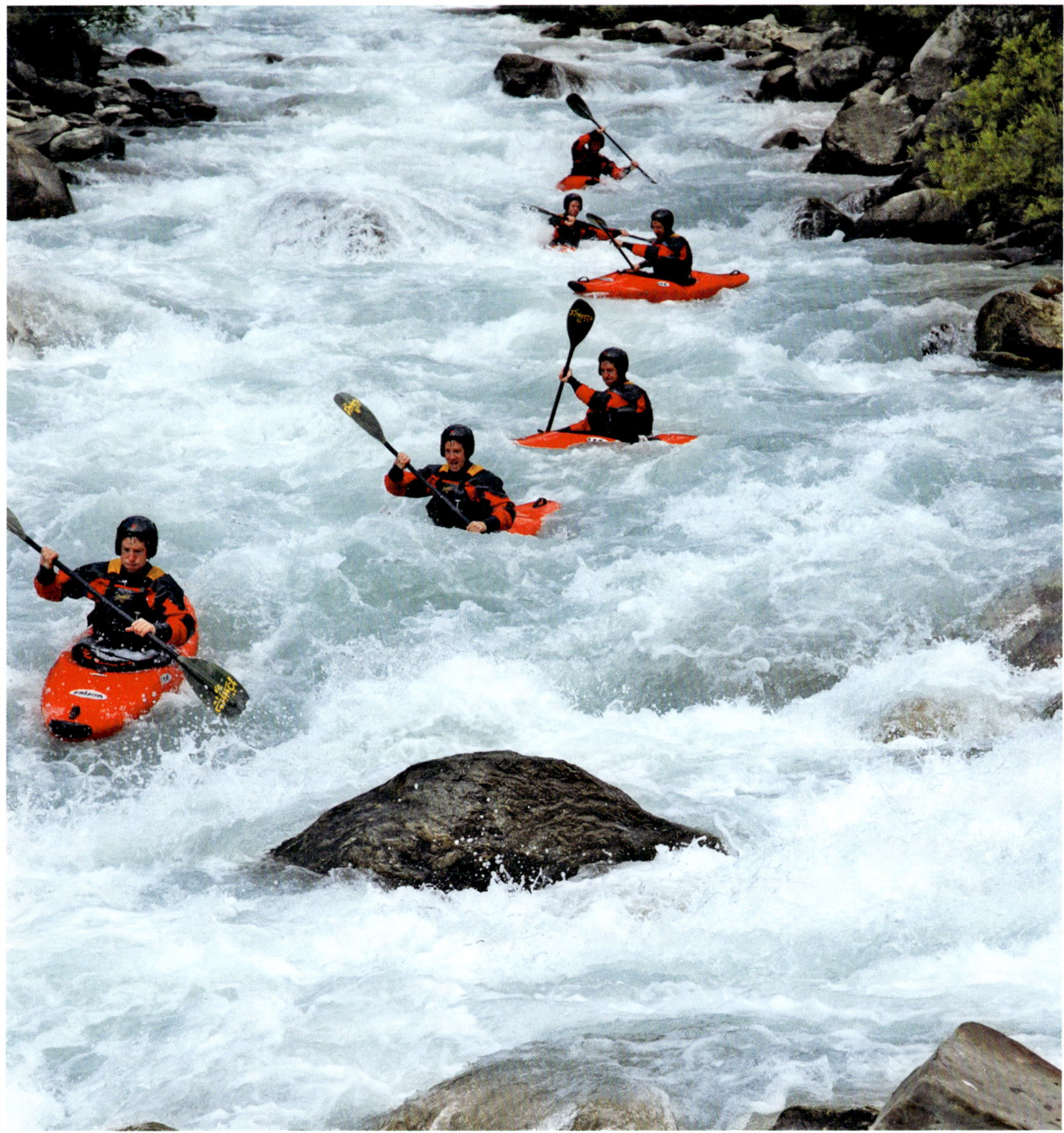

Befahren eines Katarakts auf der Ideallinie.

➔ EINSTEIGER-TIPP
Ist die Streckenführung eines Katarakts besonders schwer, werden Sicherungsposten aufgestellt. Sie dienen unter Umständen auch zur Orientierung.

links und rechts der Strecke dienen dann als »Garage«. Hier kann man verschnaufen und sich neu orientieren.

STUFEN UND WASSERFÄLLE

Stufen sind vertikale Abrisse im Flussbett. Bei entsprechender Höhe der Stufe wird von einem Wasserfall gesprochen. Für Wildwasserfahrer sind Stufen und Wasserfälle das Salz in der Wildwassersuppe. Das Befahren einer hohen Stufe sieht zwar immer besonders spektakulär aus, ist aber meist einfacher als beispielsweise ein Katarakt. Im modernen Wildwassersport werden Wasserfälle mit einem Höhenunterschied von 30 m und mehr befahren.

Kajakfahrer unterscheiden drei Phasen beim Befahren von Stufen: Anfahrt, Flug und Landung. Eine unübersichtliche Anfahrt, die Höhe, starker Rücklauf und

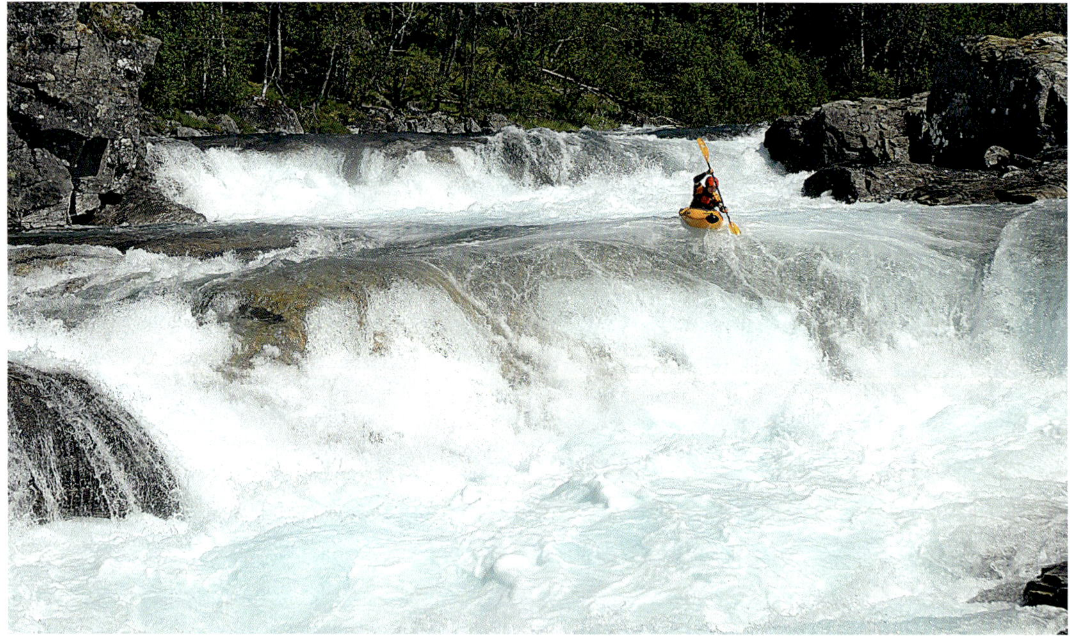

Solche Stufen sind eine Einladung zum Boofen.

Hindernisse im Unterwasser definieren die Grenze der Befahrbarkeit. Ebenso spielen Fragen der Absicherung durch das Team eine wesentliche Rolle.

BOOFEN

Die hier beschriebene Grundform des Boofens eignet sich zur optimalen Befahrung von Stufen mit klar definierter Stufenkante. Boofen ist ein hochkomplexer Bewegungsablauf – Sie sollten ein wenig Zeit zum Üben einplanen.

Der letzte Grundschlag vorwärts an der Kante ist besonders kraftvoll – ein echter Powerschlag; wichtig ist hier das Setzen des Paddelblatts an der Stufenkante. An dieser Stelle wirkt die stark beschleunigende Strömung positiv auf das Fahrverhalten – wenn sie der Kajakfahrer zu seinem Vorteil ausnutzt. Gleichzeitig wird durch

→ EINSTEIGER-TIPP

Sind Sie zu dem Ergebnis gekommen, dass alle Kriterien das Befahren der Stufe erlauben, gilt es, noch einige Tricks auszuspielen. Zunächst sollten Sie sich den Punkt an der Stufenkante einprägen, den Sie anvisieren. »Eine Paddellänge vom rechten Ufer« wäre ein solches Merkmal. Sodann ist eine hohe Geschwindigkeit bei der Anfahrt der Stufenkante anzustreben. Und: Denken Sie ans Boofen – ohne Boofen geht nichts.

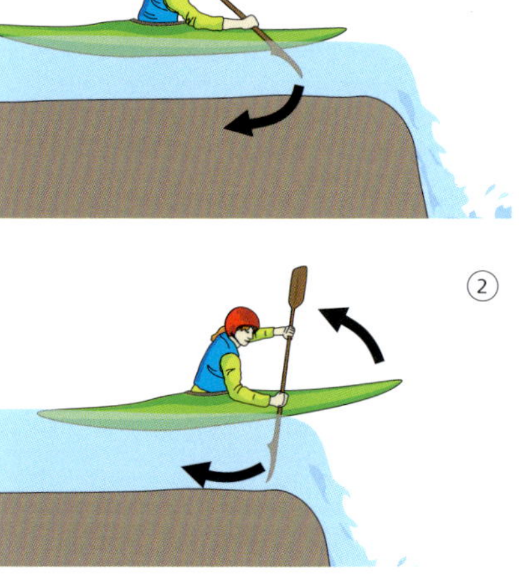

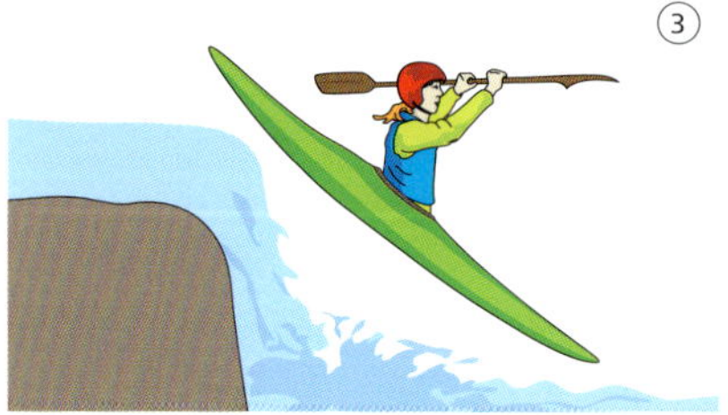

Perfektes Boofen ist Voraussetzung für das »Abspringen« von der Kante (1–3).

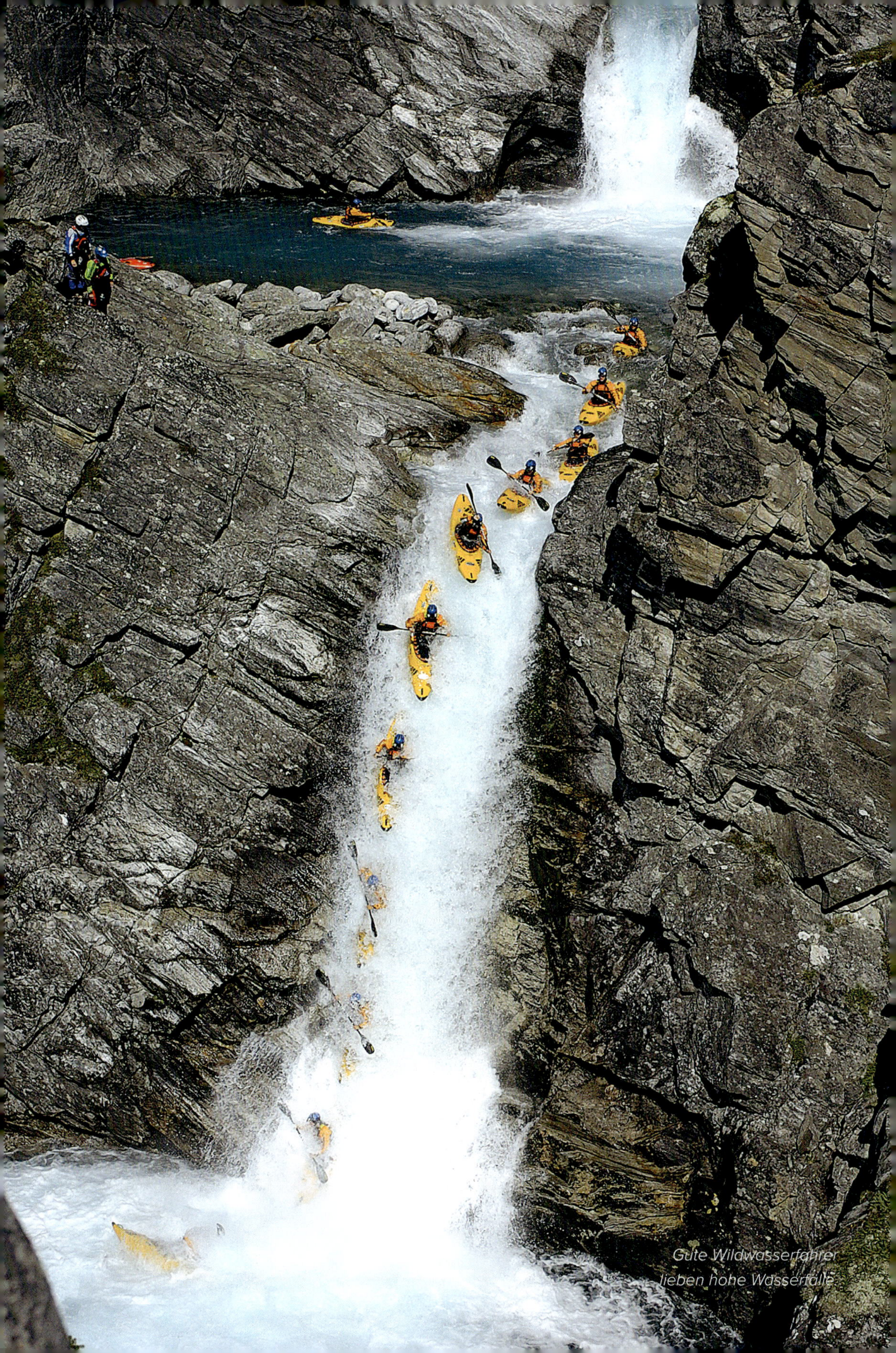
Gute Wildwasserfahrer lieben hohe Wasserfälle

→ **EINSTEIGER-TIPP**
In der Praxis fließt oft wenig Wasser über die Abrisskante. Dies hat dann ein Aufsetzen an der Kante und rapides Abstoppen des Bootes zur Folge. Das Boot würde im weiteren Verlauf steil hinunterfallen und ebenso steil eintauchen. Das können Sie möglicherweise vermeiden, indem Sie leicht schräg über die Kante fahren.

einen klappmesserähnlichen Zug der Knie zur Brust (starke Bauchmuskeln sind Voraussetzung!) der Bug für einen kurzen Moment vor dem Abkippen bewahrt. Das entlastet den Bug; Sie erreichen damit einen weniger steilen Flug. Dies wiederum führt zu einem flacheren Eintauchwinkel, der eine geringere Eintauchtiefe zur Folge hat. Der gesamte Bewegungsablauf erfordert eine besonders gute Koordination des Schlages und der Körperbewegung. Diese kajakspezifische Bewegung üben Sie am besten erst auf Zahmwasser ein, dann am Kehrwasser, um »über« die Kehrwasserlinie zu springen, dann an kleineren Stufen.

KOLKE

Der ausgewaschene Flussgrund unterhalb einer Stufe wird als Kolk bezeichnet. Im Jargon heißt es dann auch schon einmal Tumpf, Gumpe oder einfach Unterwasser. Kolke sind durch Auswaschung, Ausschleifen oder Ausschlagen im Zuge der Erosion eines Flussbettes entstanden. Bei unterdurchschnittlicher Wasserführung lagern sich im Kolk Geröllmassen ab, die zuweilen eine völlige Aufschüttung zur Folge haben können. Das nächste Hochwasser kann diesen Kolk dann wieder ausräumen. Wildwasserfahrer tun also gut daran, die Beschaffenheit des Unterwassers höherer Stufen regelmäßig in Augenschein zu nehmen.

WEHRE

Wehre sind kein Wildwasser. Wenn trotzdem an dieser Stelle von ihnen die Rede ist, dann gibt es nur einen Grund: Sie sind gefährlich, ja lebensgefährlich. Wehre dienen in aller Regel der Kontrolle und Regulierung des fließenden Wassers. Das gestaute Wasser wird bevorratet, treibt Maschinen und Turbinen an oder wird zur Bewässerung benutzt. Auf den Flüssen treffen wir sie an in Form von Grundschwellen, Floßgassen, Steil- und Schrägwehren sowie Staustufen. Umtragen ist allemal unbequem. Manche Wehre sehen recht harmlos aus, haben es aber in sich. Wehre werden daher gelegentlich befahren, obwohl davon abgeraten werden müsste.

→ **EINSTEIGER-TIPP**
Bei Hochwasser sind grundsätzlich alle Wehre gefährlich. Als Grundsatz gilt auch, dass Sie nie zu nah an ein Wehr heranfahren. Weiter entfernte Anlegeplätze am Ufer sind sicherer.

→ **EXTRA-TIPP**
Hauptkriterium für die Befahrbarkeit eines Wehres ist die Kraft und Länge des Rücklaufs im Unterwasser. Erscheint der Rücklauf zu stark, sollte auf jeden Fall umgetragen werden. Es zeugt bei einem Wildwasserfahrer von Umsicht und Urteilsvermögen, zu tragen anstatt zu fahren.

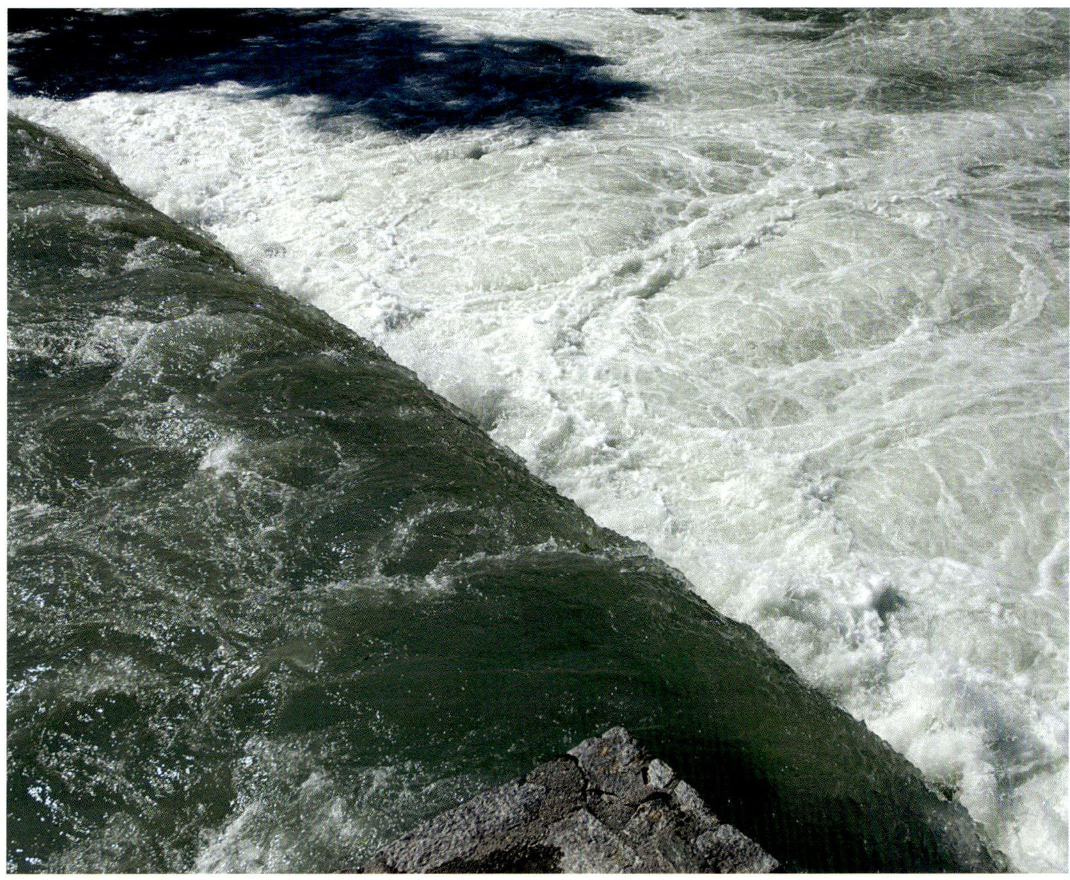

Wehre mit solch ausgeprägtem Rücklauf können lebensgefährlich sein.

➔ EINSTEIGER-TIPP
Selbst oft befahrene Wehre werden Sie sich sicherheitshalber vor einer erneuten Befahrung anschauen. Das letzte Hochwasser könnte Hindernisse eingeschwemmt haben.

Sollte das Wehr nach eingehender Besichtigung als befahrbar erscheinen, verhelfen einige Tricks zu einer gelungenen Befahrung. Wehre verfügen gelegentlich über eine Ablaufströmung. Diese sollte gesucht und entschlossen befahren werden. Oft ist auch ein Befahren am Rand zu empfehlen. Das Paddel sollte im Abkippen nach vorn genommen werden. Auf jeden Fall sollten Wehre einzeln befahren werden, damit die Bootskameraden helfend eingreifen können.

Mehr als ein Drittel aller tödlichen Unfälle im Kanusport ereignet sich im Bereich von Wehranlagen. Eine besonders heimtückische Wehranlage ist das Kastenwehr. Hier haben sich Wasserbauingenieure eine Konstruktion ausgedacht, um die Energie des Wassers zu neutralisieren. Im Unterwasser wurde eine kastenförmige Betonkonstruktion, das sogenannte Tosbecken, eingebaut. Dies bewirkt in aller Regel einen starken Rücklauf. Für einen Schwimmer ist es so gut wie unmöglich, das Tosbecken zu verlassen. Hilfeleistung am Tosbecken und generell an Wehren ist schwierig. Auch Retter kommen schnell in Schwierigkeiten und können ertrinken.

SIPHONS

Srömungen, die unter Felsformationen hindurchziehen, werden Siphons genannt. Man findet sie entweder in Flüssen mit grober Verblockung oder in Karstflüssen. Sie werden in erster Linie Schwimmern gefährlich. Die Schlucht der Saalach bei Lofer und die Soca (Slowenien) im Bereich der Schlucht weisen bekanntermaßen diese tückischen Unterströmungen auf. Da sie sich unter der Wasseroberfläche befinden, sind sie nur schwer auszumachen. Ihre Gefährlichkeit schwankt mit dem jeweiligen Wasserstand.

ZWANGSPASSAGEN

Gelegentlich lassen sich schwierige Passagen an Flüssen mit besonders steilen und praktisch unbegehbaren (und auch nicht zu erkletternden) Ufern vor einer Befahrung nicht einsehen. Diese Stellen, die nicht umtragen werden können, nennen Wildwasserfahrer Zwangspassagen. Obwohl man durch die Beschreibungen in den Flussführern weiß, dass sie generell befahrbar sind, lassen Zwangspassagen den Adrenalinspiegel kräftig ansteigen. Derjenige Fahrer, der sich in einer solchen Situation gut und sicher fühlt, wird vorfahren. Im Unterwasser angekommen, wird er versuchen, den weiter oben wartenden Fahrern durch vorher vereinbarte Zeichen Informationen

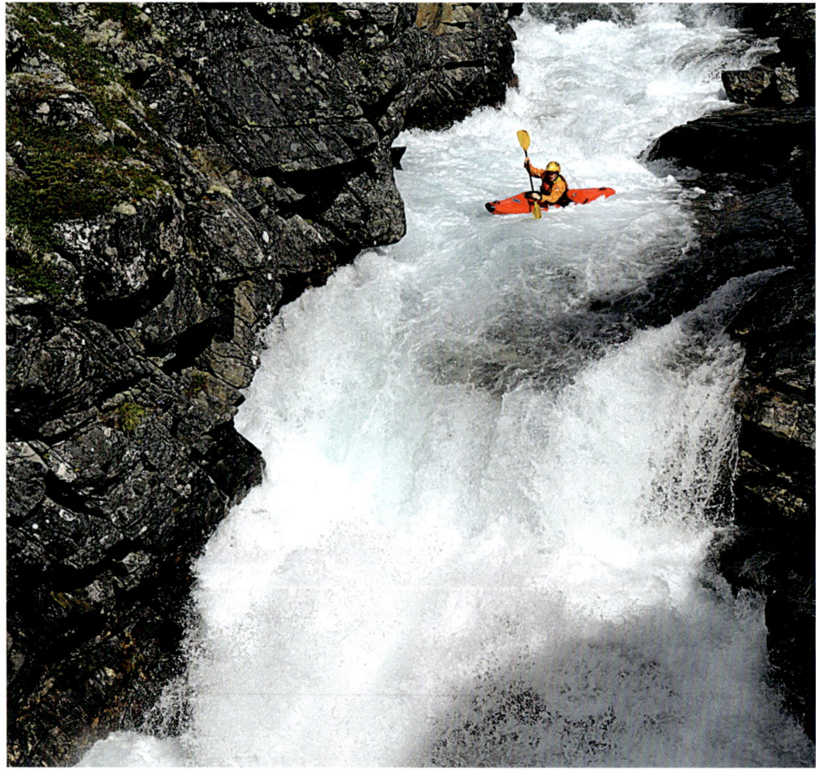

Zwangspassagen lassen den Adrenalinspiegel ansteigen.

zum Befahren dieser Stelle zu übermitteln.

BÄUME, STEGE, STACHELDRAHT

Im und am Wildfluss treffen Sie dann und wann auf Hindernisse, die in keinem Flussführer vermerkt sein werden. Die Gefahr dieser Hindernisse liegt in ihrem unvermuteten Auftauchen. Insbesondere Bäume liegen gern quer über dem Fluss. Die unter dem Wasserspiegel liegenden Äste sind eine Falle ganz besonderer Art für uns Paddler. Aber auch Drähte und Brückenbaustellen stellen tückische Objekte dar.

DIE PERFEKTE LINIE

Im Wildwasser sind Sie ständig auf der Suche nach der perfekten Linie. Damit ist die Fahrtroute gemeint, auf der Sie sicher und schnell den Fluss befahren können. Selten ist die Ideallinie im Wildwasser schnurgerade. Kleinere und größere Richtungsänderungen gehören dazu, um die optimale Linie zu erwischen. Die perfekte Linie entsteht zunächst im Kopf. Erst wenn einzelne Paddelschläge geplant und im Kopf »verankert« sind, setzen Sie diese auf dem Fluss um. Dort zeigt sich dann während des Befahrens, ob Sie wirklich die perfekte Linie gefunden haben. Gelegentlich entscheiden ein paar Zentimeter über eine geglückte oder misslungene Fahrt. Kajakfahren ist auch

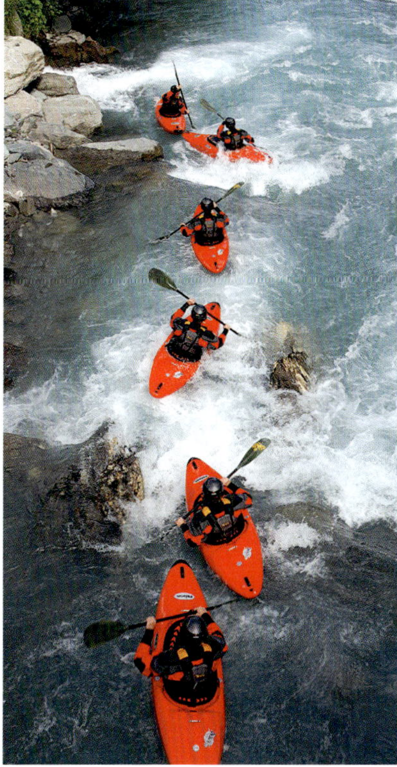

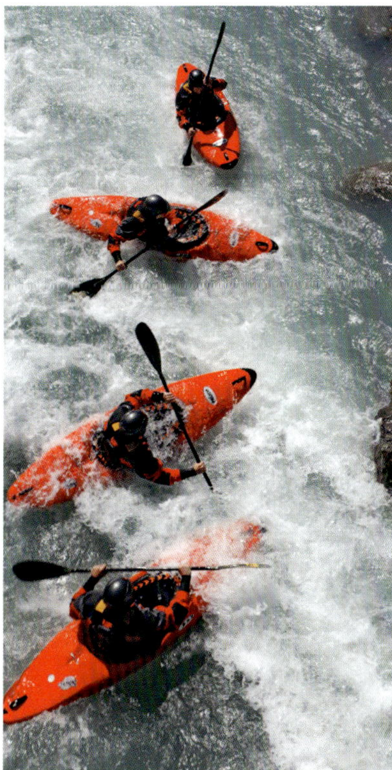

Im Wildwasser unterwegs auf der perfekten Linie. Einfahrt über die Schrägwalze ins Kehrwasser (r.).

»Kopffahren« – Mentaltraining gehört zum Wildwasserfahren wie das Paddel zum Boot.
Es ist ein wenig wie bei der Formel 1: Wer die perfekte Linie nicht findet, kann kein gutes Rennen fahren ...

KEHRWASSER

CHARAKTER/SCHWIERIGKEIT

Kehrwasser treten in den verschiedensten Ausprägungen auf. Große und kleine Kehrwasser, solche mit ausgeprägter Grenze zwischen Hauptströmung und Kehrwasser, manche, deren Grenzen kaum wahrzunehmen sind. »Langsame« Kehrwasser auf weniger schnell fließenden Flussabschnitten und »schnelle« auf Wildwasser mit hoher Strömungsgeschwindigkeit. Fast immer verlangen Kehrwasser nach einer konsequenten Befahrung: Die verwirbelte und instabile Linie zwischen Kehrwasser und Hauptströmung sollte möglichst zügig befahren werden.

EINFAHRT

Nehmen Sie genügend Fahrt auf. Bei der Einfahrt in ein Kehrwasser stellen Sie das Boot in etwa rechtwinklig zur Kehrwassergrenze. Setzen Sie die Schläge so, dass Sie mit dem Paddel über die verwirbelte Linie der Kehrwassergrenze greifen können. Kanten Sie das Boot zur Aktionsseite.

AUSFAHRT

Nehmen Sie Fahrt auf. Bei der Ausfahrt aus dem Kehrwasser stellen sie den Kajak in einen relativ spitzen Winkel zur anfließenden Hauptströmung. Setzen Sie

➔ EINSTEIGER-TIPP

Die sichere Einschätzung von Kehrwassern verlangt viel Erfahrung und ein geübtes Auge. Spielen Sie, so oft es geht, am und mit dem Kehrwasser. Das macht Spaß und stärkt das Selbstvertrauen.

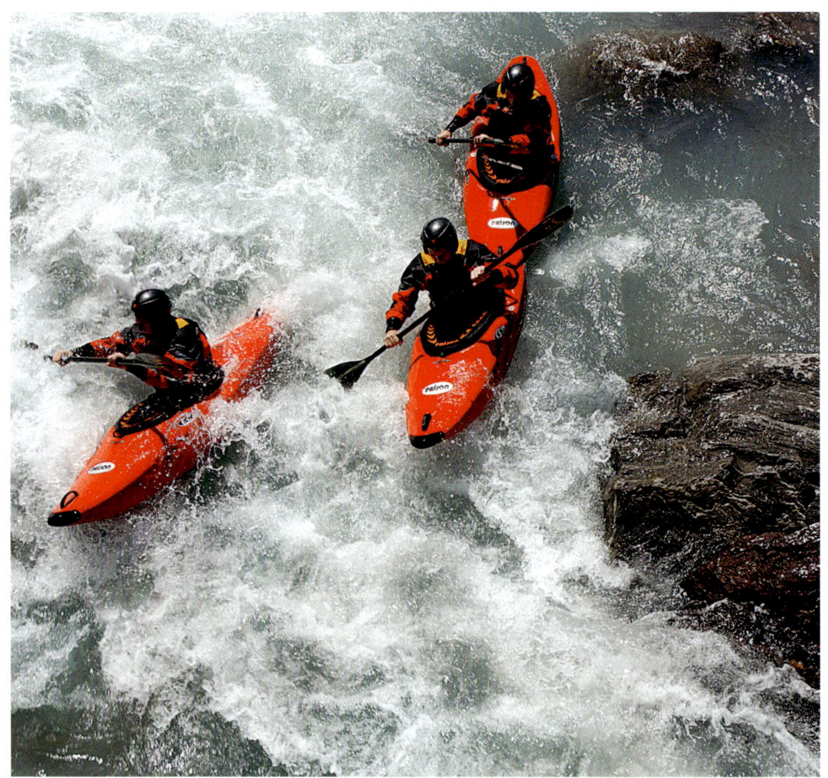

Ausfahrt aus dem Kehrwasser.

die Schläge so, dass Sie mit dem Paddel über die verwirbelte Linie der Kehrwassergrenze greifen können. Kanten Sie das Boot zur Aktionsseite.

→ PROFI-TIPP
Bei der Einfahrt in den Rücklauf Fahrt aufnehmen und deutlich aufkanten, um so die Richtungsänderung optimal einzuleiten.

S-FAHRT

CHARAKTER/SCHWIERIGKEIT

Klassische Situation, um unter Ausnutzung des Rücklaufs hinter dem überspülten Block die Befahrungsseite des Flusses zu wechseln. Die Schwierigkeit liegt im exakten Timing des Aufkantens bei der Einfahrt in den Rücklauf und bei der Ausfahrt in die Hauptströmung. Das Aufkanten muss mit den passenden Schlägen koordiniert werden.

BEFAHRUNG

Mit einem Bogenschlag vorwärts rechts steuern Sie den Rücklauf hinter dem Block an. Erreicht der Bug den Rücklauf, wird der Kajak nach links aufgekantet. Ein Bogenschlag vorwärts links, gefolgt von einem Vorwärtsschlag rechts, bringt Sie zum gegenüberliegenden Abschnitt des Rücklaufs. Die Ausfahrt in die Hauptströmung erfolgt mit einem Ziehschlag rechts, verbunden mit dem Aufkanten rechts.

SCHRÄGWALZE, WELLEN UND DECKWALZE

CHARAKTER/SCHWIERIGKEIT

Wenig verblockter Abschnitt mit Schrägwalze am Beginn des Abschnitts. In der Folge Wellen und kleinere Walzen. Der Hauptstromzug führt mittig auf einen überspülten Block mit kräftiger Deckwalze.

Linie einer S-Fahrt unterhalb des überspülten Blocks.

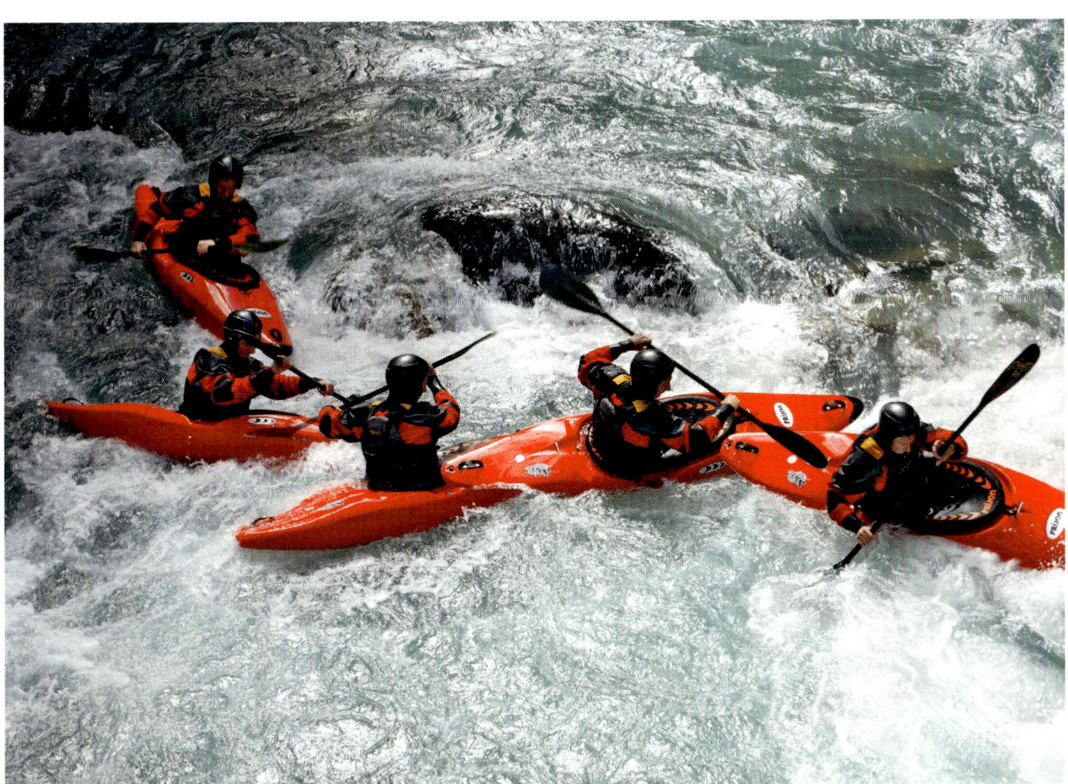

BEFAHRUNG

Stellen Sie eingangs den Kajak mit dem Bug nach links. Mit einem ausgeprägten Zieh-/Vorwärtsschlag links wird die versetzende Wirkung der Schrägwalze kompensiert. Die Linie führt so weiter, dass der überspülte Block linksseitig mit einem Bogenschlag vorwärts umfahren wird.

VERBLOCKUNG, ENGE DURCHFAHRT

CHARAKTER/SCHWIERIGKEIT

Auf schnell fließendem Wasser wird eine Engstelle zwischen zwei Blöcken befahren. Wellen, kleinere Prallpolster und zum Schluss eine kleine Schrägwalze markieren die Linie. Danach Einfahrt ins Kehrwasser, um den weiteren Verlauf des Flusses zu erkunden. Schnelles Reagieren auf wechselnde Strömungsverhältnisse ist angesagt.

BEFAHRUNG

Peilen Sie zunächst mit dem Bug das Prallpolster des überspülten Blocks links an. Dort können Sie mit einem angedeuteten Stützschlag links den Kajak kurz stabilisieren. Auf Höhe des zweiten Blocks holen Sie das Boot mit einem Ziehschlag rechts in den Stromzug zurück. Stellen Sie jetzt das Boot geradeaus Richtung Schrägwalze, um bei der Durchfahrt mit einem kräftigen Bogenschlag vorwärts ins Kehrwasser zu schießen. Drehen Sie mit einem Duffekschlag das Boot stromauf in die »Parkposition«.

➔ PROFI-TIPP

Vor der Schrägwalze sollten Sie bereits genügend Fahrt aufnehmen, um die perfekte Linie einzuleiten.

➔ PROFI-TIPP

Der letzte Bogenschlag vor der Einfahrt ins Kehrwasser sollte besonders kräftig sein, um so eine zügige und sichere Einfahrt ins Kehrwasser zu gewährleisten.

TRAVERSE

CHARAKTER/SCHWIERIGKEIT

Oft ist es notwendig, von einer Flussseite auf die gegenüberliegende Seite zu kommen, ohne von der Strömung mitgenommen zu werden. Gelingt dies auf langsam fließendem Wasser noch ohne größere Schwierigkeiten, ist dies auf dem reißenden Wildfluss eine Herausforderung. Hier ist es notwendig, Kehrwasser, Wellen und Walzen plus Eigengeschwindigkeit für die Ideallinie zu nutzen.

BEFAHRUNG 1

Starten Sie im Kehrwasser und beschleunigen Sie das Boot maximal. In der kleinen Walze kanten Sie den Kajak nach links und setzen gleichzeitig einen kräftigen Vorwärtsschlag links. Im Haupt-

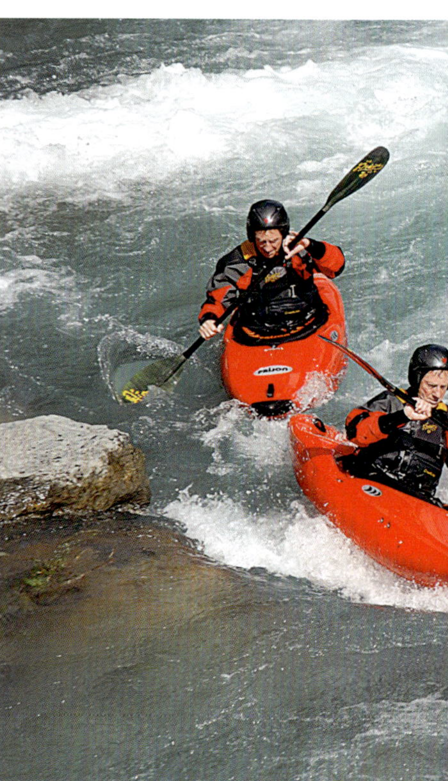

Traverse über die Hauptströmung – Befahrung 1.

stromzug setzen Sie weitere Vorwärtsschläge. Bei der Einfahrt in das gegenüberliegende Kehrwasser kanten Sie das Boot nach rechts und setzen einen Duffekschlag oder Ziehschlag vorn.

BEFAHRUNG 2

Starten Sie im Kehrwasser und beschleunigen Sie das Boot maximal. Steuern Sie das kleine Wellental an und kanten Sie gleichzeitig nach rechts. Setzen Sie einen kräftigen Vorwärtsschlag rechts. Im Hauptstromzug setzen Sie weitere Vorwärtsschläge. Nun müssen Sie nur noch das ablaufende Wasser der kleinen Walze überwinden, um ins Kehrwasser zu gelangen.

→ PROFI-TIPP

Bei der Landung das Paddel so neben den Körper halten, dass es nicht im Weg sein kann.

WASSERFALL

CHARAKTER/SCHWIERIGKEIT

Wasserfall mit etwa 20 m Höhendifferenz. Aus dem Pool heraus relativ unschwierige Anfahrt. Im Verlauf kommt die Felswand bei suboptimaler Befahrung gefährlich nahe. Die Landung im schaumigen »weichen« Unterwasser ist bei ausreichender Wassertiefe kein Problem.

BEFAHRUNG

Vom Pool aus dirigieren Sie den Kajak in den Stromzug. Mit präzisen Vorwärtsschlägen paddeln Sie das Boot bis an die Kante des Wasserfalls. Boofen an der schwach ausgeformten Kante ist empfehlenswert, aber nicht zwingend notwendig. Wichtiger ist es in diesem Fall, die Bootsspitze von der Felskante weg auszurichten.

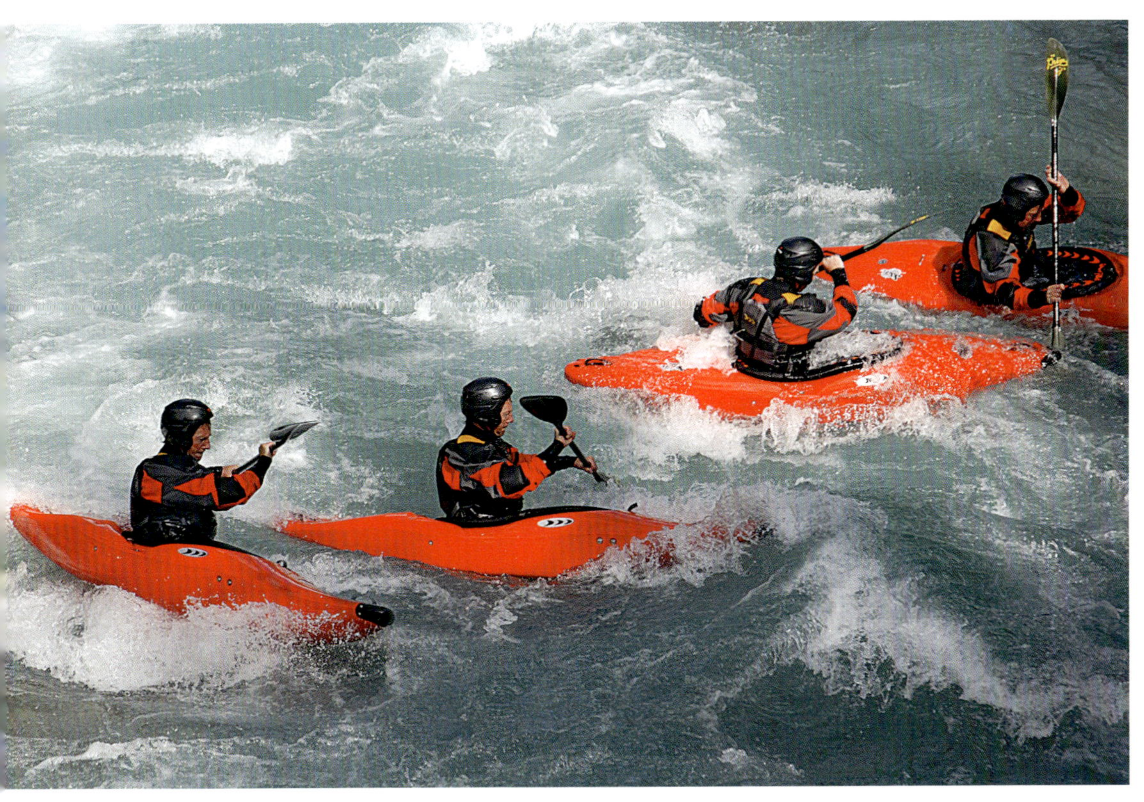

WALZE

CHARAKTER/SCHWIERIGKEIT

Dieser ausgeprägte Abschnitt mit Doppelwalze mitten im Fluss könnte links oder rechts umfahren werden. In diesem Fall entschließt sich der Fahrer, die Walze auf der »Kampflinie« zu befahren – eine sportliche Herausforderung, die Mut, Kraft und gutes Timing verlangt.

BEFAHRUNG

Nehmen Sie vor der Walze Fahrt auf. Die Walze wird Sie stoppen, sodass Sie ausreichend Geschwindigkeit benötigen, um die Walze sauber zu durchfahren. Greifen Sie mit dem Paddel über den Walzenkamm, um in das schnellere ablaufende Wasser zu kommen. Legen Sie alle Kraft in diesen Schlag. Gleicher Bewegungsablauf in der darauf folgenden zweiten Walze, die noch fordernder ist.

POLSTER

CHARAKTER/SCHWIERIGKEIT

Mitten im Fluss versperrt ein Felsriegel die Durchfahrt. Das Wasser staut sich an dieser Stelle auf und bildet ein Polster.

BEFAHRUNG

Sie lassen sich schräg gegen das Polster treiben. Auf der Aktionsseite stabilisieren Sie den Kajak mit einer Kombination aus Bogenschlag und Grundschlag vorwärts. Gleichzeitig kanten Sie das Boot leicht zur Gegenseite an. Im ablaufenden Wasser fahren Sie weiter vorwärts.

Traverse über die Hauptströmung – Befahrung 2.

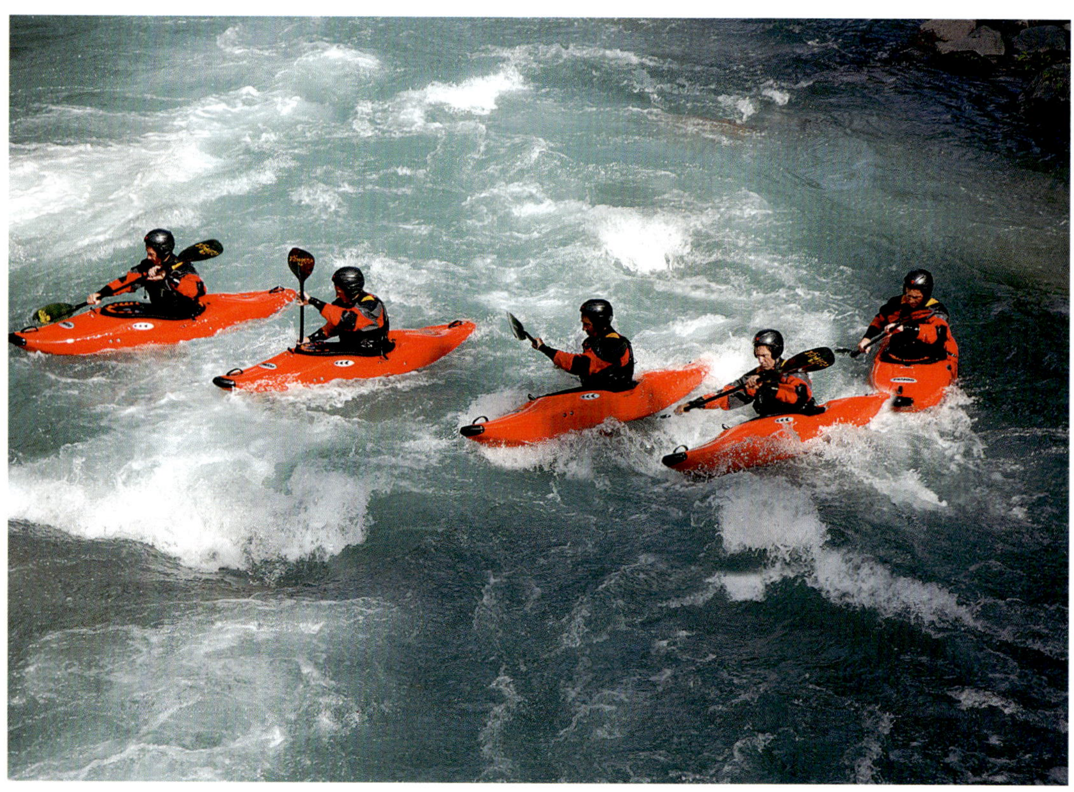

SICHERHEIT UND RETTUNG

ABENTEUER WILDWASSER

Wildwasserfahren ist ein Vergnügen, aber auch ein Stück Abenteuer. Im Abenteuer finden wir aufregend Unbekanntes. Das Unbekannte suchen wir, das damit verbundene Risiko versuchen wir naturgemäß zu vermeiden. Der Selbsterhaltungstrieb meldet sich.

Solange wir auf Wildbächen paddeln, wird es unmöglich sein, das Wildwasserfahren völlig sicher zu machen. Das Ziel wird sein, das Wildwasser und die Landschaft zu genießen und das Risiko durch gewissenhafte Vorbereitung, viele Erfahrungen und umsichtiges Verhalten zu minimieren.

FITNESS, AUSDAUER, TECHNIK

Auch für Wildwasserfahrer ist eine spezielle Fitness Voraussetzung für sicheres Befahren. So banal es klingen mag: Mancher Fahrer geht körperlich unzureichend vorbereitet auf den Bach. Für den Großteil der Kanufahrer ist Paddeln nun einmal eine Saisonsportart. Die ersten Fahrten dienen dazu, Grundmuster des Wildwasserfahrens wieder einzuschleifen. Den Winter über betreiben Kanuten im günstigen Fall eine andere Sportart, halten sich durch Gymnastik, Aerobic oder Jogging fit. Das Kajakfahren ist dann wieder eine ganz andere Geschichte. Es werden völlig andersartige

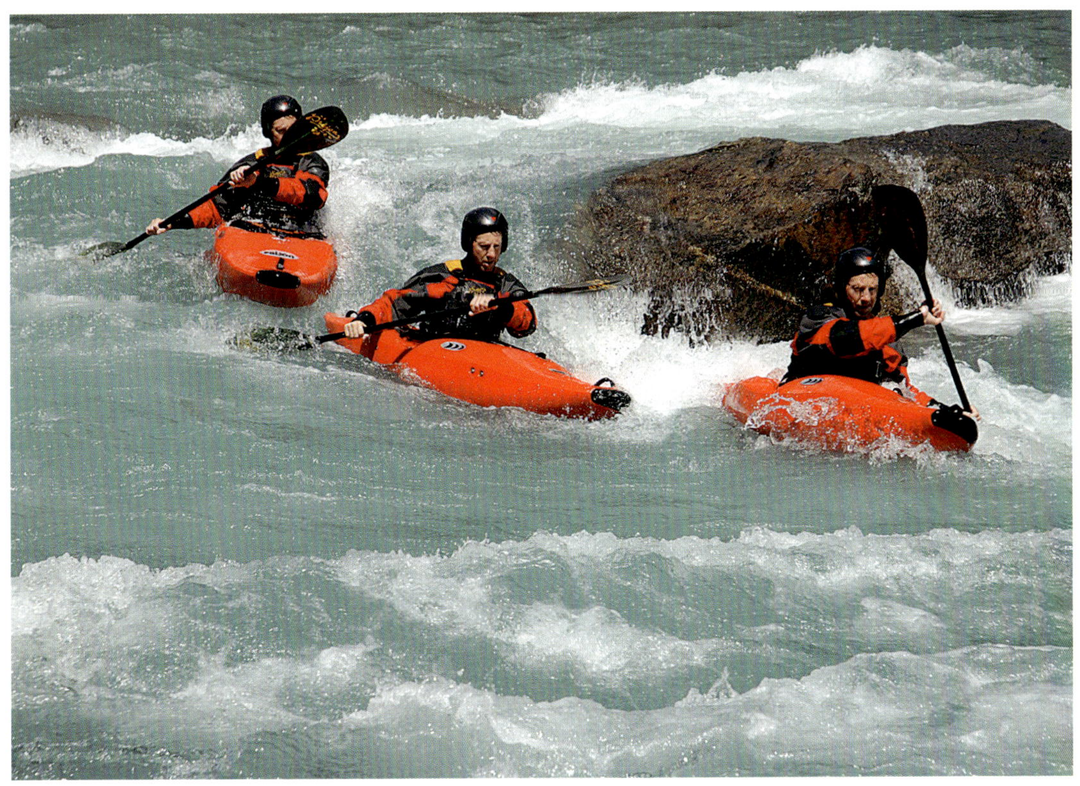

Befahrung eines Polsters.

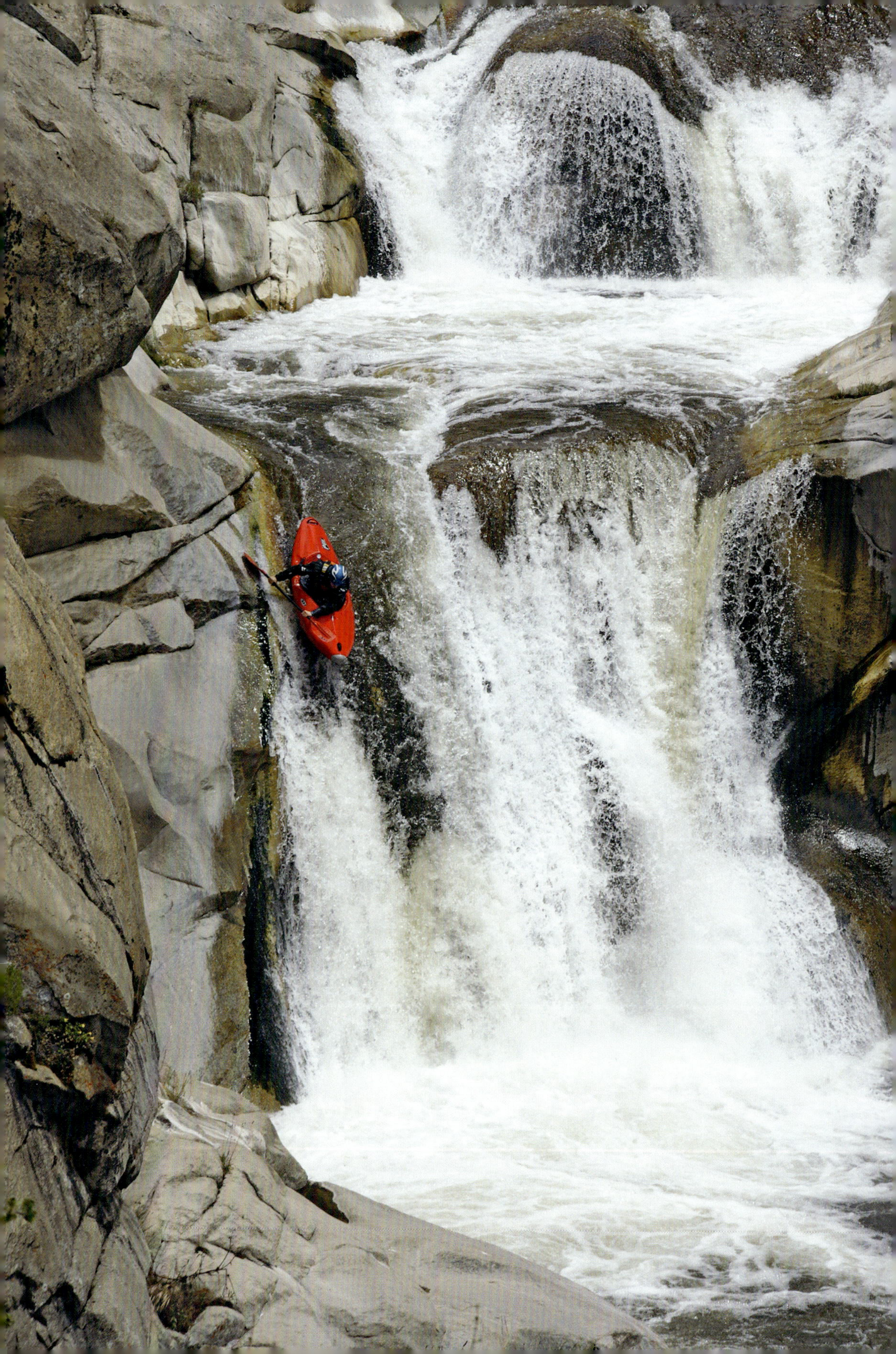

→ **EINSTEIGER-TIPP**
Wer seine Technik einschleifen oder verbessern möchte, wird an einer geeigneten Stelle zwei oder drei Slalomtore aufhängen. Mithilfe dieser Tore können ganz unterschiedliche technische Grundmuster des Wildwasserfahrens simuliert und trainiert werden. Zielgenaues Fahren durch eine effektive Anwendung der Paddelschlagtechniken wird perfektioniert.

Wildwasserfahren ist Vergnügen und Abenteuer zugleich.

Muskelgruppen beansprucht. Erfahrungsgemäß bergen gerade die Fahrten zu Saisonbeginn oder zum Ferienanfang in dieser Hinsicht kritische Situationen.

Schwimmen ist nicht nur hervorragend geeignet, um die allgemeine Ausdauer zu trainieren. Es bereitet auch auf den Ernstfall vor. Kräftiges und ausdauerndes Schwimmen kann bei einer Kenterung lebensrettend sein. Oft werden Strecken gefahren, in denen der Gekenterte zum Spielball der Strömungen wird. Die Schwimmweste und der Neoprenanzug verleihen zwar Auftrieb, vor starken und saugenden Strömungen bietet das aber letztendlich keinen Schutz. Tauchübungen runden das Schwimmtraining ab.

Das Training der Kenterrolle ist schließlich ein ganz grundlegendes Sicherheitselement. Wer die Möglichkeit hat, übt im Schwimmbecken die Rolle. Er verfügt dann über eine solide Grundlage, wenn es irgendwo im wilden Wasser einmal kopfunter den Bach hinuntergeht.

SCHWIMMEN IM WILDWASSER

Mit Schwimmweste, Neoprenanzug, festen Schuhen und Helm im leichten Wildwasser Schwimmen üben ist eine hervorragende Möglichkeit, Gefühl für die Kräfte des Wildwassers zu bekommen und obendrein noch ein Stückchen Sicherheit und Selbstvertrauen zu erlangen. Außerdem macht es auf geeigneter Strecke viel Spaß. Aktives Schwimmen (in Rücken- oder Brustlage) ist sinnvoll, da Sie ja so schnell wie möglich das rettende Ufer erreichen wollen.

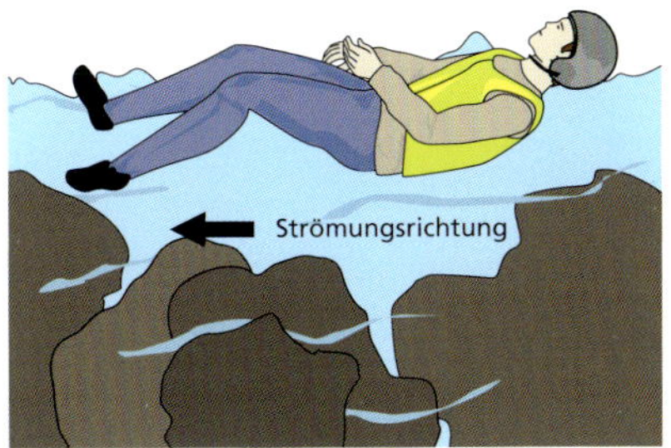

Schwimmen im Wildwasser.

Auf keinen Fall richten Sie sich im Wasser auf. Zu oft ist es schon passiert, dass ein Schwimmer mit einem Fuß im Spalt zwischen zwei Steinen hängen blieb. Bei kräftiger Strömung hat dies fatale Folgen: Der Oberkörper wird gnadenlos unter Wasser gedrückt. Erst im unmittelbaren Uferbereich, dort, wo die Strömung minimal ist und Sie sich gut orientieren können, richten Sie sich auf.

In felsigen und flachen Flüssen bleiben Sie immer oberhalb des Kajaks. Sie vermeiden es so, zwischen dem Boot und einem Hindernis eingequetscht zu werden. Dabei legen Sie sich auf den Rücken und versuchen, stromabwärts zu schauen. Hüfte und Füße halten Sie nach Möglichkeit an der Wasseroberfläche. Solange Sie das Boot an der Schlaufe halten, versuchen Sie, das rettende Ufer zusammen mit dem Boot anzuschwimmen. Sie bergen das Boot aber nicht um jeden Preis.

Besonders im Wuchtwasser ist es schwierig, den Überblick zu behalten. Die Orientierung aus der Schwimmerperspektive ermöglicht es aber auf jeden Fall, ein Ufer anzupeilen. Wenn Sie sich für ein Ufer entschieden haben, behalten Sie diesen Entschluss bei, auch wenn Sie unterwegs durch Strömungen versetzt werden.

Das Schwimmen im Rücklauf von Wehren, überspülten Blöcken und Stufen ist noch einmal ein Kapitel für sich. Instinktiv wird man versuchen, möglichst schnell an der Wasseroberfläche vom Wehr wegzuschwimmen. Das geht aber nur, wenn der Rücklauf schwach ausgeprägt ist. Die Schwierigkeit liegt also darin, gegen den Reflex zu handeln und abzutauchen. Sie schwimmen in diesem Fall mit dem Rücklauf flussauf in Richtung Wehr oder Stufe. Je stärker Sie in das herabstürzende Wasser geraten, umso besser kommen Sie nach unten in die ablaufende Strömung. Sie haben dann eine reelle Chance, im abfließenden Wasser unter dem Rücklaufbereich hinwegzutauchen.

HELFEN UND RETTEN

Viele Hilfsmaßnahmen bleiben ohne den gewünschten Erfolg, weil das richtige Material falsch eingesetzt wurde. Auch hier bleibt es dabei: Sicherheit ist nicht käuflich. Es reicht nicht, wenn Sie den Wurfsack in der Hand halten; Sie sollten ihn auch zielgenau, an der richtigen Stelle und im entsprechenden Moment zuwerfen können. Je intensiver Sie sich auf schwierige Situationen vorbereiten, umso weniger überlassen Sie etwas dem Zufall.

→ EINSTEIGER-TIPP

Gerade im Wuchtwasser versuchen Sie so lange wie möglich am Boot zu bleiben und mit dem Boot an Land zu kommen. Das aber nur, solange Sie noch gut »bei Luft« sind. Wird die Luft knapp, schwimmen Sie im Kraulstil ohne Boot an Land.

→ EINSTEIGER-TIPP

Zur Orientierung öffnen Sie die Augen: Das sauerstoffreiche Wasser des Rücklaufs ist heller als das dunkle, ablaufende Wasser. Ein kühler Kopf und genügend Luft in der Lunge erleichtern diese Aktion. Schwierig wird es, wenn zunächst gegen den Rücklauf angeschwommen wird und die Kräfte verbraucht sind. Zu schnell verlieren Sie den Überblick und das Handlungsvermögen.

WURFSACK

Der Wurfsack ist das wichtigste Rettungsgerät des Kajakfahrers und gehört in jedes Wildwasserboot. Sie benötigen ihn zur Rettung eines Schwimmers aus Schwallen, Katarakten und Rückläufen. Das im Wurfsack enthaltene Seil dient auch zum Sichern eines angeseilten Helfers, zur Rettung eines Schwimmers aus der Flussmitte oder zum Queren der Strömung. Der Brustgurt der Schwimmweste bietet dazu eine ideale Befestigungsmöglichkeit. Also: Nie direkt in das Seil einbinden; das Seil muss sich im Notfall, auch unter starkem Zug, lösen lassen.

Der Wurfsack enthält eine schwimmfähige Leine mit einer Länge von etwa 15–20 m. Der Durchmesser dieser Leine sollte etwa 8–10 mm betragen. Leine und Sack müssen für einen Schwimmer gut sichtbar sein. Deshalb weisen sie Signalfarben auf. Wurfsäcke sind in vielen Situationen einsetzbar. Sie sind somit ein universelles Rettungssystem und die Grundlage unserer aktiven Sicherheit. Sie können Schwimmern den Wurfsack zuwerfen, sich selbst und die Boote an steilen Ufern abseilen, verklemmte Boote bergen und vieles mehr.

Ummanteltes Tauwerk eignet sich besonders gut als Leine. Die Tatsache, dass es Wasser aufsaugt, macht sich beim Werfen positiv bemerkbar. Es wird dann schwerer und lässt sich gegebenenfalls weit werfen. Nach einem Einsatz werden Sie die Leine aber auf jeden Fall zum Trocknen

→ EINSTEIGER-TIPP
Wenn Sie das richtige Material besitzen, sollten Sie auch lernen, versiert damit umzugehen. Das Bergen eines Fahrers aus seinem verklemmten Boot, die Rettung eines Bewusstlosen aus dem Fluss, das Herausholen eines Schwimmers aus dem Rücklauf sind Situationen, in die Sie früher oder später kommen werden.

→ EXTRA-TIPP
Wurfsack, Paddelhaken, Karabiner und Messer gehören heutzutage einfach zum Standard.

→ EINSTEIGER-TIPP
Am freien Ende der Leine befestigen Sie in der Schlaufe einen Karabiner. Beim Transport im Boot haken Sie den Karabiner im Rückengurt ein und verstauen den Wurfsack griffbereit im Sitzbereich.

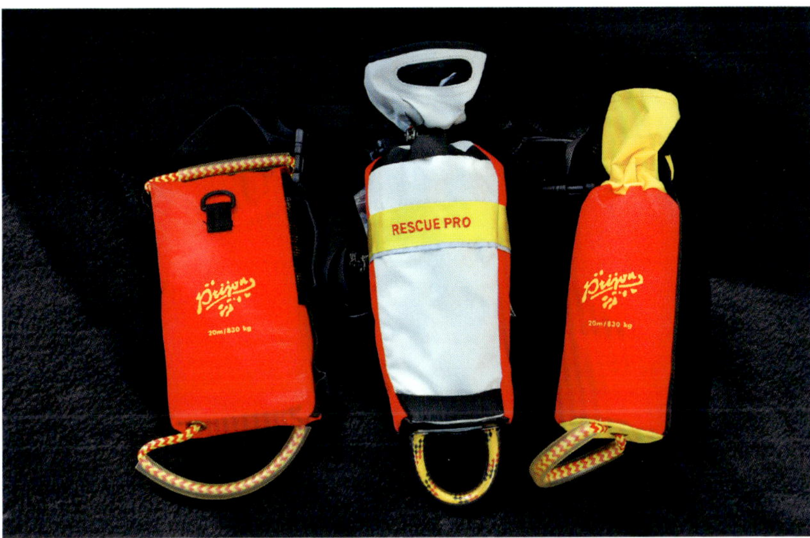

Ein Wurfsack ist das wichtigste Rettungsgerät für Kanuten.

aufhängen und anschließend von Sand und Schmutz befreien, um eine sichere Funktion und lange Lebensdauer zu gewährleisten. Die Öffnung des Wurfsacks ist so groß bemessen, dass Sie die Leine bequem und ohne Schlaufen im Sack unterbringen können. Auf keinen Fall dürfen Sie die Leine außerhalb des Wurfsacks zusammenlegen und dann in den Sack stopfen. Die Gefahr, dass sich die Leine verknotet und nicht weit genug geworfen werden kann, ist dann zu groß.

RETTUNG MIT WURFSACK

Es ist schwieriger, einen Schwimmer mit dem Wurfsack zu retten, als Sie es sich zunächst vorstellen können. Zielgenaues Werfen ist mit ausgiebigem Üben verbunden. Rechnen Sie damit, dass es einen überaus starken Ruck geben kann, wenn der Schwimmer an der Leine festen Halt gefunden hat. Außerdem sollte nie mehr Leine in den Wurfsack gegeben werden, als Sie bis zum Schwimmer brauchen. Sie verhindern so, dass sich die Leine in ihrer ganzen Länge abwickelt. Um zu vermeiden, dass der Retter durch starken Zug mit ins Wasser gezogen wird, sollte die Leine am Ende oder an anderer Stelle gesichert werden. Sie können sie um einen Baum oder einen Felsen schlingen. Auch hier leistet ein Karabiner wieder gute Dienste.

Schwierige Stellen werden in aller Regel vor dem Befahren abgesichert. Es gehört Erfahrung dazu, passende Wurfpositionen auszusuchen. Insbesondere dann, wenn nach einer heiklen Stelle ein unbefahrbarer Abschnitt droht, wird doppelt oder dreifach gesichert. Sie werden versuchen, etwas über den Schwimmer hinauszuzielen, damit er auf jeden Fall die Leine greifen kann. Grundsatz: lieber zu lang als zu kurz!

Sollten Sie trotzdem den Schwimmer verfehlen, holen Sie

die Leine wie ein Lasso ein und laufen gleichzeitig am Ufer entlang. Bevor Sie erneut einen Wurfversuch starten, füllen Sie den Sack nach Möglichkeit mit Wasser. Nur so können Sie (jetzt ohne die Leine im Sack) halbwegs zielgenau werfen. Soweit die Theorie.

RETTUNG AUS DEM RÜCKLAUF

Ein Schwimmer im Rücklauf eines Wehres oder einer Stufe ist eine der heikelsten vorstellbaren Situationen.

Um einen Schwimmer aus einem Rücklauf zu befreien, wird das Team gut zusammenarbeiten und bestens vorbereitet sein müssen. Einfachste Möglichkeit ist der schnelle und zielgenaue Einsatz des Wurfsacks. Schon wenn Gruppen die Boote verlassen, um eine Stelle auf ihre Befahrbarkeit hin zu untersuchen, sollten alle immer den Wurfsack mitnehmen und abchecken, wo sich die besten Wurfpositionen befinden.

Man kann auch mit einem vorher bereitgemachten Boot vom Unterwasser her in den Bereich des Rücklaufs einfahren. Die Bootsspitze mit der Schlaufe wird dann als Halt angeboten.

Da diese Methode für den Retter gefährlich werden kann, wenn er selbst in den Rücklauf gerät, ist hier höchste Vorsicht geboten. Der Rücklauf darf nicht zu stark sein. Für diese Rettungsmethode kommen nur besonders gute und erfahrene Paddler in Betracht. Sicherer wird diese Möglichkeit, wenn das Boot vorher mit einem Wurfseil verbunden wurde und ein Helfer vom Ufer aus das Boot aus dem Rücklauf ziehen kann.

→ EINSTEIGER-TIPP

In der Praxis laufen solche Rettungsaktionen jedoch oft genug leider anders als geplant. In Sekundenschnelle müssen Sie dann reagieren und die richtige Entscheidung für eine unvorhergesehene Situation treffen. Hier hilft am besten Training, Training, Training …

→ EXTRA-TIPP

Gute Kajakfahrer, die so gut wie nie ihr Sportgerät verlassen müssen, sind erstaunlich hilflos, wenn sie dann doch einmal im Wildwasser schwimmen. Für den Schwimmer gilt: Versuchen, den Helfer am Ufer im Auge zu behalten. Wenn der Helfer den Sack geworfen hat: Die Leine mit beiden Händen packen und unter einem Arm durchziehen. Auf den Rücken legen und auf die Füße schauen! Mit den Füßen kann die Schwimmlage gesteuert werden.

→ PROFI-TIPP

Auf großen Wildflüssen können Sie einen Schwimmer nur retten, wenn Sie zu ihm hin paddeln und den Kajak als Rettungsboot benutzen. Sie fahren den Schwimmer so an, dass er sich über das Heck zum Süllrand ziehen kann. Hierbei hilft dem Schwimmer die auf dem Boot befestigte Decksleine. Wenn der Schwimmer sicher aufliegt und guten Halt gefunden hat, hebt er nach Möglichkeit die Füße aus dem Wasser. Diese würden ansonsten wie »Bremsklappen« wirken.

→ EINSTEIGER-TIPP
Eine gut funktionierende Methode auf engen Bächen: Es springt oder schwimmt der Helfer selbst ein, nachdem er über Wurfleine, Karabiner und Brustgurt von einem Kameraden gesichert wurde. Der Vorteil dieser Methode liegt darin, dass der Retter genau dann einspringen kann, wenn der Schwimmer an der Wasseroberfläche auftaucht.

→ PROFI-TIPP
Eine recht sichere, aber seltener praktizierte Methode besteht darin, zwei Wurfleinen miteinander zu verbinden und vom Ufer aus in den Rücklauf einzubringen. Ist die Entfernung von einem Ufer zum anderen groß, muss eine Leine mit einem Boot an das andere Ufer transportiert werden. An jedem Ufer steht ein Retter, der ein Ende der Leine hält. Die Leine kann dann zielgenau in den Rücklauf eingebracht werden.

Eine andere erprobte Variante dieser Methode besteht darin, eine Bootskette zu bilden. Dazu befinden sich zwei Fahrer im Unterwasser. Die Kajaks sind durch ein angemessen langes Seil miteinander verbunden. Der vordere Paddler fährt in den Rücklauf zum Schwimmer. Der andere hält sich dicht bei ihm, bleibt aber im ablaufenden Wasser. Der vordere Paddler manövriert zum Schwimmer. Bekommt der Schwimmer die Schlaufe zu fassen, versucht der rückwärtige Fahrer Schwimmer und Vordermann aus dem Rücklauf herauszubugsieren.

Falls der Schwimmer aus dem Rücklauf herausgespült wird, muss das Unterwasser abgesichert sein. Da der Schwimmer in diesem Fall oft bereits bewusstlos ist, geschieht das Abfangen u. a. mittels Bergeleine.

RETTUNG MIT DER BERGELEINE

Es ist so gut wie unmöglich, ohne Bergeleine einen handlungsunfähigen oder bewusstlosen Menschen schnell und sicher aus dem Fluss zu bergen. Dieses System in Verbindung mit der Schwimmweste oder auf dem Kajak montiert, ermöglicht eine kompetente Rettungsaktion auf nicht verblockten Flüssen. Bergeleinen gehören zum Standard in der Sicherheitsausrüstung. Sie verfügen über einen handgroßen Karabiner, ein gerafftes Seil und eine zuverlässige Panikauslösung, falls der Geschleppte im Fluss an einem Hindernis hängen bleiben sollte.

Im Notfall fahren Sie so an den Treibenden heran, dass sich dieser rechts des Bootes be-

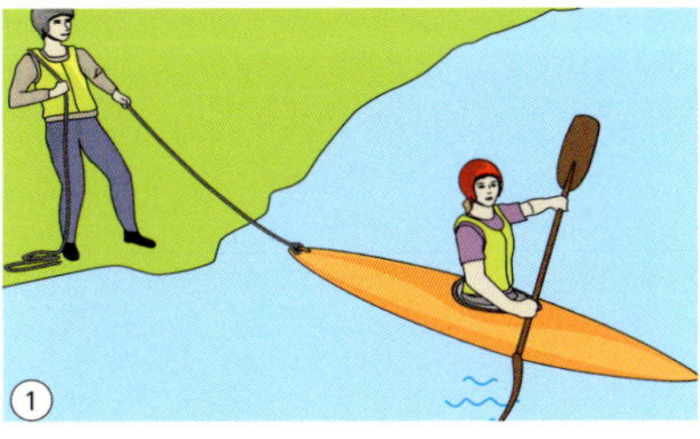

Sichern des Retters.

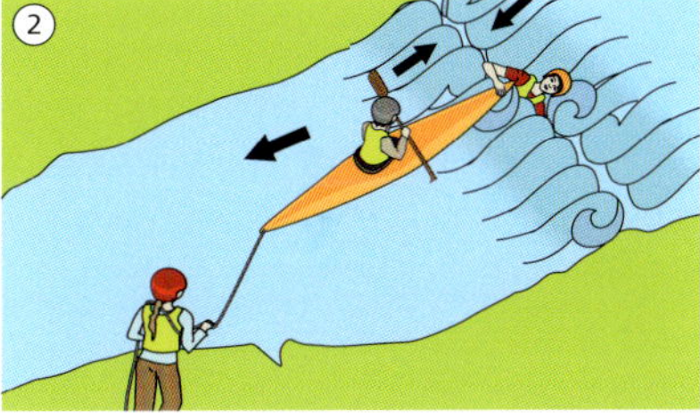

Rettungsversuch mit angeseiltem Boot.

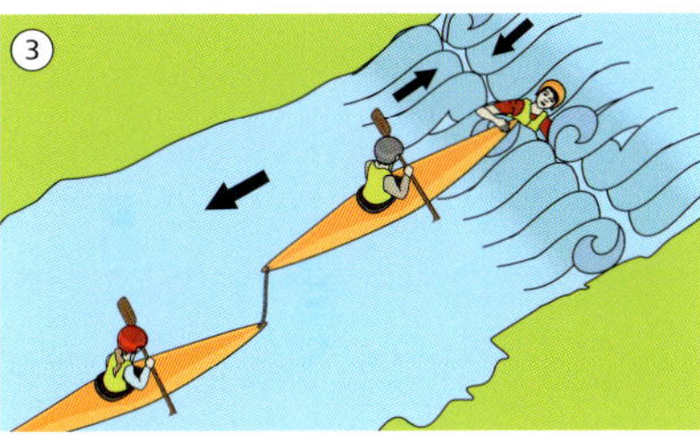

Bergen mithilfe einer Bootskette.

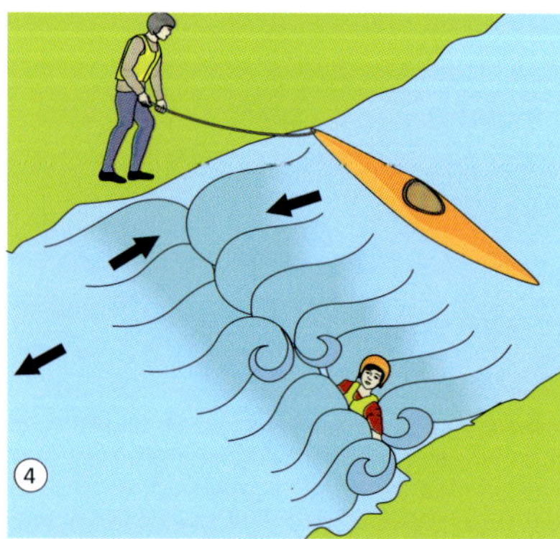

Bergen durch Einschwimmenlassen eines Kajaks.

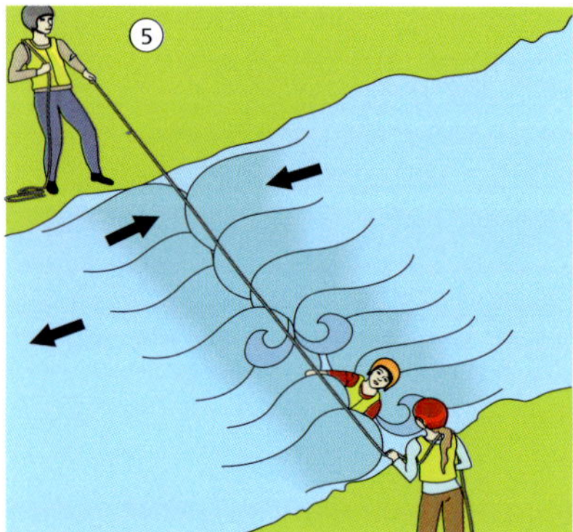

Bergen durch Einschwimmenlassen eines Kajaks.

findet. Dann wird der Karabiner eingeklinkt. Dazu klemmen Sie das Paddel kurz unter die Achsel, damit Sie eine Hand oder beide Hände frei bekommen. Hat der Treibende eine Gurtweste an, klinken Sie im Gurt ein. Fehlt der Gurt, wird im Schulterbereich der Weste eingeklinkt. Danach fahren Sie an eine geeignete Stelle und beginnen gegebenenfalls sofort mit der Wiederbelebung.

KLEMM- UND STECKUNFÄLLE

Gelegentlich auf engen und steilen Bächen, insbesondere aber auch auf breiteren und auf den ersten Blick scheinbar nicht so schwierigen Flüssen kommt es dann und wann zu Klemm- oder Steckunfällen. Beim »Klemmer« oder »Stecker«, wie es im Jargon heißt, wird man durch den Wasserdruck an ein Hindernis gepresst und bleibt zwischen zwei Hindernissen oder beim Befahren einer Stufe mit dem Bug stecken. Durch den Druck des strömenden Wassers wird in diesen Fällen das Verlassen des Bootes für den Fahrer sehr schwierig oder sogar unmöglich.

Dass diese Unfälle überwiegend auf leichten bis mittelschweren Gewässern auftreten, ist vielleicht darauf zurückzuführen, dass hier besonders viele, oft aber auch weniger erfahrene Kanuten unterwegs sind. Diese scheinen die Gefahren sogenannter leichter Gewässer zu unterschätzen. Oft ist auch die notwendige Rettungsausrüstung und die Fähigkeit zur Rettung bei solchen Unfalltypen nicht vorhanden. An schwierigen Streckenabschnitten

➔ EINSTEIGER-TIPP

Falls Sie jemandem helfen, der in der Falle steckt, müssen Sie ihn zuerst so sichern, dass er atmen kann. Bekommt er keine Luft, ist es vordringlich, seinen Kopf über das Wasser zu bekommen. Ist dies nicht möglich, wird das Boot so bewegt, dass er wieder frei atmen kann. Dazu brauchen Sie fast immer Seil, Karabiner, Umlenkrolle und Bergehaken.

→ **EXTRA-TIPP**
Sind Sie der einzige Helfer, der rettend eingreifen kann, geht das fast immer praktisch und schnell mit dem Bergehaken. Sie können den Bergehaken an dem Rundumgurt der Schwimmweste einhaken und versuchen, dem Verunglückten damit zu helfen. Kann der Verunglückte atmen, wird der Haken an den Bergeschlaufen des Kajaks angesetzt, damit das Boot freigeholt werden kann.

→ **PROFI-TIPP**
Falls mehrere Helfer zur Verfügung stehen, können diese sich zweckmäßigerweise die Aufgaben teilen. Eine Gruppe kümmert sich um die Sicherung und Bergung des Verunglückten, während die andere Gruppe versucht, das Boot vor weiterem Verrutschen zu sichern und anschließend herauszuhieven. Da das strömende Wasser in aller Regel eine enorme Kraft ausübt, wird mit allen Tricks gearbeitet, um den Fahrer und das Boot freizubekommen.

werden hingegen üblicherweise Sicherungsposten aufgestellt.

Generell gilt: Boote mit voluminösen Enden, hartem Rumpfmaterial und voll aufgeblasenen Auftriebskörpern werden nicht so schnell in Klemm- oder Stecksituationen kommen.

Stecken Sie aber trotzdem in der Falle, werden Sie alles tun, um die Situation nicht noch weiter zu verschlechtern. Das kann beispielsweise bedeuten, dass das Boot nicht weiter abkippen und unter Wasser geraten darf. Sie halten sich also nach Möglichkeit in dieser Position, indem Sie sich mit dem Paddel oder den Armen abstützen. Ist Hilfeleistung in absehbarer Zeit nicht zu erwarten, steigen Sie so aus, dass beide Knie gleichzeitig aus dem Boot genommen werden. Dies ist besonders wichtig, wenn das Wasser mit hohem Druck auf den Rücken presst. Nur so kann ein Hängenbleiben im Boot vermieden werden.

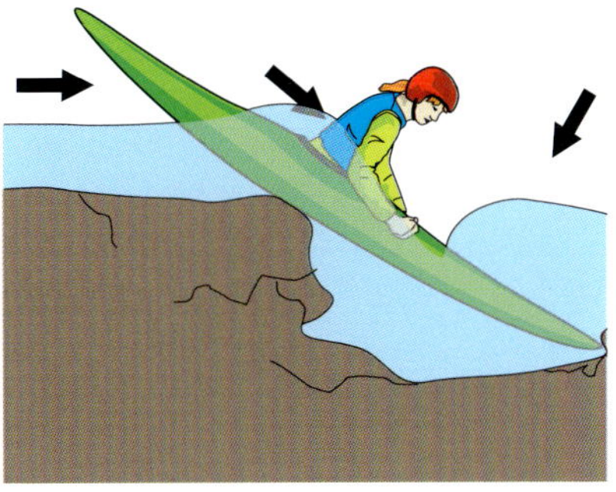

Stecken im Flussgrund.

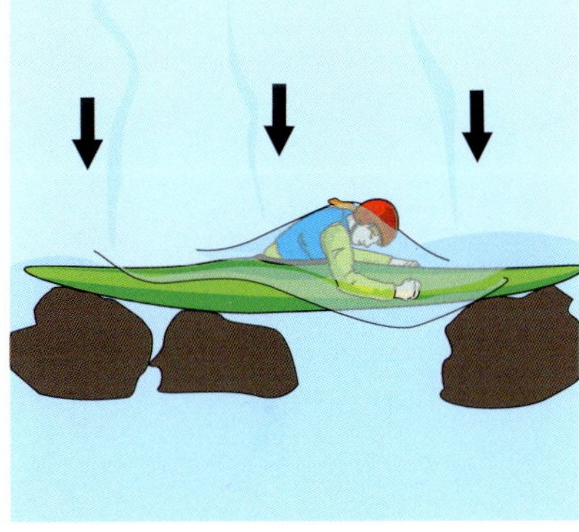

Verklemmen zwischen Blöcken, von oben gesehen.

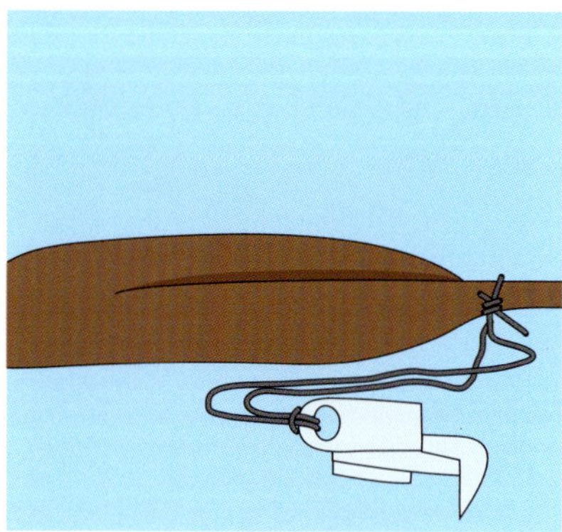

Bergehaken am Paddel, noch nicht eingehängt.

BERGEHAKEN

Der Bergehaken ist Standardzubehör bei Wildwasserfahrten. Ein nützliches Werkzeug, das am Paddel angebracht wird und die Reichweite bei Rettungsaktionen um etwa zwei Meter verlängert. Bei Klemm- und Steckunfällen hat der Bergehaken schon oft genug dafür gesorgt, dass Boot und/oder Fahrer schnell und sicher aus der Falle befreit werden konnten.

Bergeleinen gehören zur Standardausrüstung.

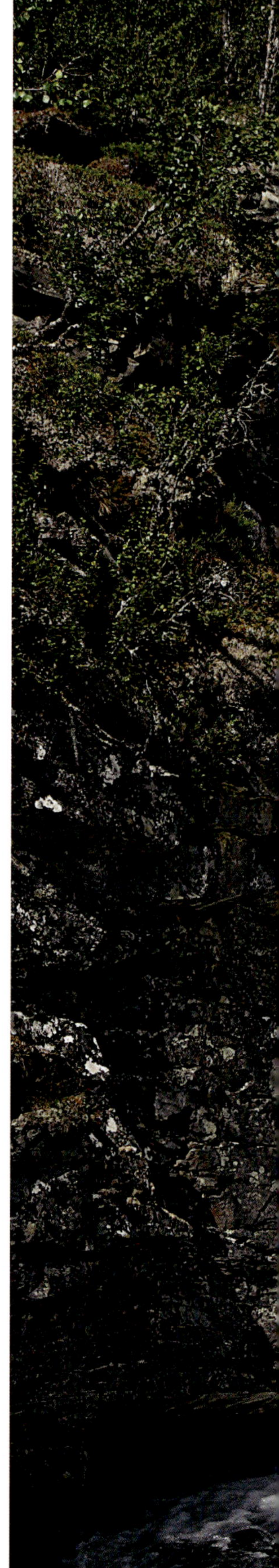

In perfekter Haltung auf dem Traumbach unterwegs.

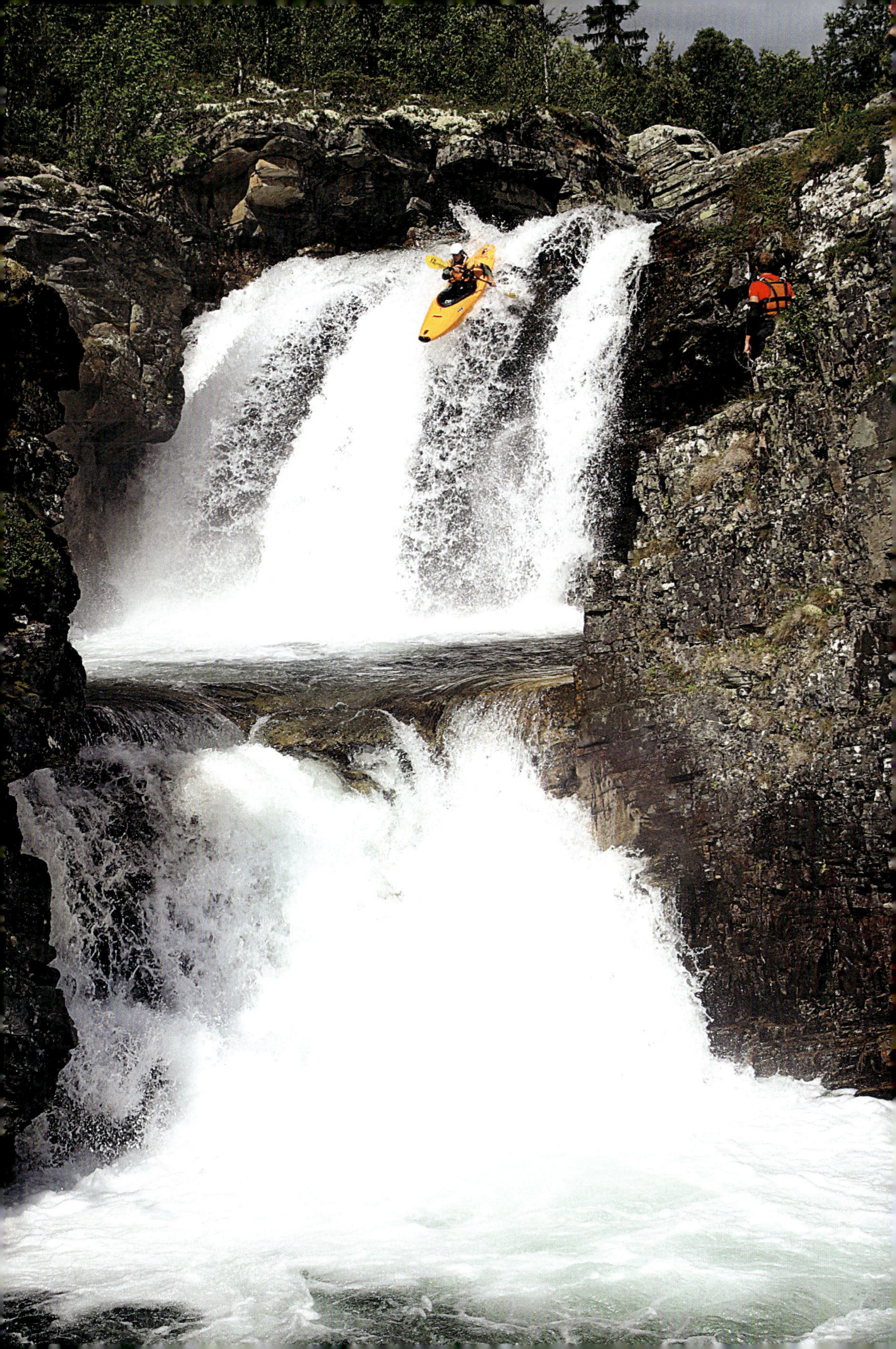

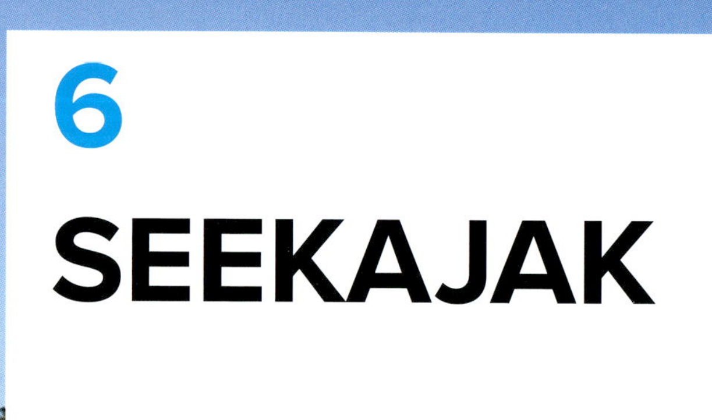

6 SEEKAJAK

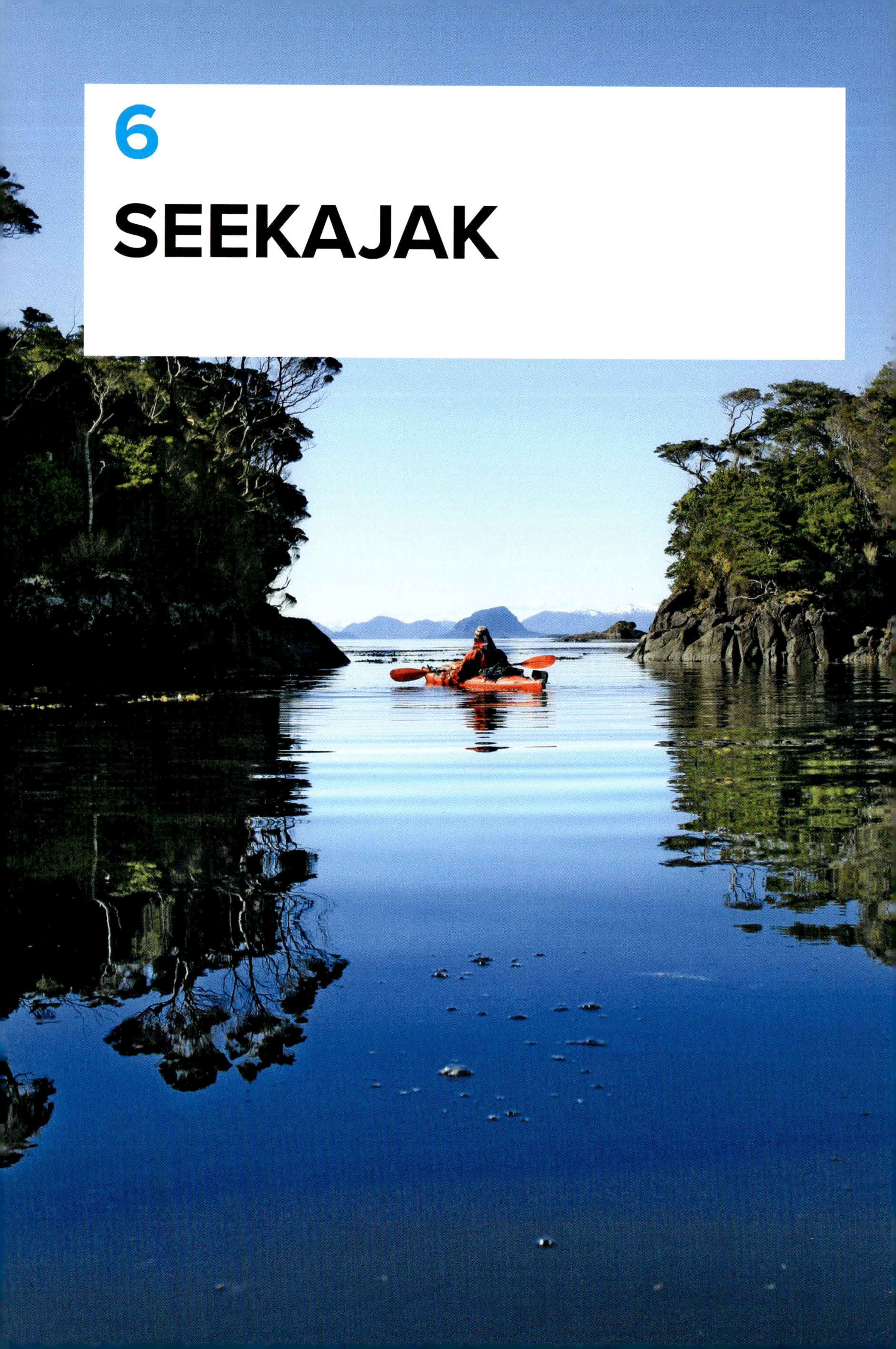

ALLGEMEINES

John MacGregor, der Vater des modernen Kanusports, fuhr Mitte des vorletzten Jahrhunderts seinen »Rob Roy« an der Küste und auch im Wildwasser mit großer Freude. Für mich war nach 30 Jahren Kajakerfahrung auf Zahm- und Wildwasser das Salzwasserfahren eine fremde, elektrisierende Welt. Es gab so viel Neues zu sehen und zu lernen, was sich von meinen bisherigen Erfahrungen völlig unterschied. Die Abhängigkeit vom Wettergeschehen und von der Navigation war absolutes Neuland für mich. Andererseits kam mir vieles bekannt und vertraut vor. Den Respekt vor der ungezügelten, wilden Natur empfand ich gleichermaßen. Ein hohes Maß an Sicherheit vermittelte mir die Vertrautheit mit fließendem Wasser. Es war mir gleich, ob ich in der rüttelnden Querwalze eines Flusses hing oder mich die brechende Dünung der Nordsee durchschüttelte. Die grundsätzlichen Paddeltechniken unterschieden sich nur in Nuancen voneinander. Das Beherrschen der Kenterrolle in allen Situationen gab mir Selbstvertrauen – sei es in der Eiswelt Grönlands, auf der stürmischen Beringsee zwischen Alaska und Sibirien oder an der wunderschönen Küste Neuseelands.

Mit dem Seekajak können alle Meere der Welt erkundet werden.

GEZEITEN

Ebbe und Flut spielen auf dem Meer eine dominierende Rolle. Etwa alle sechs Stunden läuft die Flut auf, etwa alle sechs Stunden tritt Ebbe ein. Neben der Erdrotation hält die Anziehungskraft des Mondes gemeinsam mit der halb so starken Anziehungskraft unserer Sonne das Wasser der Ozeane in Bewegung. Daraus resultieren die Gezeiten, auch Tiden genannt.

Wirken Sonne und Mond zur gleichen Zeit zusammen (das ist bei Voll- und Neumond der Fall), sind höher auflaufende Flut und niedrigere Ebbe zu beobachten. Dann ist von einer Springtide die Rede. Stehen die beiden Gestirne im rechten Winkel zueinander (bei Viertelmonden), verringert sich die Anziehungskraft. Das bewirkt die Nipptiden, also einen sehr geringen Unterschied zwischen Ebbe und Flut.

TIDENKALENDER

Weil man es bei Ebbe und Flut unter Umständen mit lokalen Besonderheiten zu tun hat, veröffentlichen die Hydrografischen Institute in aller Welt die sogenannten Tidenkalender. In ihnen wird Eintritt, Dauer und Höhe der Gezeiten angegeben. Als Kalender erscheinen sie jährlich im Voraus. Sie sind unentbehrliche Grundlage für eine gut geplante und gelungene Wanderfahrt im Tidenbereich. Kaufen kann man sie in Fachgeschäften für den Segel-

→ EINSTEIGER-TIPP

Der genannte Sechs-Stunden-Rhythmus stimmt allerdings nicht ganz genau. Da der Mond rund 50 Minuten mehr für seine Bahn um die Erde braucht als die Sonne, verschiebt sich der Tidenwechsel von Tag zu Tag. Die Flut tritt darum täglich 50 Minuten später ein. Ausnahmen bestätigen die Regel, lokale Abweichungen sind überall zu beobachten.

→ **EINSTEIGER-TIPP**

Die geschickte Ausnutzung der Gezeiten macht den guten Salzwasserkapitän aus. Beispielsweise ist es möglich, einen Trip um eine Insel herum so zu planen, dass Sie mit der Flut bis zu einem Punkt paddeln, an dem die Tide kippt. Im weiteren Verlauf nutzen Sie dann die Ebbe, um wieder zum Ausgangspunkt zurückzukommen.

und Kanusport, manchmal auch in gutsortierten Buchläden, speziell an der Küste. Online herunterladen ist auch möglich.

TIDENSTRÖME

Die an der Küste ankommende Flut drückt in Flussmündungen und Fjorde, sie fließt an den Ufern entlang. Mit der Ebbe wechselt die Richtung. Im Jargon ist dann vom »Kentern« der Tide die Rede. Der Zeitraum des Wechsels zwischen den Strömungen ist unterschiedlich lang. Die Länge des Tidenwechsels hängt in erster Linie davon ab, wie schnell der Ebbe- oder Flutstrom fließt. Über den Daumen gepeilt, ergibt eine Strömung mit 4 km/h etwa einen Zeitraum von 1 Stunde mit »totem« Wasser zwischen Ebbe und Flut. Bei 7 km/h beträgt dieser Zeitraum nur etwa 30 Minuten.
10 km/h bedingen etwas mehr als 20 Minuten, 15 km/h nur 10 Minuten für das Tidenkentern.

Von einigen wenigen Ausnahmen abgesehen, wird die Strömung dort am schnellsten sein, wo das Wasser am tiefsten ist. Wenn Sie also einmal aus irgendwelchen Gründen gegen den Tidenstrom anpaddeln müssen, sollten Sie sich in Ufernähe halten. Dort können Kehrwasser entstehen, ähnlich den Kehrwassern in Wildflüssen. Wo sich jedoch plötzlich Untiefen der Strömung entgegenstellen, wird das strömende Wasser beschleunigt. In diesem Fall wird Sie die Strömung gnadenlos durch einen Wald von stehenden Wellen peitschen.

Wenn sich die Tide durch einen flachen Kanal presst, kann zu ge-

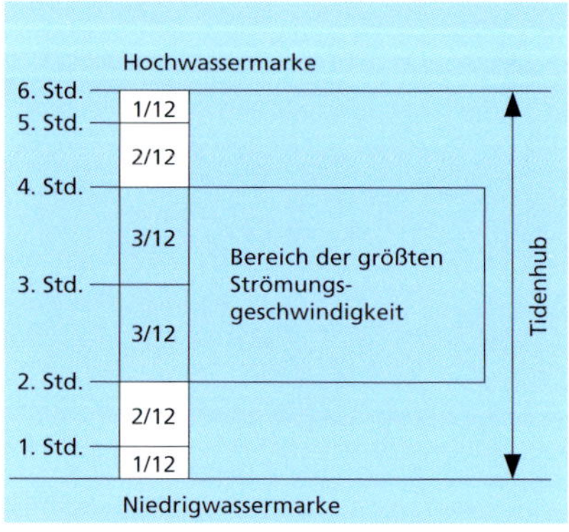

»Zwölferregel« zur Bestimmung der Gezeitenhöhen (oben).

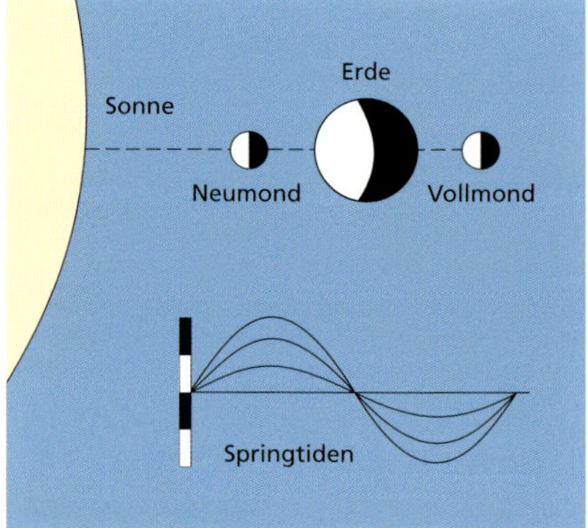

Springtiden (Mitte).

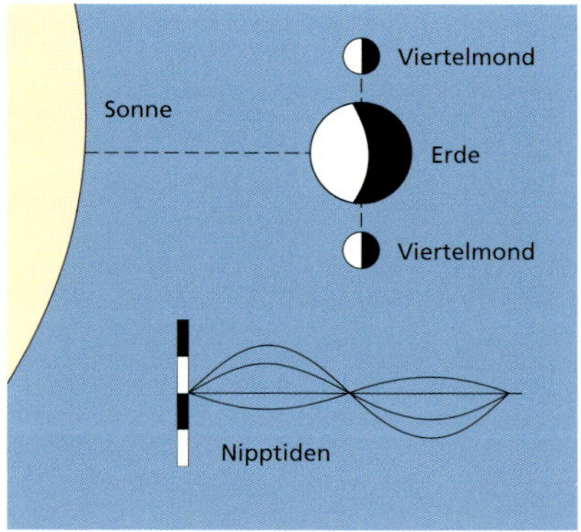

Nipptiden (unten).

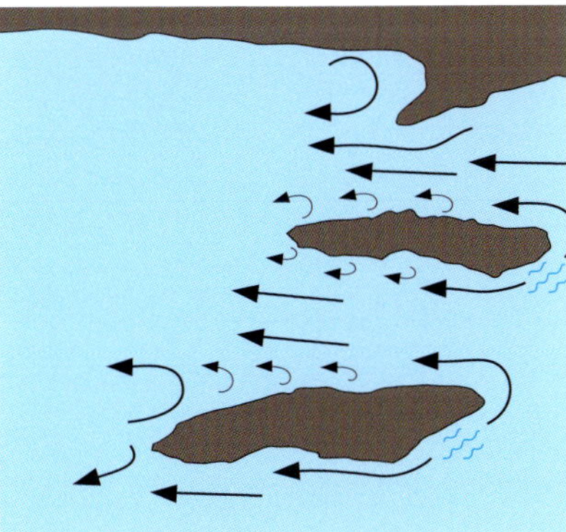

Strömungsverhalten zwischen Inseln.

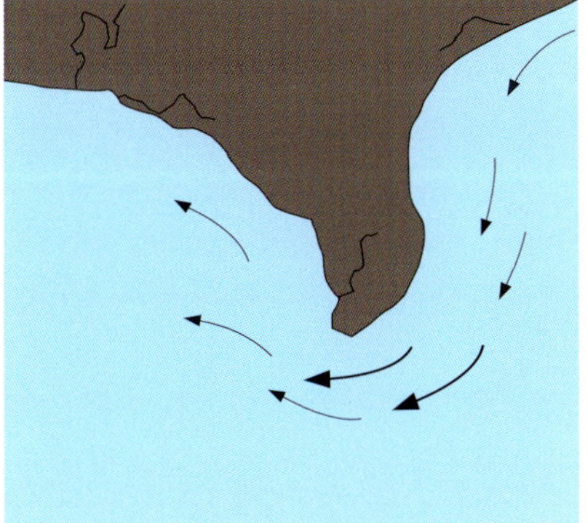

Tidenströme an einer Landzunge zur Zeit der geringsten Strömungsgeschwindigkeit.

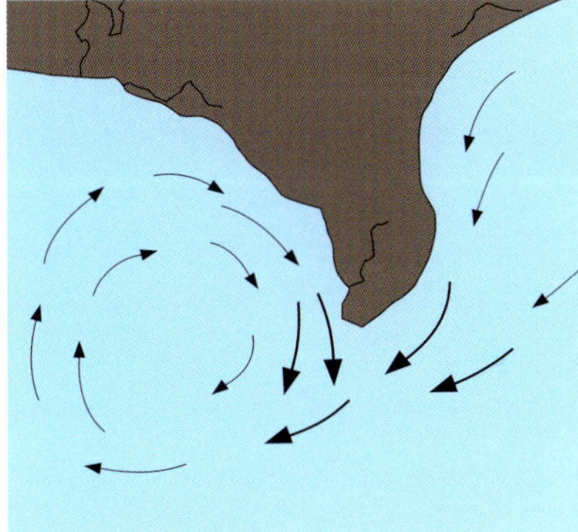

Tidenströme an einer Landzunge zur Zeit der größten Strömungsgeschwindigkeit.

wissen Zeiten eine steile, überschlagende Welle entstehen. Ihre Geschwindigkeit hängt in erster Linie von ihrer Höhe und der vor ihr liegenden Wassertiefe ab. Diese Gezeitenwellen entstehen vor allem auf großen Sand- oder Schlammbänken sowie im Mündungsbereich von Flüssen.

Besonders unangenehm können beispielsweise auch die durch Gezeiten bedingten Mahlströme in eng auslaufenden Buchten und Meeresarmen werden. Die dort rotierenden Wassermassen bilden gelegentlich recht große Strudel. Sie können kleinen Booten und ihrer Mannschaft arg zusetzen.

➔ EINSTEIGER-TIPP

Die Tidenströme können aber auch für viel Spaß sorgen. Im Wechsel der Gezeiten bilden sich dann in der Nähe der Küste stehende Wellen, die zum Surfen einladen. Das Spielchen dauert einige Stunden, dann wechselt die Strömung und die Wellen bauen sich jetzt genau entgegengesetzt auf. Das lässt das Herz des Kajakakrobaten höher schlagen.

➔ EXTRA-TIPP

Auch in den Prielen der Wattenmeere zieht der Tidenstrom mit beachtlichen Geschwindigkeiten. Gegen einen solchen Tidenstrom anzupaddeln ist nicht besonders sinnvoll. Bei einem Eigentempo von etwa 6 km/h im beladenen Kajak ist bereits ein Tidenstrom mit 4 bis 6 km/h ein ernst zu nehmendes Hindernis. Dann warten Sie besser, bis die Tide wieder kentert.

➔ PROFI-TIPP

Besonders unangenehm kann es werden, wenn die Tidenströmung gegen die vorherrschende Windrichtung läuft. Dann prallen zwei Welten aufeinander. Kurze, steile Wellen entstehen, die das Boot permanent abbremsen. Der Krafteinsatz wird beträchtlich. Die Suche nach Windschatten wird sich bezahlt machen. Oder: anlanden, das Zelt aufschlagen, abwarten und eine Tasse Tee trinken, bis der Wind einschläft oder die Tide wechselt.

→ EINSTEIGER-TIPP
Befahren werden diese Sandbänke nur bei Flut, sonst sitzen Sie plötzlich fest. Und das kann sehr unangenehm werden. Auf einer Sandbank zu zelten, wenn die Wellen gerade mal zehn Zentimeter vor dem Zelteingang ausschwappen, ist nur etwas für Leute mit starken Nerven.

→ EXTRA-TIPP
Die beste Vorbereitung und eine umfangreiche Ausrüstung garantieren keine Sicherheit. Plötzlich auftretender Nebel, Gewitter oder ein Wettersturz zwingen zu flexiblem Verhalten. Was in diesem Fall zu tun ist, hängt von der jeweiligen Situation ab. Grundsatz bleibt aber: Je besser Sie (auch körperlich) vorbereitet sind, umso sicherer verläuft die Fahrt.

FAHRTENPLANUNG

Eine der Besonderheiten des Salzwasserfahrens im Kajak: In Ihrem kleinen Boot bleiben Sie auch bei Ebbe beweglich. Wenn die Dickschiffe schon längst trockenliegen, können Sie noch mit wenigen Zentimetern Wasser unter dem Kiel weiterfahren. Daher erreichen Sie Gebiete, die einem Großteil anderer Wassersportler verschlossen bleiben. Dazu gehört auch u. a. das Wattenmeer.

Fahrten im Wattenmeer sind interessant, aber nicht ungefährlich. Sie setzen gute Kenntnisse über die Tiden, die Tidenströmungen und das Wetter voraus. Eine sorgfältige Vorplanung der Route (dabei sind routinierte Kameraden besonders behilflich) und ein für Salzwasserfahrten geeignetes Boot nebst kompletter Ausrüstung sind unabdingbar.

Die Fahrt beginnt an einem geeigneten Ort an der Küste bei Eintreten des Hochwassers. Zunächst hören Sie den aktuellen Seewetterbericht. Ist der positiv, können Sie den Ebbstrom nutzen, um vorwärtszukommen. Bereits vorher haben Sie anhand der Tabellen und Karten ausgerechnet, wie weit Sie bis zum Tidenwechsel kommen. Sie haben Strömungsgeschwindigkeit plus eigene Fahrt addiert, den Gegenwind abgerechnet.

Auf der Strecke liegen Sand- und Schlickbänke, die irgendwann trockenfallen. Das passiert unter Umständen bereits drei Stunden vor Niedrigwasser.

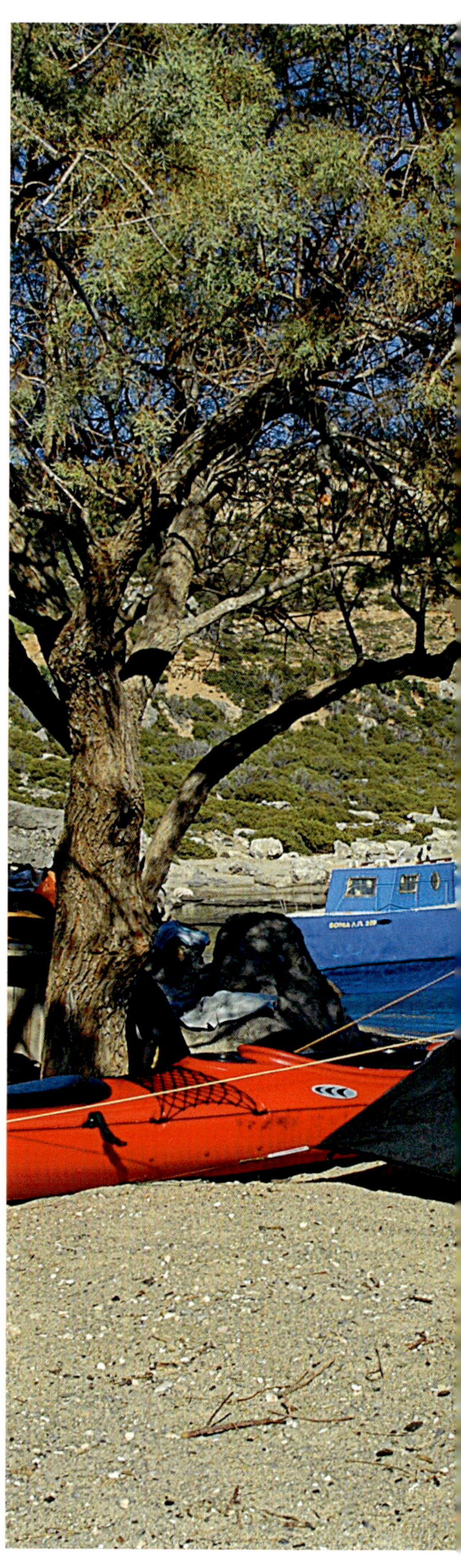

Fast immer findet sich bei Fahrten mit dem Kajak ein idyllischer Zeltplatz.

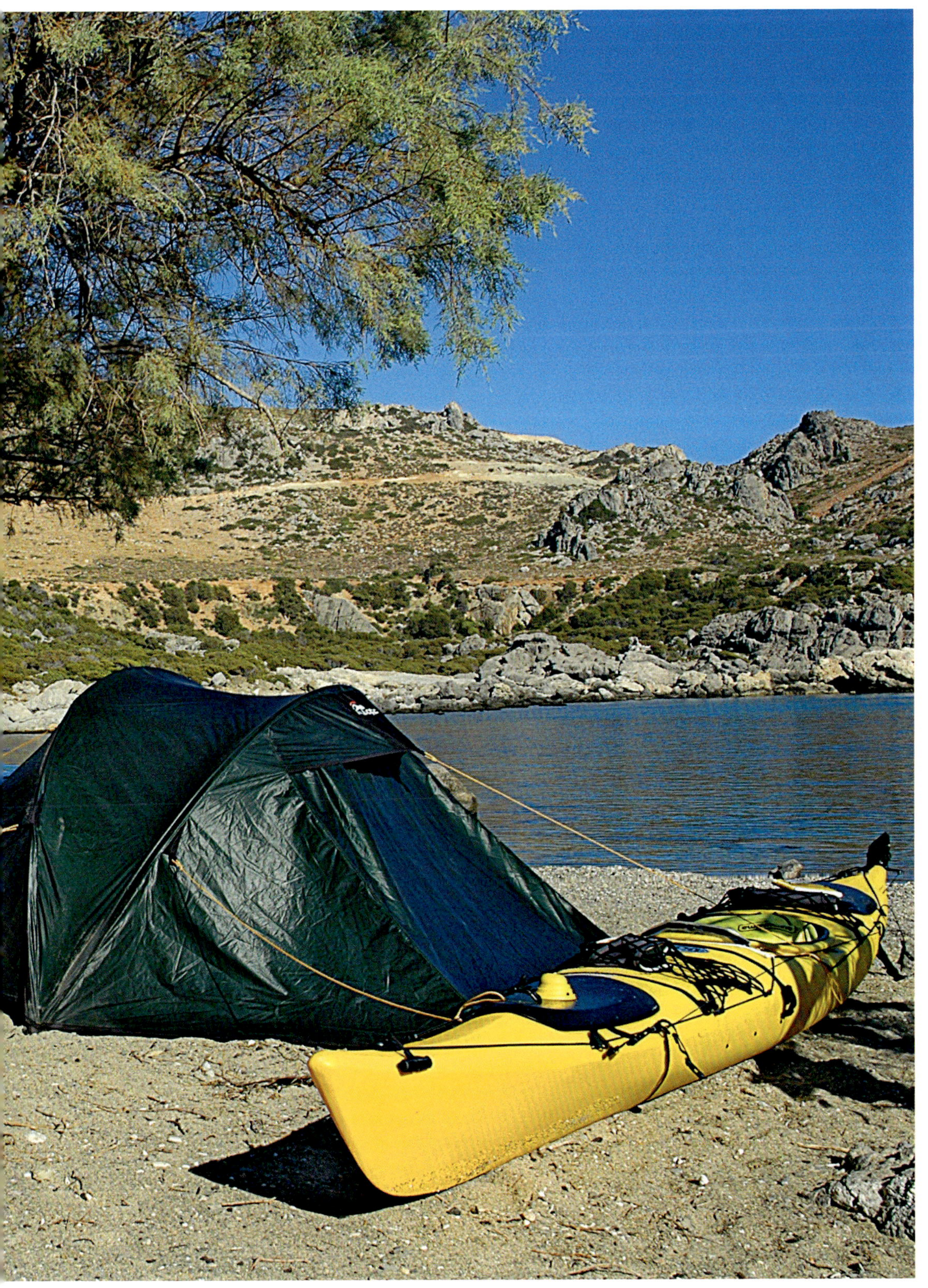

ORIENTIEREN

DIE SEEKARTE

Mit der Seekarte und dem Kompass einen Kurs bestimmen und einhalten, peilen und den eigenen Standort ermitteln können: Das ist das (hoffentlich) gut gelernte Handwerk des Salzwasserfahrers. Es gibt Bücher, die ausführlich in die Kunst des Orientierens mit Karte und Kompass einweisen. Hier setze ich voraus, dass Sie bereits über grundlegende Kenntnisse verfügen. An dieser Stelle möchte ich Sie mit einigen Spezialitäten vertraut machen.

Seekarten sind zu groß, um sie »am Stück« mit ins Boot zu nehmen. Sie können sie in Einzelteile zerschneiden oder Fotokopien für einzelne Gebiete anfertigen. Dann passen sie in eine wasserdichte Klarsichttasche, die im oder auf dem Boot befestigt werden kann. Auf jeden Kartenabschnitt zeichnen Sie den Nordpfeil in der durch die Missweisung korrigierten Richtung und eine Linie mit Messwerten in Kilometern und in Seemeilen. Buchstaben kennzeichnen, welche Kartenteile aneinandergehören.

Wenn Sie an der Seekarte herumschnippeln: Lassen Sie den Rand ruhig dran. Er enthält jede Menge Informationen über Grade, Minuten und Sekunden in Zahlen. Der waagerechte Kartenrand enthält Informationen über die Abweichung der Längenkreise vom Null-Meridian (Greenwich/England). Der senkrechte Kartenrand zeigt die Gradabweichungen der Breitenkreise. Und zwar vom Äquator aus zum Nord- als auch zum Südpol hin. Es werden jeweils 90° über die Halbkugeln gemessen. Der Abstand von Grad zu Grad ist konstant. Er entspricht 60 Seemeilen, also rund 111 Kilometern. Eine Minute (') auf dem Kartenrand entspricht einer Seemeile oder 1850 Metern. Ein 5'-Abstand auf dem Kartenrand entspricht also einer Entfernung von rund 10 Kilometern. Jeder Punkt der Erde ist durch diese Unterteilung nach Längen- und Breitengrad zu bestimmen.

DER KURS

Die Auswahl des Kurses reflektiert Ihre Kenntnisse über das Paddeln im Seekajak. Landschutz, Wellengang, Windrichtung und -stärke, Gezeiten und Tidenstrom, Inseln, Untiefen und Schifffahrtswege: Sie sind der Kapitän, und Sie bestimmen den Kurs. Das ist dann schon ein Stück echte Seemannschaft. Die Seekarte bleibt während des Paddelns einsehbar. Der Kompass ist entweder auf Deck montiert (gut so), oder er hängt am Hals.

Sie können zwischen dem Kurs über Grund (Kartenkurs) und dem Kurs durchs Wasser unterscheiden. Den ersteren kann man als »Sollkurs« bezeichnen, der zweite ist allerdings der tatsächliche Weg, der »Istkurs«. Zwischen beiden Kursen liegt die sogenannte Abdrift, eine Kursverschiebung aufgrund von Strömungs- oder Windeinflüssen. Sie fahren dann

→ EINSTEIGER-TIPP

Die Seekarte zu lesen, ist nicht schwierig. Vielleicht findet sich deshalb auf Seekarten keine Legende für die verwendeten Zeichen. Dafür gibt es vom Bundesamt für Seeschifffahrt und Hydrographie die »Karte 1«, zum Entziffern englischer Seekarten die »INT 1«.

→ PROFI-TIPP

Seekarten sollten auf dem aktuellen Stand sein. Das ist nicht nur wegen der topografischen Veränderungen interessant. Alte Ausgaben zeigen womöglich unzutreffende Farben, Toppzeichen und Tonnen. Das könnte zu bösen Verwechslungen führen, die Sie sich lieber ersparen sollten. Die letzte Berichtigung entnehmen Sie dem Stempel am unteren linken Kartenrand.

Beispiel einer Seekarte.

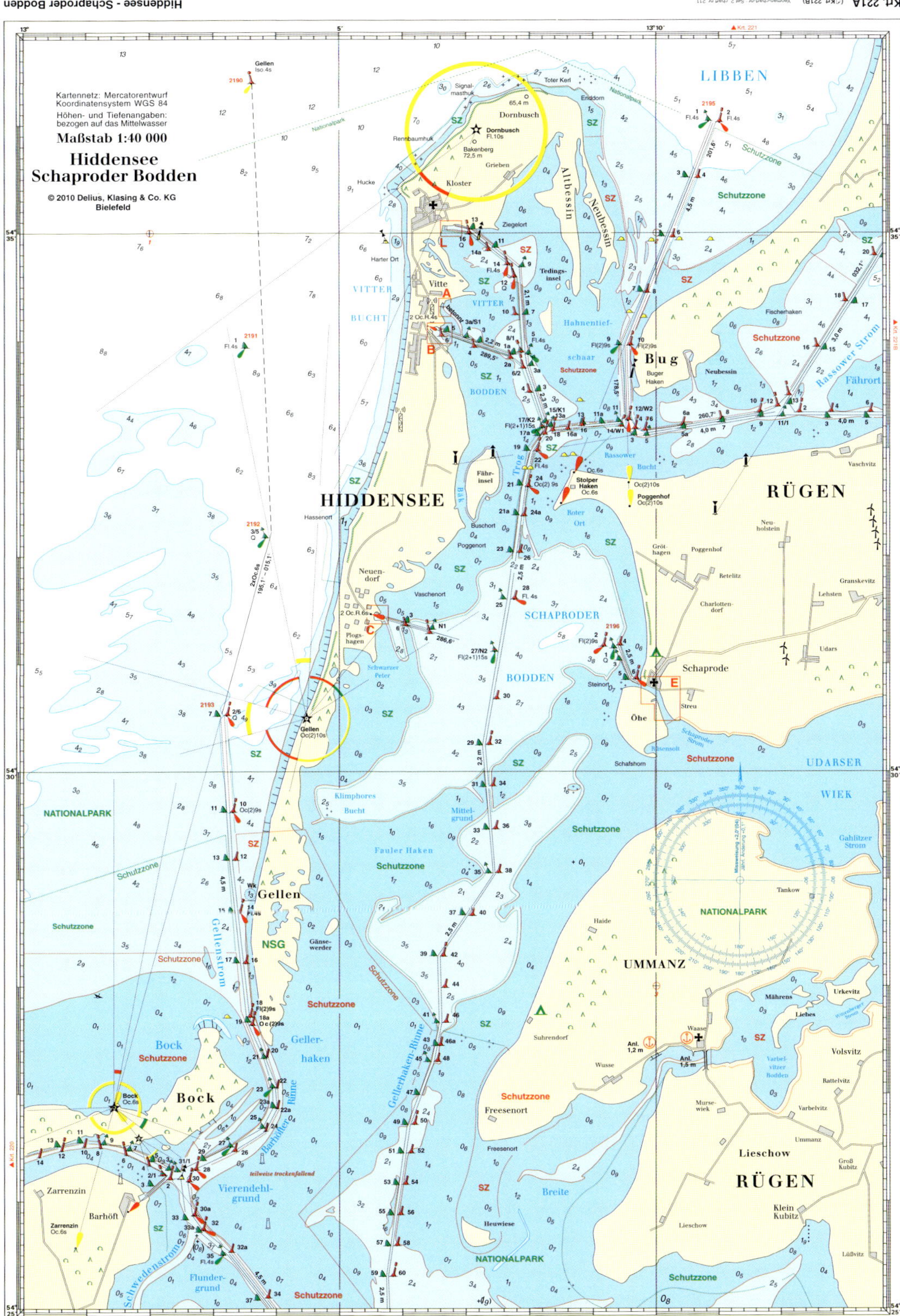
Kartennetz: Mercatorentwurf
Koordinatensystem WGS 84
Höhen- und Tiefenangaben: bezogen auf das Mittelwasser
Maßstab 1:40 000
Hiddensee
Schaproder Bodden
© 2010 Delius, Klasing & Co. KG Bielefeld
LIBBEN
HIDDENSEE
RÜGEN
Dornbusch
Kloster
Vitte
VITTER BUCHT
VITTER BODDEN
Altbessin
Neubessin
Bug
Fährinsel
Neuendorf
Plogshagen
SCHAPRODER BODDEN
Schaprode
Öhe
Gellen
NSG
Gellenstrom
Bock
Gellerhaken
Barhöft
Zarrenzin
Vierendehlgrund
Flundergrund
Schwedenstrom
UMMANZ
UDARSER WIEK
NATIONALPARK
Schutzzone
Waase
Lieschow
Freesenort
Heuwiese
Breite
Klein Kubitz
Fauler Haken
Klimphores Bucht
Rassower Strom
Fährort
Vaschvitz

➔ EINSTEIGER-TIPP

Der »Normalfall« stellt sich allerdings übersichtlicher dar. Sie paddeln am Ufer entlang und fahren sozusagen »auf Sicht«. Nur ab und an werfen Sie einen Blick auf die Karte, um die ungefähre Position zu bestimmen.

➔ PROFI-TIPP

Schwierig wird es im plötzlich einfallenden Nebel. Grundsätzlich fahren Sie dann nach Kompass. Ist das nicht möglich, können Sie den Kurs auch nach Schallereignissen ausrichten, die der Nebel von weither trägt. Manchmal können Sie das Land aus der Ferne riechen. Gelegentlich zeigen Vögel den Weg ans Land: Auch sie zieht es bei schlechter Sicht ans Ufer.

einen Bogen (im Jargon auch »Hundekurve« genannt), obwohl Sie Ihr Ziel immer gerade vor Augen sehen. Wie stark diese Abdrift einzuschätzen ist? Dazu braucht es Erfahrung und Fingerspitzengefühl. Aus einer vermeintlich kurzen Überfahrt kann ein Marathon werden. Kommt auf halbem Weg noch starker Gegenwind hinzu, paddeln Sie schnell auf der Stelle. Die Situation wird neu überdacht; vielleicht sind Sie mit einem kontrollierten Rückzug besser beraten.

DIE PEILUNG

Auf Seekarten finden Sie eine Windrose. Die Richtungskoordinaten (W, N, S, O) stimmen mit denen der Karte überein. Der eingezeichnete Richtungspfeil, der die Kompassnadel darstellt, sollte in Richtung Norden zeigen. Dies tut er allerdings nicht überall auf der Welt.

Diese »Missweisung« ist eine erdmagnetisch bedingte Abweichung. Geografischer Nordpol und magnetischer Nordpol unterscheiden sich deutlich voneinander. So beträgt die Missweisung im Nordwesten Grönlands etwa 45° nach Westen. Obendrein verändert sich der magnetische Nordpol ständig. Seekarten nennen also neben der Missweisung die jährliche Verschiebungsrate. Den neuesten Stand der Missweisung können Sie aus dieser Angabe (gedruckte Kompassrose auf der Seekarte) in Verbindung mit dem Alter der Karte ermitteln.

Doch keine Bange, so kompliziert, wie es auf den ersten Blick erscheint, ist es nicht. Angenommen, die Karte gibt eine Missweisung von 10° nach Westen an. Sie peilen mit dem Kompass einen Punkt auf 120°. Dann rechnen wir, um die Missweisung zu berücksichtigen, folgendermaßen:
Kompasspeilung 120°
Missweisung – 10°
Rechtweisende Peilung 110°

Diesen Winkel übertragen Sie auf die Karte. Umgekehrt: Messen Sie auf der Karte den geplanten Kurs von 120° mit derselben Missweisung von 10° nach West, so ist die Differenz hinzuzurechnen:
Kartenkurs 120°
Missweisung + 10°
Kompasskurs 130°

Jetzt können Sie mit der »Marschzahl« 130 im Visier weiterpaddeln. Zeigt der Pfeil für die Missweisung statt in den westlichen in den östlichen Quadranten, also rechts neben den Nordpunkt der Windrose, kehren sich die Berechnungen um. Bei der Messung zum angepeilten Punkt zählen Sie die Missweisung hinzu. Wird der Kompasskurs errechnet, ziehen Sie die Missweisung vom Kartenkurs ab.

→ **EINSTEIGER-TIPP**

Metallgegenstände in der Nähe des Kompasses können die Nadel ablenken. Konservenbüchsen im Boot wirken sich da möglicherweise schon aus. Und dann wundern Sie sich, warum Sie nicht dort ankommen, wo es eigentlich vorgesehen war. Also: Vorher prüfen, ob ein Gegenstand die Anzeige beeinflusst, bevor er in die Nähe des Kompasses gelegt wird.

WETTERKUNDE

WIND UND WETTER

Das, was das Wasserlesen für den Wildwasserfahrer ist, ist die Wetterkunde für den Salzwasserfahrer. Wenn Sie auf Kleinflüssen, Bächen und übersichtlichen Seen paddeln, hat das Wettergeschehen normalerweise keinen besonders großen Einfluss auf das Gelingen der Fahrt. Auf großen Seen und an der Küste ändert sich das grundlegend. Der Wind und die mit ihm einhergehenden Wellen werden zum entscheidenden Faktor einer sicheren, gelungenen und damit genussvollen Fahrt.

Windstärken um 5 Beaufort sind für den durchschnittlichen Kajakfahrer das obere Limit. Dann zieht und zerrt der Wind an Boot und Paddel, Sie können den Kajak nicht mehr kontrolliert fahren. Gischt fliegt durch die Luft, der Körper kühlt aus. Weil Sie obendrein bei starkem Gegenwind kaum noch vorankommen, sind Sie nach kurzer Zeit matt, schlapp und demoralisiert. So wird die Fahrt zum Albtraum.

Wie aber wollen Sie feststellen, welche Windstärke vorherrscht? Sie können sich zur Einschätzung der Situation des aktuellen Wetterberichts per Radio und Handy bedienen, den Windmesser ablesen oder die Tabelle über Windstärke, Wellenhöhe und Seegang studieren.

Aber auch die Einschätzung der Situation aufgrund der oben genannten Hinweise ist nur in Grenzen zuverlässig. Lokale Winde werden beeinflusst von

→ **EINSTEIGER-TIPP**

Was für den Wildwasserfahrer das Kehrwasser, ist für den Salzwasserfahrer der Windschatten! Sie finden ihn an der dem Wind abgewandten Seite (= Leeseite) von Küsten und Kaps. In der Tat ähnelt der Wind oft genug dem Verhalten von strömendem Wasser. Nur: Das ungeschulte Auge vermag nicht zu erkennen, wie der Wind sich in Wirbelzonen verhält. Drachen- und Gleitschirmflieger können ein Lied davon singen. Die »normalen« Windverhältnisse werden in solchen Zonen auf den Kopf gestellt.

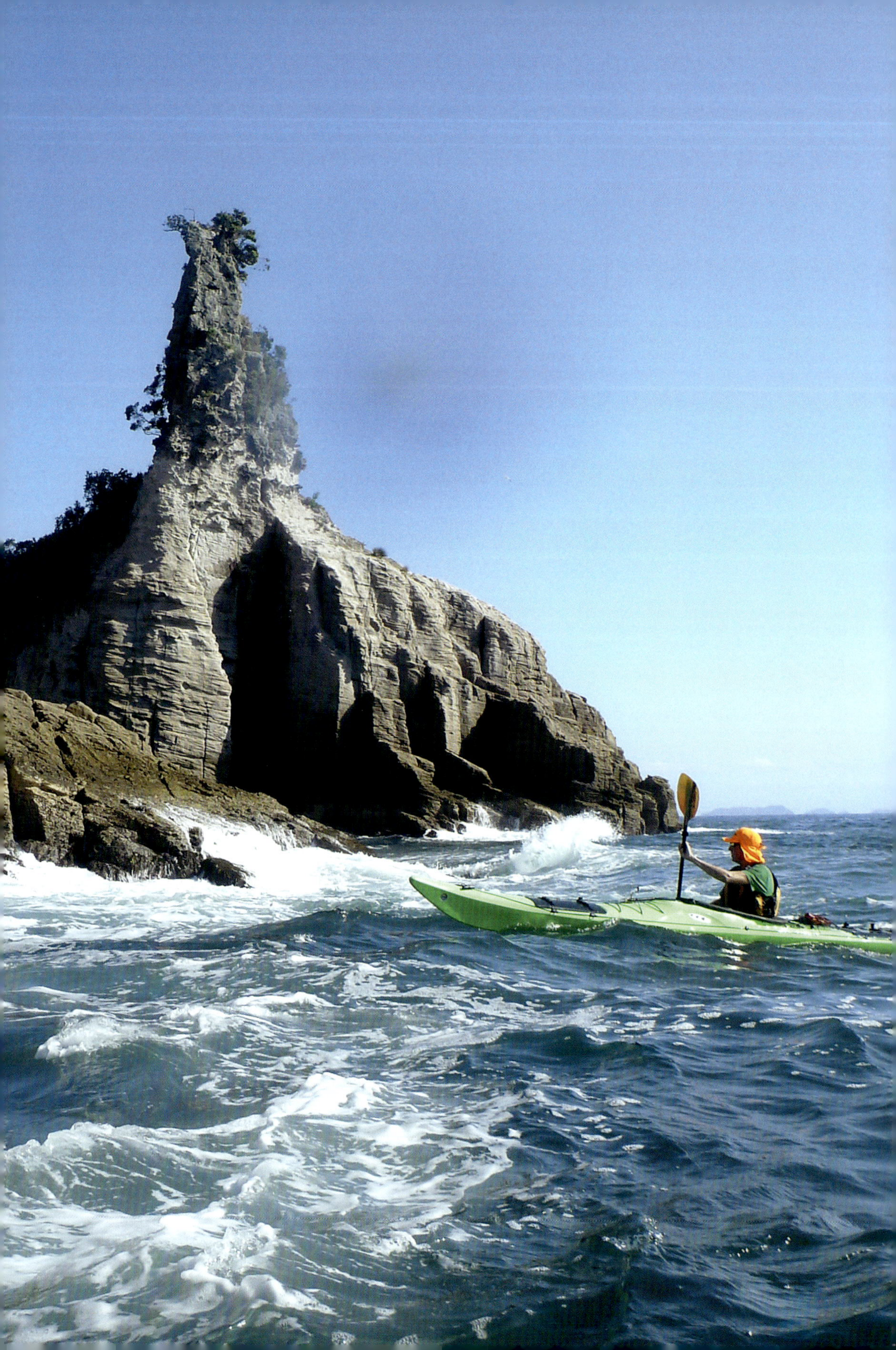

Uferformationen. Kanäle, Deiche, Berge und Fjorde können den Wind so bündeln und lenken, dass gelegentlich der sogenannte Düseneffekt auftritt. Wind ist der große Gegenspieler des Salzwasserfahrers.

➔ EXTRA-TIPP

Die vorherrschenden Windstärken ergeben sich aus dem Druckgefälle zwischen Hoch- und Tiefdruckgebieten, vom Temperaturunterschied zwischen Land und Wasser, von der Sonneneinstrahlung. Sie verfügen also über Anhaltspunkte, die eine relativ zuverlässige Wettervorhersage ermöglichen.

➔ PROFI-TIPP

Die Wettervorhersage im Radio/auf dem Handy zu verfolgen gehört ebenso zum Ritual wie fundierte Kenntnisse über Wolkenformationen und deren Bedeutung für das Wetter. Das regelmäßige Ablesen des Barometers und im Zweifelsfall ein Telefonanruf beim Wetterdienst einer Küstenschutzstation zeugen von Umsicht und Verantwortung.

Nur echte Könner wagen sich bei diesem Wellengang in die Nähe der Steilküste (l.). Das Wetter ist beim Seekajakfahren ein dominierender Faktor..

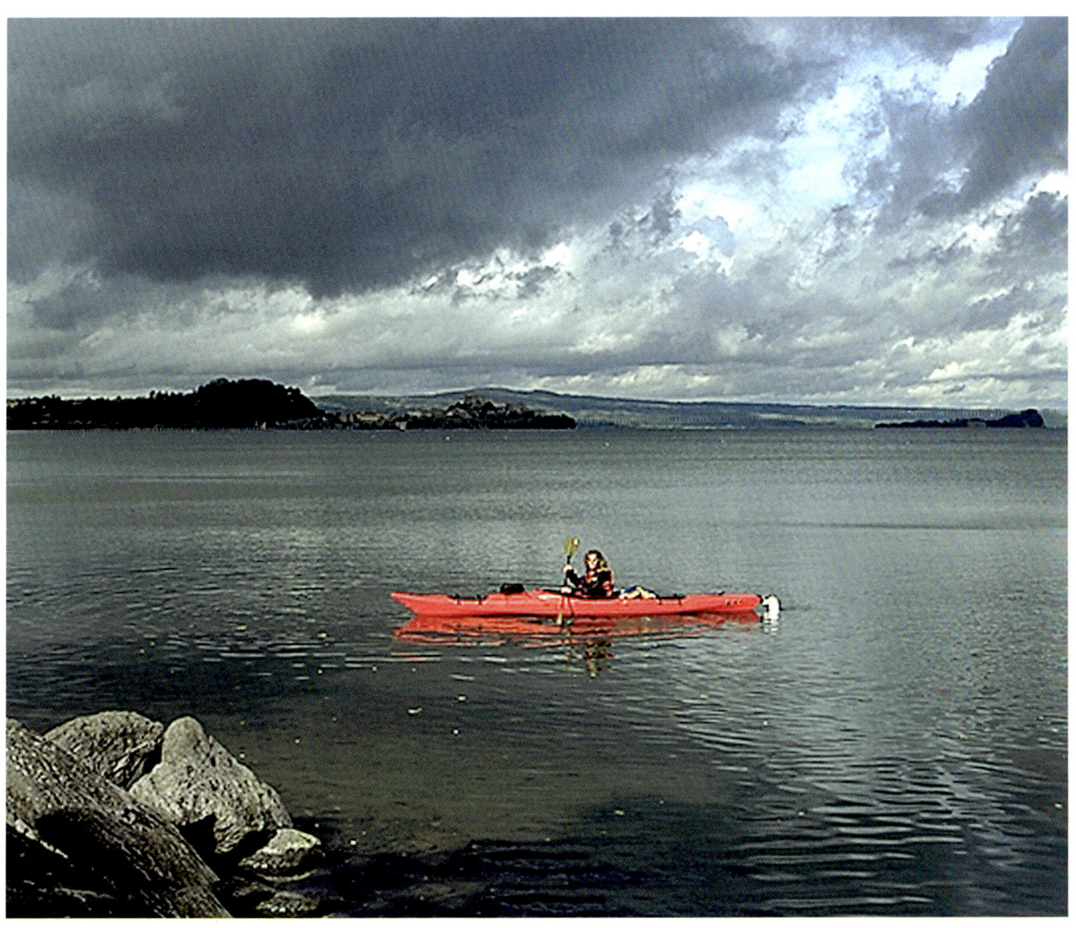

WINDSTÄRKE, SEEGANG UND WELLENHÖHE

Windstärke	Beaufort	km/h	Knoten	Seegang	Wellen/m	Zeichen auf See	Zeichen an Land
leichter Zug	1	2–5	1–3	1	–0,1	Kräuselwellen, Wimpel kaum bewegt	Rauch zeigt leicht die Windrichtung
leichte Brise	2	6–11	4–6	2	0,1–0,3	kleine, kurze Wellen, Wimpel halb entfaltet	Blätter bewegen sich leicht im Wind
schwache Brise	3	12–19	7–10	2–3	0,3–1,0	Wellenbildung, Wasser rau, Wimpel streckt sich	dünne Zweige bewegen sich
mäßige Brise	4	20–28	11–16	3	1,0–1,5	viele Schaumköpfe, Wimpel voll entfaltet	dünne Zweige bewegen sich dauernd
frische Brise	5	29–38	17–21	4	1,5–2,5	lange Wellen, etwas Gischt, Wimpel straff	Laubbäume schwanken
steife Brise	6	39–49	22–27	5	2,5–4,0	große brechende Wellen, aufwehende Schaumköpfe	starke Astbewegungen, Drähte singen
harter Wind	7	50–61	28–33	6	4,0–5,5	See türmt sich, erste Schaumstreifen	Bäume biegen sich
stürmischer Wind	8	62–74	34–40	7	5,5–7,5	hohe Wellen brechen, breite Schaumstreifen	Äste und Zweige brechen
Sturm	9	75–88	41–47	7–8	7,5–9,0	Wellen rollen, Gischt fliegt, Sichtbehinderung	große Äste brechen
schwerer Sturm	10	89–102	48–55	9	9,0–11,5	See kocht, lange Brecher, Gischt, verminderte Sicht	Bäume entwurzeln und/oder brechen
orkanartiger Sturm	11	103–117	56–63	10	11,5–14,0	gewaltige Wellenberge, kaum noch Sicht	Sturmschäden
Orkan	12	118–. . .	64–. . .	11	14,0–. . .	weiße, tobende See, sehr wenig Sicht	verbreitet Verwüstungen

WOLKENBILDER

Wenn Sie oft in der Natur unterwegs sind, werden Sie Interesse für Wolkenbilder entwickeln. Sie werden lernen, aufgrund der gemachten Erfahrungen anhand von Wolkenformationen eine einigermaßen zutreffende Wetterprognose zu liefern. »Wolken sind Gedanken, die am Himmel stehen«, sagen die Indianer Nordamerikas. Für sie war, wie für die meisten anderen Naturvölker, die genaue Kenntnis über Wolkenbilder wichtig für das (Über-) Leben in der freien Natur.

Wolken verfügen nicht immer über deutschsprachige Namen. Oft sind die Namen aus lateinischen Worten zusammengesetzt.

Dann bedeutet
Cumulus = *Haufen*
Stratus = *Schicht*
Cirrus = *Feder*
Nimbus = *Regen*
Alto = *hoch*

Himmel – Küste – Kajak:
der zauberhafte Dreiklang für Kanuten.

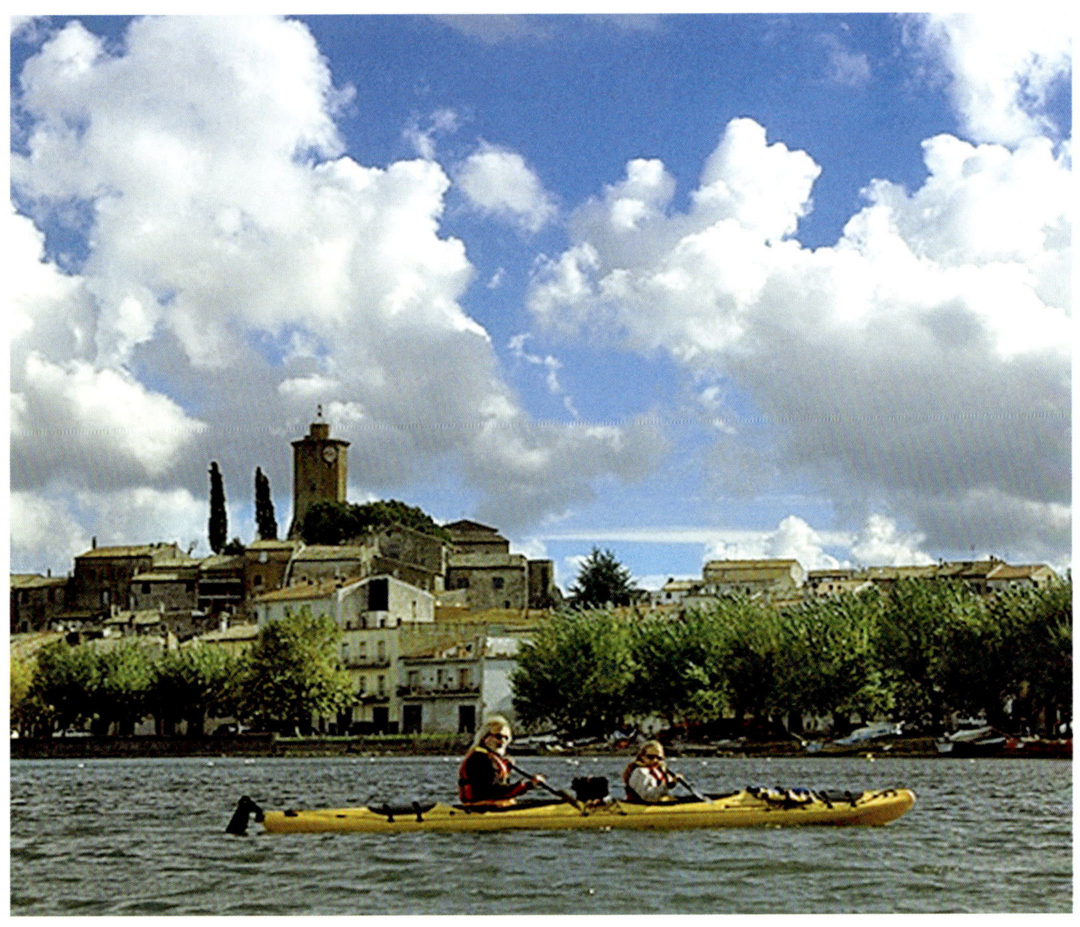

➔ EINSTEIGER-TIPP

Wenn das Barometer bei Windstille und hoher Luftfeuchtigkeit einen besonders hohen Stand erreicht hat, ist mit Nebel und anschließender Aufhellung zu rechnen. Fällt es in der gleichen Konstellation rasch, aber nicht sehr tief, ist ein Gewitter unterwegs.

BAROMETER

Zur Standardausrüstung des Salzwasserfahrers gehört ein zuverlässig arbeitendes Barometer. Es ist teilweise sogar integriert in die Armbanduhr, also jederzeit ohne große Mühe ablesbar. Salzwasserfahrer benutzen natürlich wasserdichte Ausführungen. Das Barometer registriert den umgebenden Luftdruck, zeigt, ob er fällt oder steigt. Normalerweise ist die Tendenz des Luftdrucks im Laufe eines Tages steigend bis zum Maximum kurz vor Mittag. Danach sinkt er wieder. Fällt jedoch das Barometer vor dem Erreichen des Tagesmaximums, so ist mit Regen zu rechnen. Das abrupte Fallen des Barometers bedeutet fast immer starken Wind (ab 6 Bft.) oder Sturm (ab 9 Bft.).

Das Barometer zeigt natürlich auch eine Wetterbesserung an. Stetiges Steigen über mehrere Tage hinweg deutet auf eine stabile Wetterlage hin. Schnelles Steigen innerhalb weniger Stunden verspricht zwar gutes Wetter, aber nicht für einen längeren Zeitraum. Ein Anstieg nach dem Tagesmaximum in der Mittagszeit kann ähnlich gedeutet werden.

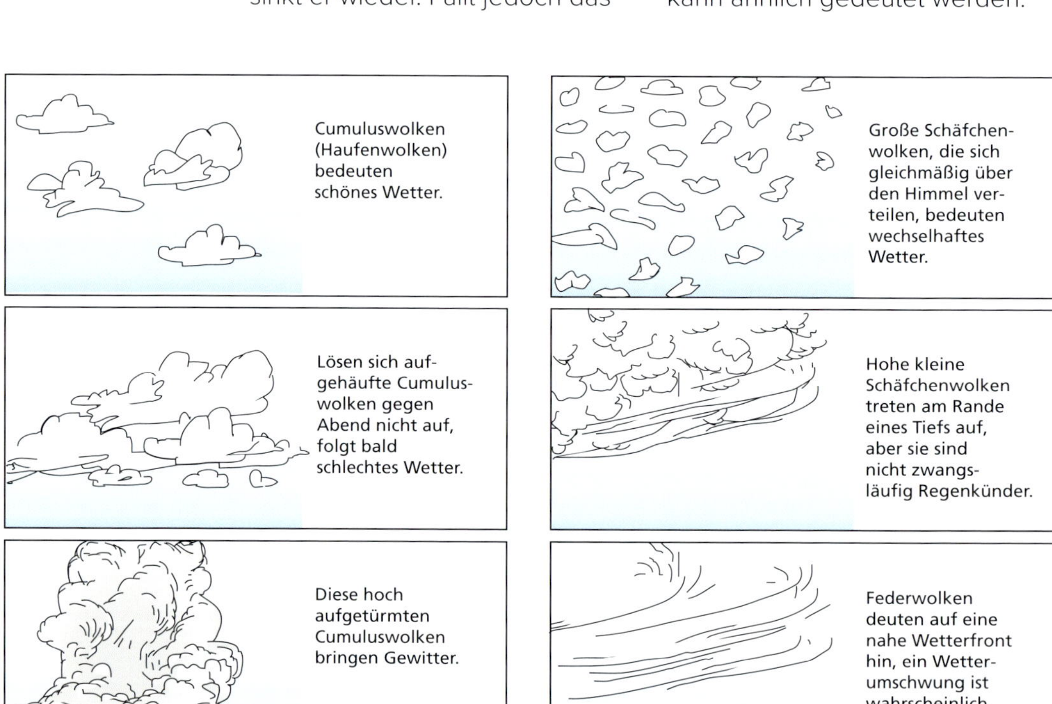

Cumuluswolken (Haufenwolken) bedeuten schönes Wetter.

Große Schäfchenwolken, die sich gleichmäßig über den Himmel verteilen, bedeuten wechselhaftes Wetter.

Lösen sich aufgehäufte Cumuluswolken gegen Abend nicht auf, folgt bald schlechtes Wetter.

Hohe kleine Schäfchenwolken treten am Rande eines Tiefs auf, aber sie sind nicht zwangsläufig Regenkünder.

Diese hoch aufgetürmten Cumuluswolken bringen Gewitter.

Federwolken deuten auf eine nahe Wetterfront hin, ein Wetterumschwung ist wahrscheinlich.

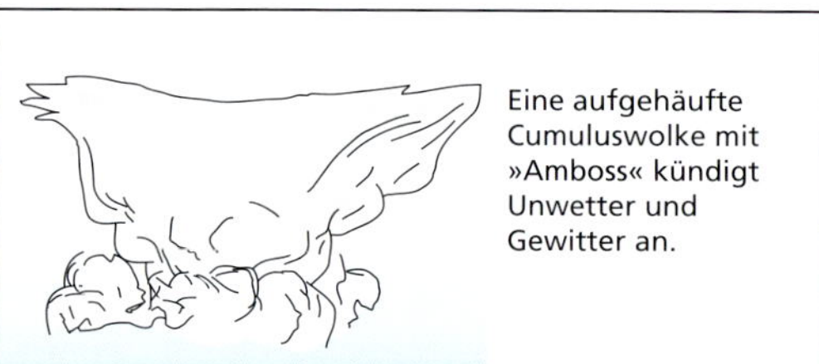

Eine aufgehäufte Cumuluswolke mit »Amboss« kündigt Unwetter und Gewitter an.

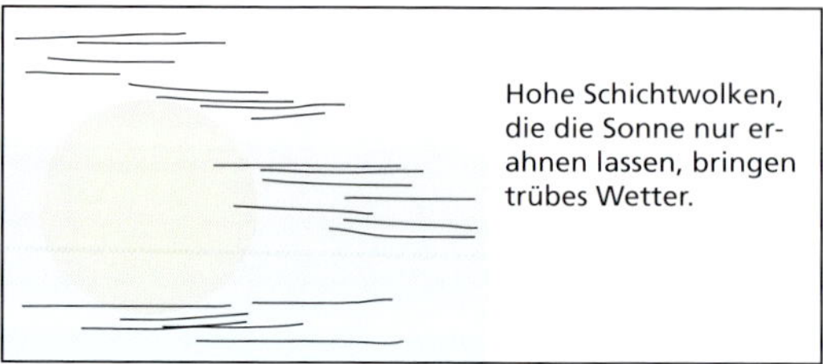

Hohe Schichtwolken, die die Sonne nur erahnen lassen, bringen trübes Wetter.

WELLEN

Für jeden Kajakfahrer haben Wellen ganz unterschiedliche Bedeutung. Das Boot klatscht lustig auf und nieder, Wasser spritzt, die Surfwelle lädt zum nicht enden wollenden Spiel ein. Es gibt aber auch Situationen, da lösen gigantische, überschlagende oder explodierende Wellen einfach Angst aus. Es muss ja nicht gleich ein Tsunami sein. Das ist im Wildwasser nicht anders als auf dem Salzwasser. Trotzdem gibt es da einen feinen Unterschied: Wenn wir auf Wildbächen unterwegs

→ EINSTEIGER-TIPP

Fast immer sagt der Seegang vor Ort noch nicht alles über den Seegang in anderen, angrenzenden Paddelrevieren aus. Tidenströmungen, Flussmündungen, Untiefen, Uferformationen und die Länge der Wasserstrecke, die dem Wind frei ausgesetzt ist (Fetch), nehmen Einfluss auf die Wellenbildung.

→ EXTRA-TIPP

Laufen Wellen am Strand auf, entsteht die Brandung. Die Wellen werden, je näher sie an den Strand rollen, immer höher und steiler, bis sie sich schließlich überschlagen. Finden sich im Brandungsbereich Untiefen, verschiebt sich der Brandungsverlauf. Abhängig von den Untiefen, kann er direkt am Ufer oder weiter draußen verlaufen. Im Regelfall zeigt der Brandungsverlauf immer wieder einmal Lücken. Diese suchen und nutzen Sie zum Durchfahren der Brandung.

Der Seegang vor Ort sagt nichts über die Wellen in angrenzenden Revieren aus.

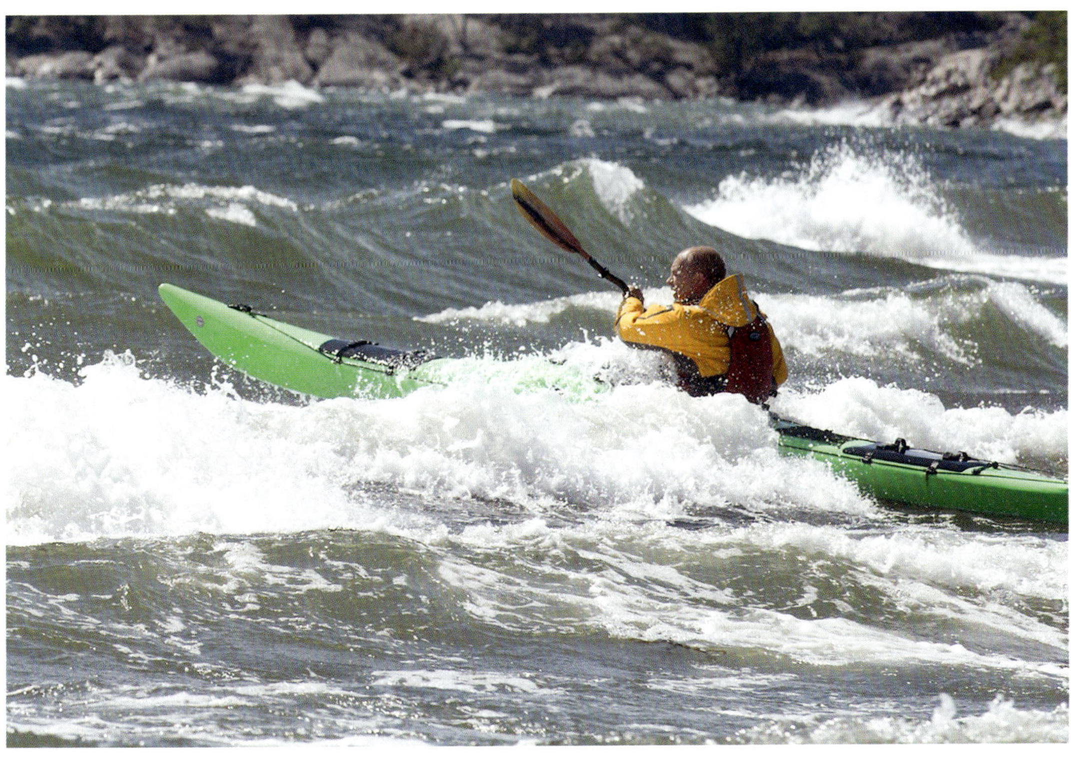

sind, besteht in fast allen Fällen die Möglichkeit des Umtragens an kritischen Stellen. Die Wellen sind stationär, resultierend aus Ufer- und Grundformationen.

Auf Salzwasserfahrt stellt sich das anders dar. Der Wind und die Tide erzeugen die Wellen. Einmal auf dem Weg, müssen Sie sich mit dem abfinden, was gerade präsentiert wird. Sie haben jedoch die Chance, sich mit einer sorgfältigen Vorbereitung auf die kommenden Verhältnisse einzustellen. Dazu gehören der Blick auf das Barometer, das Ablesen von Tidenkalender und Seekarte sowie das Abhören des Wetterberichts.

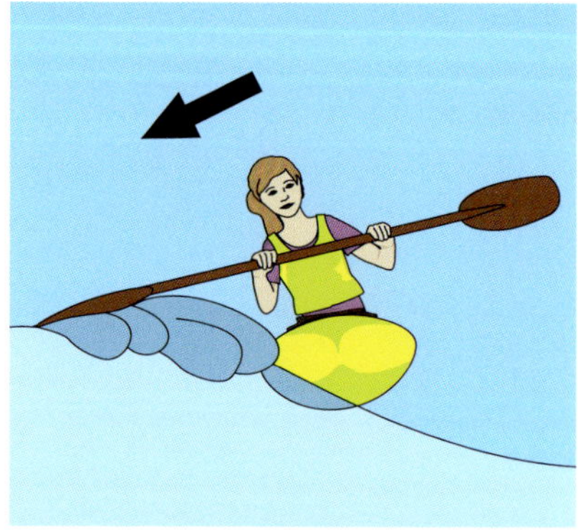

Kajaks mit rundem Unterwasserschiff lassen sich leichter zur Welle hin ankanten.

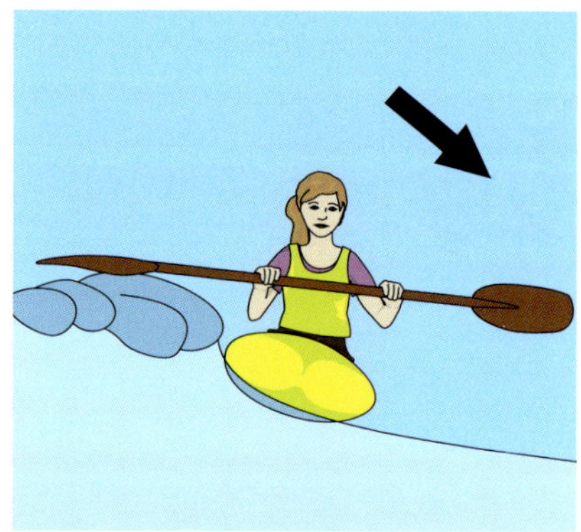

Kajaks mit flacherem Rumpf passen sich nicht so leicht der Welle an und kentern deshalb leichter bei seitlichen Wellen.

WELLEN FRONTAL NEHMEN

Solange sich eine Welle nicht überschlägt, wird sie nach Möglichkeit schräg angefahren. Sie bekommen dann weniger Wasser über Boot, die Spritzdecke und das Gesicht. Der Kajak fällt bei dieser Fahrweise auch nicht mit hartem Klatschen in das Wellental. Nur selten ist es notwendig, mit der Paddelstütze zu stabilisieren. Ist man bei solchem Wellengang ohne Gegenwind im Kajak unterwegs, ist das wie in der Wiege liegen und geschaukelt werden …

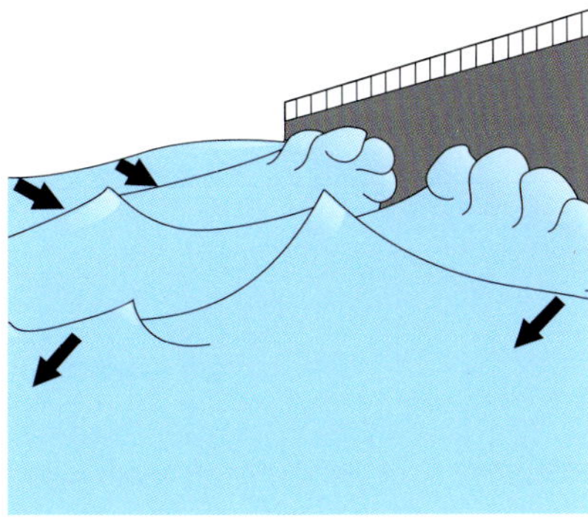

Kreuzwellen brechen sich an einer Kaimauer.

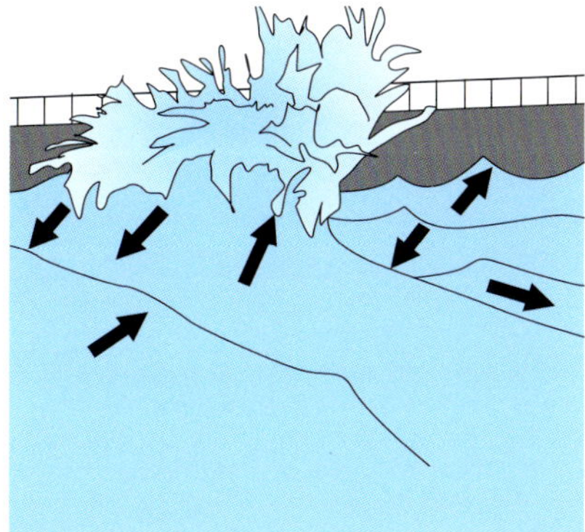

Synergieeffekt: Vor- und zurückflutende Wellen treffen aufeinander.

WELLEN SEITLICH NEHMEN

Wellen von der Seite bringen Unruhe in die Fahrt. Bei entsprechender Größe drohen sie das Boot umzuwerfen. Erst recht, wenn die Wellen sich überschlagen. Wenn Sie die Wellen seitlich nehmen müssen, stabilisieren Sie sich mit der Paddelstütze. Dabei ist zunächst auf kleineren Wellen unerheblich, an welcher Seite Sie stützen. Das Boot geht zwar in die Schräglage, liegt aber auf der Welle eigentlich immer »von selbst« richtig.

SURFEN MIT WELLEN VON HINTEN

Die Freunde des Surfens lieben und brauchen sie: die von achtern anrollende Welle mit der richtigen Höhe und Geschwindigkeit. Sich von Surfwellen tragen zu lassen, ihre Kraft und Schnelligkeit für sich arbeiten zu lassen, das gehört zu den ganz großen Erlebnissen der Küstenfahrer. Mit Übung werden Sie genau den Moment erwischen, in dem Sie Ihren Kajak noch ein paar schnelle Paddelschläge mitgeben, um ihn zu beschleunigen. Der Bug schneidet schräg ins Wellental, Sie legen sich leicht zurück, um ihn zu entlasten. Der Kajak wird immer schneller und fängt an zu gleiten. Mit der Welle surfend, erreichen Sie leicht das Dreifache der normalen Geschwindigkeit.

Irgendwann überholt Sie die Welle, die Fahrt verlangsamt sich, das Boot stellt sich quer und schneidet durch die sterbende Welle. Jetzt ist die Zeit gekommen, wieder hinauszufahren.

→ EINSTEIGER-TIPP

Ganz anders stellt sich die Situation in größeren überschlagenden Wellen dar. Sie werden sich in die Schräglage begeben. Und zwar immer zur Welle hin; also zur Wellen-luvseite. Reflexartig wollen Sie sich eigentlich zur Leeseite hinbewegen. Also lernen Sie ganz bewusst, sich zum anrollenden Wellenkamm hin zu legen. Bei kleineren Wellen reicht auch hier die Paddelstütze. Wird eine bestimmte Wellenhöhe überschritten, werden Sie den Paddelhang anwenden.

→ EXTRA-TIPP
Sie lernen am besten dort, wo Sie nach einer Kenterung sicher sein können, an den Strand getrieben zu werden. Sind Felsen, Pfähle, Anleger, ablandiger Wind und Schiffe mit im Spiel, sollten Sie sich lieber einen anderen Platz suchen. Außerdem gehen Sie besser nicht allein aufs Wasser. In solchen Übungssituationen gehört die Kenterrolle definitiv zum Basiskönnen. Übung macht den Paddelmeister!

→ EINSTEIGER-TIPP
Wie schützen Sie sich als Kajaksurfer vor übermächtigen überschlagenden Wellen? Sie lassen sich einfach kurz vor dem Brecher ins Wasser fallen und drehen per Rolle erst dann wieder auf, wenn der Wellenkamm Sie passiert hat.

→ EINSTEIGER-TIPP
Wellen schräg von hinten sind wieder ein Kapitel für sich. Das Boot fängt an zu schlingern. Sie haben das Gefühl, völlig instabil zu sein. Manchmal hilft es, den Kajak zu beschleunigen, ein andermal müssen Sie auf die bewährte Paddelstütze zurückgreifen.

So weit, dass Sie den nächsten Wellenritt einleiten können.

Das Spielen in und mit den Wellen macht unendlich viel Spaß. Was aber, wenn die Wellen mit Ihnen spielen? Wenn Sie in das kalte, graue Wasser schauen, Meilen von der Küste entfernt, wenn Sie merken, dass die Brecher immer rabiater werden? Wellen von hinten können das Boot schiebend drehen. Sie heben das Heck in die Luft und setzen somit das Steuer außer Funktion. Ausnahme: Das Steuer des Seekajaks sitzt unter dem Kiel. Sie können diese unangenehme Situation vermeiden, indem Sie mit dem Vorwärtspaddeln dann aufhören, wenn die Welle das Boot am Heck anhebt. Die Eigengeschwindigkeit wird noch stärker vermindert, wenn Sie zusätzlich ein oder zwei Rückwärtsschläge einlegen. Diese Methode hilft, das unkontrollierte Surfen zu vermeiden.

DÜNUNGS-, REFLEX- UND KREUZWELLEN

Die großen Dünungswellen werden durch starken Wind oder sogar Sturm hervorgerufen, dessen

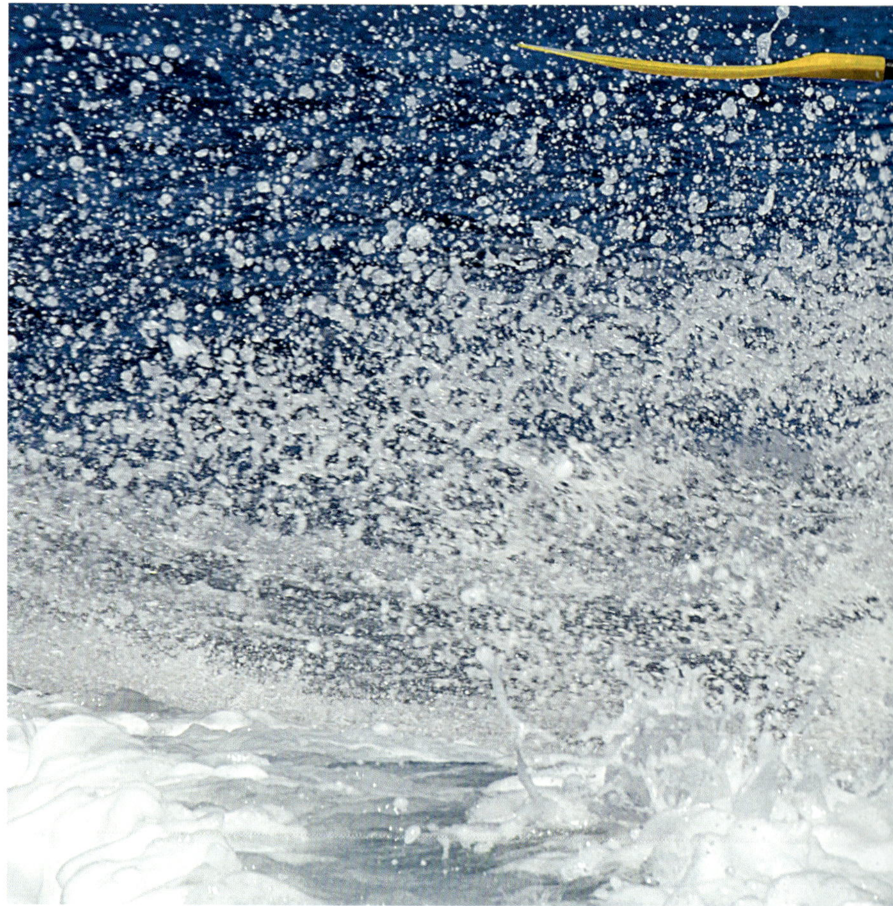

Zentrum oft einige hundert Kilometer weit entfernt zu suchen ist. Sie können auf offener See fast 500 m lang werden, von Wellenkamm zu Wellenkamm gerechnet. Manchmal wandern sie mit einer Geschwindigkeit von nahezu 50 km/h. Auf ihnen zu paddeln ist einfach. Mühelos tragen sie den Kajak auf und ab. Extrem ungemütlich werden die Dünungswellen, wenn sie in die Nähe der flacheren Küste kommen. Oder wenn sie gegen starke Strömung anlaufen. Sie werden steiler und steiler, bis sie brechen. Nur Profis werden sich beim Surfen an ihnen erfreuen.

Dünung, die vom steilen Felsenufer reflektiert wird, verursacht bis weit aufs Meer hinaus ein ziemliches Durcheinander. Manchmal hebt sich die Kraft gegenläufiger Wellen auf, dann bleibt es ruhig. Gelegentlich tritt aber auch das glatte Gegenteil ein. Dann bekommen Sie es mit einem unvorhersehbaren Synergieeffekt aufeinandertreffender Wellen zu tun. Unberechenbare Reflex- und Kreuzwellen entstehen. Die Methode der Wahl wird sein, diese Gebiete großräumig zu umgehen.

→ EINSTEIGER-TIPP

Sind Sie trotzdem in einem solchen Gebiet, fahren Sie mit Volldampf durch. Keine Richtungsänderungen, nur stützen, wenn unbedingt nötig. Wird eine bestimmte Wellenhöhe überschritten, werden Sie den Paddelhang anwenden.

Das Spielen in und mit den Wellen macht unendlich Spaß.

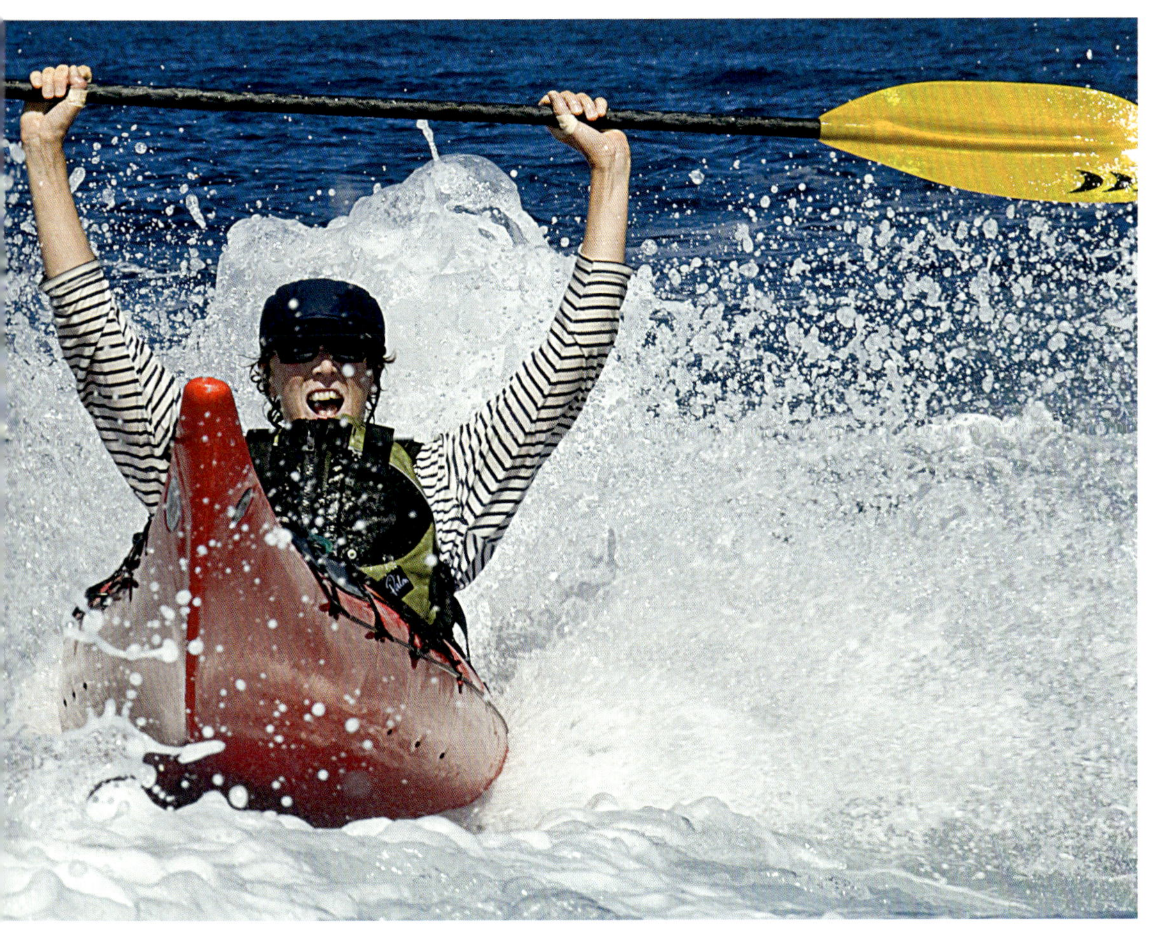

DER AUTOR

Jürgen Gerlach startete seine Kanu-Karriere als Steppke in einem Düsseldorfer Kanu-Verein auf dem Rhein. Zunächst im Faltboot, dann im Slalomkajak. Er war zweifacher WM-Dritter bei Weltmeisterschaften im Kanuslalom und Teilnehmer bei den Olympischen Spielen 1972 in München/Augsburg. Danach studierte er Pädagogik und Sport, schloss mit Staatsexamen ab und wechselte in den Schuldienst. Im Anschluss daran viele expeditionsartige Kanutouren rund um den Globus u. a. in Grönland, Kanada und Alaska, Sibirien und Neuseeland. Mitarbeit in zahlreichen TV-Produktionen, Gewinner des Arctic Canoe-Race, mit über 500 Kilometern längster Kanu-Marathon der Welt. Fachwart für Ausbildung im Kanu-Verband NRW, dann A-Trainer des Deutschen Kanu-Verbands, später Bundestrainer Kanuslalom. Als Autor und engagierter Fotograf Herausgeber zahlreicher Fachbücher, Bildbände und Kalender.

EIN DANK

Kennzeichnend für den Kanusport war und ist für mich immer die Erfahrung von Hilfsbereitschaft, Kameradschaft und (Gast-) Freundschaft. Mögen diese Begriffe in unserer schnelllebigen Zeit ein wenig antiquarisch erscheinen – bei den meisten Kanuten haben sie immer noch einen hohen Stellenwert. Viele Kanu-KameradInnen haben mir im Laufe der Jahrzehnte helfend am und auf dem Wasser zur Seite gestanden und dafür möchte ich mich bedanken. Dies gilt für den Bereich des Wettkampfsports ebenso wie für meine Fahrten auf Zahmwasser, Wildwasser und Salzwasser. Alle namentlich hier zu nennen ist schier unmöglich. Der größte Teil dessen, was ich in all den Jahrzehnten auf dem Wasser erleben durfte, wäre ohne sie nicht denkbar. Jeder der mag, möge sich angesprochen fühlen. Ohne sie wäre auch dieses Buch nicht zu realisieren gewesen. Vielen herzlichen Dank dafür! Hier und da habe ich versucht, ein wenig von dem zurückzugeben, was mir zuteil wurde. Ich wünsche jedenfalls allen weiterhin eine erlebnisreiche Zeit auf dem Wasser.

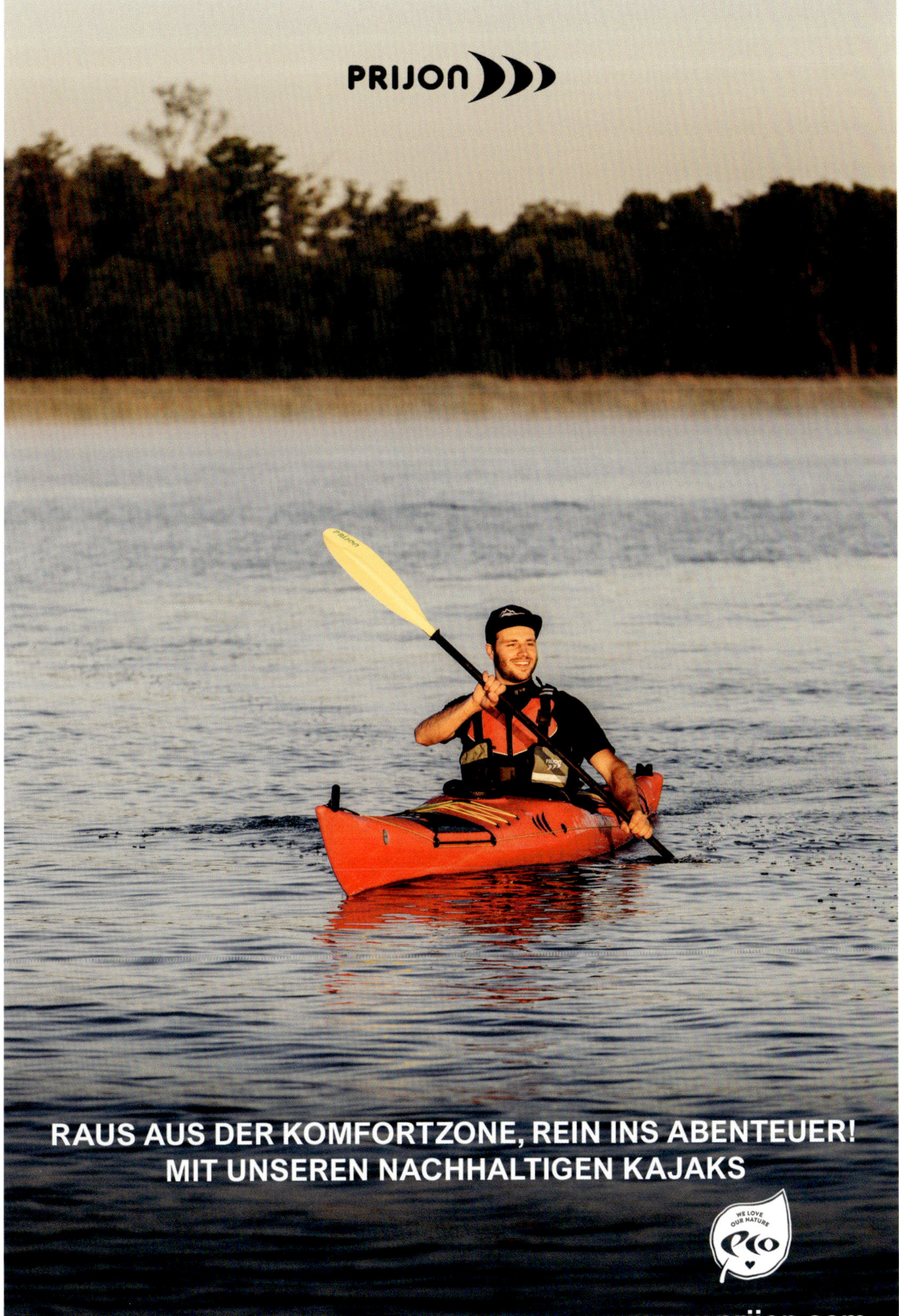
PRIJON
RAUS AUS DER KOMFORTZONE, REIN INS ABENTEUER!
MIT UNSEREN NACHHALTIGEN KAJAKS
WE LOVE OUR NATURE
eco
www.prijon.com

SPORTLICH

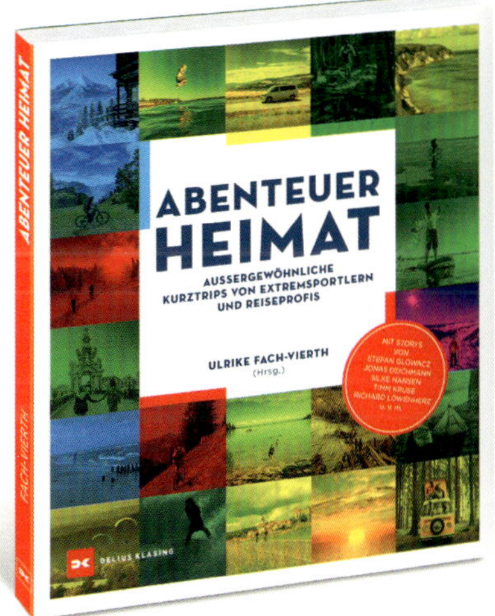

Die Wanderung durch den Wald nebenan, die Radtour um die Ecke, der Kurztrip mit dem Auto in die Alpen oder an die Ostsee: Das Abenteuer wartet gleich hinter der Haustür! Bekannte Magaziniker, Reiseblogger und Autoren erzählen von ihren Urlauben zu Hause, von aufregenden Outdoor-Aktivitäten und außergewöhnlichen Kurzabenteuern. Ihre Texte inspirieren zu Reisen, Wochenendtrips und Ausflügen.

Ulrike Fach-Vierth (Hrsg.)
Abenteuer Heimat
Außergewöhnliche Kurztrips von Extremsportlern und Reiseprofis
ISBN 978-3-667-12651-1

Stand Up Paddling gehört zu den populärsten Wassersportarten, denn mit Fachexpertise und ein wenig Übung gelingt der Einstieg schnell. In diesem praktischen Handbuch erklärt SUP-Guru Timm Kruse Einsteigern, Fortgeschrittenen und Profis, worauf es beim SUPen auf Meer, Flüssen und Seen ankommt. Neben den wichtigsten Techniken thematisiert er Materialkunde, Sicherheit auf dem Wasser, Wetter- und Revierkunde und stellt die besten SUP-Spots vor für kurze und längere Touren in Deutschland und weltweit.

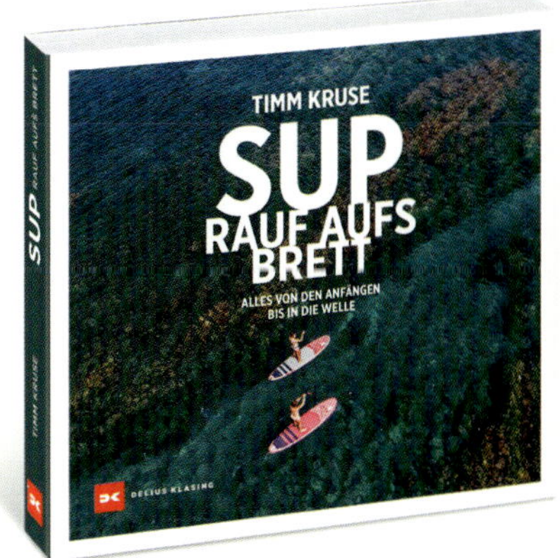

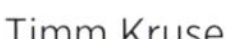

Timm Kruse
SUP – Rauf aufs Brett
Alles von den Anfängen bis in die Welle
ISBN 978-3-667-12518-7

Bibliografische Information der Deutschen Nationalbibliothek
Die Deutsche Nationalbibliothek verzeichnet diese Publikation in der Deutschen Nationalbibliografie; detaillierte bibliografische Daten sind im Internet über http://dnb.dnb.de abrufbar.

7., aktualisierte Auflage
ISBN 978-3-667-12772-3

Lektorat: Birgit Radebold, Niko Schmidt, Stephanie Jaeschke
Fotos: Jürgen Gerlach und Archiv Prijon
Zeichnungen: Inch3, Bielefeld
Einbandgestaltung und Layout: Felix Kempf, www.fx68.de
Lithografie: Mohn Media, Gütersloh
Druck: Print Consult, München
Printed in Slowakia 2024

Delius Klasing Verlag GmbH
Siekerwall 21, D - 33602 Bielefeld
Tel.: 0521/559-0, Fax: 0521/559-115
E-Mail: info@delius-klasing.de
www.delius-klasing.de

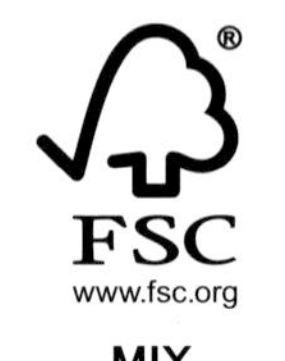

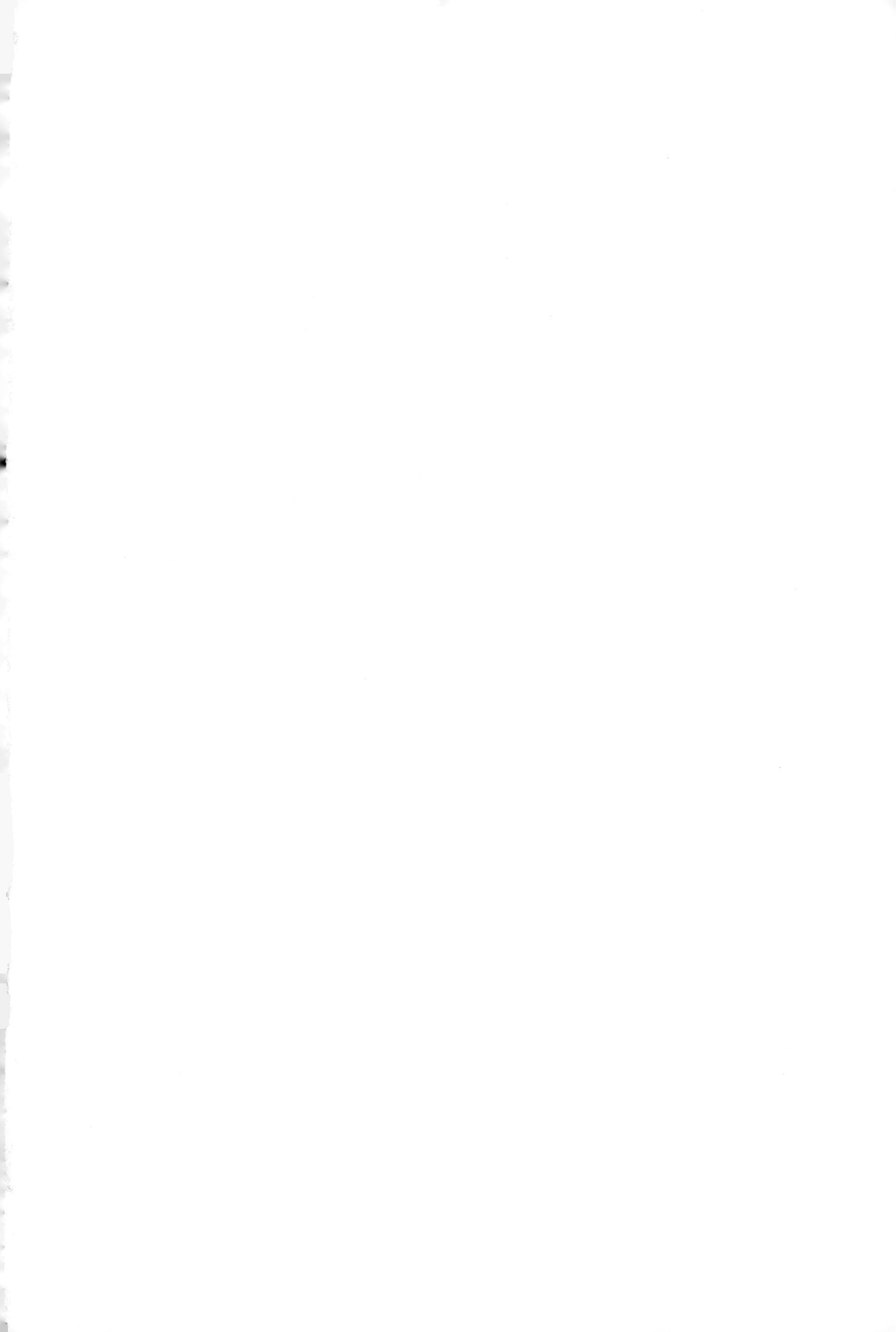